굿 라이프

마지막까지 후회 없는 삶, 진정한 자유와 행복을 위한 인생철학

굿 라이프

마크 롤랜즈 지음 | 강수희 옮김

추수밭

"어머니, 이 말만은 하고 갈게요. 우리 모두에게는 어떤 방식으로든 서로에게 책임이 있어요. 무엇보다 저부터요."

눈물 젖은 어머니의 얼굴 위로 미소가 번졌다. 어머니가 물었다.

"어떻게 네가 세상 모든 사람에게 책임이 있을 수 있니? 살인자도, 강도도 있는데 네가 무슨 죄를 지었기에 모두 네 책임이란 말이냐?"

"사랑하는 어머니."

그는 말을 이었다. (이런 다정한 말투는 태어나서 처음 쓰는 것이었다.)

"우리는 모든 사람과 모든 것에 대해 책임이 있다는 것을 깨달아야 해요."

_도스토예프스키 《카라마조프가의 형제들》

contents

니콜라이로부터

어머니 사후에 아버지는 플로리다키스제도(플로리다해협의 열도) 키웨스트에 여생을 보낼 작은 집 한 채를 샀다. 아버지처럼 한때는 화려한 시절이 있었을 그 집은 지금은 초라하고 낡아 곧 무너질 것 같았다. 당신의 노년처럼 황폐한 그 집에서 아버지는 삶을 정리하는 여정을 시작했다. 어릴 적 아버지는 내게 플로리다키스제도는 당신이 돌아가실 때쯤이면 물에 가라앉아 섬과 아버지의 흔적은 모두 사라질 거라고 이야기하곤 했다. 아버지는 감상에 젖은 척하기를 유독 좋아했다. 하지만 아버지의 예상은 틀리지 않았다. 나는 여기서 나를 사랑한 두 사람의 흔적이 아직 파도에 씻겨 나가지 않은 모래 위 발자국처럼 남아 있음을 본다.

　나는 플로리다키스제도의 다른 섬 이슬라모라다에서 작은 모터보트를 빌려 타고 키웨스트에 도착했다. 세븐마일브리지는 여름철 폭풍우에 벌써 사라지고 없었다. 플로리다키스제도는 카라마조프가의 삼남 알료사의 깨달음, '우리 모두는 어떤 방식으로든 서로에게 책임이 있음'을 가슴속 깊이 받아들이기를 거부하는 인류의 의지가 드러난 첫 신호에 불과하다. 플로리다키스제도는 이미 군도가 되어가고 있다.

허리케인 크리스토발이 노한 신처럼 어퍼키스Upper Keys 지역을 쓸어버리고 로어키스Lower Keys 지역을 150년 전과 같이 여러 섬들로 다시 흩어놓은 것은 사실이다. 그러나 성경의 한 장면처럼 바닷물이 들이쳐 지상의 모든 것을 쓸어버리는 것과는 다르다. 물론 로어키스 역시 어퍼키스의 전철을 밟을 것이다. 하지만 한 방에 끝나기보다 지질하게 끝나고 말, 내 어린 시절 집의 운명은 창세기에 나오는 신의 보복보다 T. S. 엘리엇에 더 가깝다.

우리를 휩쓸고 간 파도는 바다가 아닌 육지에서 왔다. 플로리다키스제도는 구멍이 많은 산호석 지반 위에 있다. 따라서 해수면이 상승하면 바닷물이 산호석 사이로 스며들어 지하수가 지상으로 흘러나온다. 이곳의 모든 댐과 제방, 양수장은 이런 바다의 제5열 앞에서는 속수무책이다. '바람은 피할 수 있지만 바닷물은 도망쳐야 한다'는 옛말이 있지만, 파도는 가볍게 걸어서 피할 수 있으나 떠난 곳에 되돌아올 수는 없다. 마을은 바닷물에 침수되기 훨씬 전부터 이미 유령화되었다.

그러나 결국은 물에 잠길 것이다. 이제 여기에 사는 사람은 고집불통에 멍청하거나 갈 곳이 없어 필사적인 컹크국화국(키웨스트가 미국으로부터 독립을 선언하며 주창한 공화국의 이름으로, '소라고동'을 뜻하는 '컹크Conch'는 키웨스트의 주요 해산물이다-옮긴이)의 시민 극소수를 제외하고는 거의 없다. 거리는 높은 파도에 폐허가 되었다. 밀물과 썰물의 차가 최대가 되는 대조에는 밀려들어온 물이 수 주간 빠지지 않는다. 나는 보트를 묶어놓고, 아버지가 사셨던 곳 근처까지 걸어갔다. 여름에는 늘 그렇듯 비가 내렸지만 그 덕분에 불쾌한 악취도 조금 씻겨 내려갔다.

유령 마을의 무너져 내리는 집에 앉아 한때는 그 집만큼 내게 큰 존재였고 호탕한 웃음이 창문을 뒤흔들었던 아버지의 화려하고 유쾌한 생의 남은 흔적을 뒤적이는 것은 힘든 일이다. 힘들기는 하지만 보람마저 없지는 않다. 내가 손을 대는 모든 것들이 이제 막 생겨난 듯 과거의 기억을 이토록 생생하고 빛나게 되살릴 줄은 몰랐다. 그 기억들은 산이 되고 생생한 메아리가 되어 울려 퍼지며 예상치 못한 기쁨을 주었다. 존 맥타가트의 말처럼 시간은 실재적이지 않다. 아버지의 집에서는 관념론자인 그의 말에 거의 전적으로 찬성할 수 있었다.

그러나 가장 놀라운 사실은 아버지가 '원고 뭉치'를 남겼다는 것이다. 2층 침실에서 발견한 원고는 갈색 종이에 싸여 끈으로 야무지게 묶여 있었다. 아버지가 이곳으로 옮긴 뒤, 나는 아버지를 자주 찾아뵙지 못했다. 근래 키웨스트는 접근이 더욱 쉽지 않았지만, 그래도 1년에 서너 번은 아버지를 찾아왔다. 하지만 아버지는 한 번도 내게 글을 쓴다는 언질을 준 적이 없었다. 당신이 글을 쓰지 않는다고 늘 불평이더니 노년에 접어들어 결국 펜을 잡고는 그 사실을 함구했던 것이다.

아버지의 원고는 장르를 규정하기 어렵다. 자서전의 특징과 도덕성의 본질, 인간 조건에 대한 예측 불가능한 철학적 사고도 담고 있다. 철학에 관해서는 분명히 옳은 것도 있고 완전히 틀린 것도 있고 애매한 것도 있다. 이상한 점은 아버지가 설명하는 사건들이 실재인지 허구인지, 두 가지가 섞인 건지 알 수 없다는 것이다. 글을 쓴 창작자이면서 원고의 소재인 당신이 실제로 존재하는지조차 모른다는 관점에서 기술하는 부분도 있었다. 진실은 허구는 아니되 진실이라고 하기에는 너무 낯선 진실일 수 없는 것들과 꼭 붙어 존재하고 있었다. 게다가 아버지는 시간 인식에 문제가 있는 것이 분명했다. 글의 시점이 이리 갔다 저리 갔다 했다. 시제도 변덕이 심했다. 마치 한 발은 시간 속에 두고 다른 한 발은 시간 밖에 둔 채 어느 발에 더 체중을 실어야 할지 모르는 것 같았다.

따라서 아버지의 글은 어쩔 수 없이 기시착오적이다. 나중에야 알게 되었지만, 이런 경향은 원고를 쓰는 동안 아버지를 괴롭혔던 노년의 병이 악화되어 더 심해졌을지도 모른다. 또는 그게 아닐 수도 있다. 기억이란 녀석이 원래 신뢰할 수 없고, 자서전과 허구의 차이는 다들 생각하는 것처럼 그렇게 분명하지 않으니까. 나는 이 원고의 장르를 아직도 규정할 수 없다. 하지만 분명한 사실은 기시착오가 아버지의 글을 해결할 모든 열쇠를 쥐고 있다는 것이다.

눈을 감기 전까지도 책 편집을 계속했던 천생 에디터인 어머니는 아버지의 원고에 자세한 주석을 달았는데, 일부는 통렬한 비판이었다. 어머니가 아버지보다 몇 해 전에 눈을 감았기 때문에 아버지는 비록 죽어가는 병든 노인이었지만 이후에도 글쓰기를 몇 년 더 계속했을 것이다. 어머니의 메모는 찬장 속에 숨겨 있던 별도의 책에 쓰여 있는 일부를 제외하고는 대부분 낡고 거의 망가지기 직전인 컴퓨터에서 발견됐다. 어쨌든 그것은 집 안에 있었으니 어머니의 비평을 아버지가 아예 모르진 않았을 텐데, 아버지의 글 속에 그 내용이 명확히 반영되어 있지는 않았다.

그래서 나는 아버지와 어머니의 글을 하나로 모으기로 했다. 모든 것을 전자적인 형태로 옮기고 내가 할 수 있는 한 최선을 다해 통합했다. 아마 이것이 햇살이 비치고 노랫소리가 들려오는 기억의 산속을 따라 부모와 함께 좀 더 길을 걷는 방법일 것이다. 비록 내가 특별히 윤리적인 철학자는 아니지만, 부모보다 전문 교육은 좀 더 받았으니까. 철학적인 부분에 실수가 있다면 교정하고 어떤 결론이 나올지 전개해봐야겠다.

이 책의 각주는 모두 나의 글이다. 물론 아버지는 동의하지 않았을 테고 나도 그 점은 이해한다. 아버지가 다른 사람의 생각을 인용할 부분은 최대한 출처를 찾아 제시했다. 각주로 빼내기 힘든 의견은 본문에 따로 옮겼다. 그러나 나 역시 허점이 많은 인간이고 실수도 있을 것이다. 이러한 노력의 결과물로 탄생한 이 책은 누구의 글인가? 아버지? 어머니? 아니면 나? 또는 우리 모두? 쉽게 답할 수 없는 문제다. 그리고 만약 우리의 공동 작업과 사후의 펜이 빚어낸 합작이 옳다면 바로 그것이 정답이다.

한편 아버지의 방에는 그림 한 장이 걸려 있는데…….

2054년 플로리다 키웨스트에서

니콜라이 M.

글

존재에 대해

텍스트 바깥에는 아무것도 없다.

: 자크 데리다 《그라마톨로지》 :

내 침실에는 그림이 하나 걸려 있다. 침대 발치에 걸려 있어서 '새벽이 장밋빛 손가락으로 동쪽 창문을 열고 지평선을 붉게 물들이는'[1] 아침에 눈을 뜨면 가장 먼저 보인다. 나무 액자에 든 오래된 세계지도인데 빛바랜 갈색, 노란색, 녹색, 회색이 섞여 있다. 그림은 하루의 태양이 뜨는 동녘에 그렇게 장밋빛으로 걸려 있다.

나는 항상 어디엔가 있었다. 이 세상에 태어난 이래 매 순간, 나는 이 지도의 어디엔가 있었다. 떠도는 존재…… 누군가는 방랑

---

1 "새벽이 장밋빛 손가락으로 동쪽 창문을 열고 지평선을 붉게 물들인다(l'aurore, de ses doigts de rose, ouvre les portes de l'orient et enflamme tout l'horizon)." 《일리아드 The Iliad》의 프랑스어판일까? 출처는 확실치 않다. 그리고 데리다 이야기는 여기서 시작하고 싶지도 않다. 가끔 아버지는 내 말을 전혀 귀담아듣지 않는 것 같다.

벽이라 하겠지만, 그저 고향이 많았을 뿐이다. 그러나 오늘 아침에는 내가 곧 어디에도 없을 거라는 생각이 든다. 이 지도의 어느 곳에도 나는 없을 것이다. 이것이 생각인가? 아니다. 사실 이건 생각이 아니다. 분명히 형체를 갖추고 태어나기 직전이지만 생각을 하려는 순간 연기로 바뀌어 움켜쥐려는 지성의 손가락 사이로 새어나가는, 생각에 채 못 미치는 것이다. 생각이라기보다는 형체도 없고 어지러운 공포다. 나는 공포로부터 등을 돌리기 위해 중얼대며 자신을 무장한다. "좋은 인생이었어."

좋은 인생. 그렇다. 결국 좋고 나쁨은 인간의 행동이 아니며 규칙이나 원칙도 아니다. 또한 인간을 좋고 나쁘다고 말할 수도 없다. 오직 인생만이 그렇다. 피부 속에 갇힌 존재가 아닌, 탄생과 죽음이라는 일시적인 감옥에 갇혀 있지 않은, 진정 좋거나 나쁠 수 있는 것은 인생이다. 그리고 인생이 전적으로 좋거나 나쁠 확률은 거의 없다.

말년에 청력을 완전히 상실했으면서도 베토벤은 어떤 멜로디를 끊임없이 흥얼거렸다. 사람들은 이제 베토벤이 시간의 무자비한 화살에 무릎을 꿇고 천재성을 잃었다고 생각했다. 베토벤이 흥얼거렸던 그 멜로디는 음악적 재능이라곤 전혀 찾아볼 수 없는 어린아이의 노래만큼 단순했지만, 결국 그의 천재성을 입증하는 생애 최대의 역작 교향곡 제9번 〈합창〉으로 탄생했다. 윤리적 규칙과 원칙, 교리와 이론도 모두 미숙한 중얼거림에서 시작되었다. 이런 중얼거림은 그 자체로는 유치해 조롱받고 무시당하기 쉽지만, 마치 음표를 엮어 작곡을 하듯 삶 속에 엮으면 가끔, 아주 가끔은 훌륭한 작품이 된다.

. . .

문학은 보는 것이다. 문학의 목표는 타인의 삶에서 자신의 무한함을 볼 수 있게 만드는 것이다. 또한 상세하고 꼼꼼한 방법을 통해 얻은 상상 속에서 확장된 동정심으로 문학을 생각할 수 있다. 이 예술 장르의 놀라운 성공은 보고자 하는 인간의 욕망이 얼마나 강한지를 대변한다. 픽션의 역설은 오랫동안 철학자들을 곤혹스럽게 했다. 우리는 어떻게 이 세상에 존재하지 않는 허구 속 등장인물에게 정서적으로 몰입할 수 있을까? 진정으로 위대한 소설은 며칠 또는 더 오랫동안 사람의 기분에 영향을 주고 심지어 '한 사람의 삶'까지 바꿀 수 있을 만큼, 허구에 대한 우리의 정서적인 애착은 매우 크다. 우리는 허구 속 등장인물들과 함께 견디고, 그들이 겪는 일을 걱정한다. 그럼에도 불구하고 우리는 이 등장인물들이 허구라는 것을 알고 있다. 왜 그런지는 아무도 정확히 모르지만 이 역설을 해결하려는 모든 노력은 문제가 된다. 문학은 남을 통해 자기 자신을 보는 능력을 활용하기 때문에 역설 속으로 우리를 더 깊이 끌고 들어갈 수 있다. 동정심의 대상이 존재하지 않음에도 불구하고 그런 동정심으로의 초대를 거절하기 힘들다는 사실은 문학의 강력한 힘을 증명하는 것이다.

물론 철학자들도 초대장을 보내기는 한다. 하지만 일반적으로 어린 남학생이 여학생에게 데이트 신청을 하는 것처럼 어설프고 부끄러운 수준이다. 철학은 문학에 가장 가까울수록 진정한 설득력을 가진다. 예를 들어 아르투어 쇼펜하우어의 초대장은 설득력이 있어 흥미롭다. 그러나 대부분은 소설가들의 '보는' 초대장이 철학자들의 '생각하는' 초대장보다 훨씬 더 설득력이 있다. 철학에서 해부하는 생각은 죽은 생각이다. 장의사의 테이블 위 차가운 불빛 아래 누워 부검을 기다리는 시체와 같다. 문학의 생각은 살아 숨 쉬고 땀 흘리며 한 사람의 삶 속에 끝없는 놀라움과 경이로 엮인 생각이며, 그 삶과 분리해서 이해할 수 없다. 그래서 문학은 항상 더 어렵고 가혹한 훈련이다.

소설가의 가장 강력한 초대장은 종종 그런 외형조차 갖추고 있지 않다. 밀란 쿤데라는《참을 수 없는 존재의 가벼움》에서 이렇게 말했다.

진정한 인간의 선은 아무런 힘이 없는 자들을 대할 때 순수와 자유로움 그 자체로 나타난다. 가장 극단적이고 너무나 심오하여 우리가 알아차리지 못하는 진정한 인간성의 윤리적 시험은 힘없는 동물과의 관계에서 나타난다. 그리고 너무나 근본적이어서 다른 모든 이들이 무감하게 따라하게 되는 인

간의 직무유기가 여기에 존재한다.[2]

이 글은 하나의 선언문처럼 보이지만 사실은 초대장이다. 독자가 상상 속에서 스스로를 힘없는 자들의 입장에 서보도록 만든다. 그리고 자신보다 지능이 떨어지거나 힘이 약하거나 만날 수 없거나 영향력을 미칠 수 없는 사람보다 우위에 선다면 어떻게 했을지 자문하게 만든다. 나는 자비를 베풀었을까? 그러지 않았을까? 이제 나는 볼 수 있다. 어느 철학자들이 만들어낸 어떤 주장보다 더 강력한 동정심의 사례. 그리고 동정심을 동물에게 확대해 동물을 식량으로 보지 않고 그들을 대하는 방식 자체를 전적으로 바꾸는 소위 '동물권'에 대한 도덕적 사례. 그것은 마치 손에 만져질 듯 뚜렷하다. 나도 쿤데라처럼 자비는 근본적인 도덕적 가치이며, 우리보다 약한 존재를 대할 때 인간의 근본적인 직무유기가 발생한다는 결론을 내리지 않을 수 없다.

하지만 이 말들이 그대로 철학적인 글에 등장했다고 생각해보자. 그 힘은 현저히 줄어들어 하나도 남지 않을 것이다. 쿤데라의 초대장은 내용이 아니라 토마스와 테레사 두 인물의 삶 속에 엮이고, 테레사가 토마스보다 더 순수하게 사랑한 견공 카레닌이 죽고

밀란 쿤데라 《참을 수 없는 존재의 가벼움》 | Milan Kundera, *The Unbearable Lightness of Being*, 2011/London: Faber and Faber, 1984, p. 289.

얼마 지나지 않은 상황 때문에 힘을 가진다. 현재의 나를 만든 것은 주장이 아닌 삶이다. 도덕적 공간에서 이 지점에 도달할 수 있었던 이유는, 특정한 세계관과 관점을 보여준 거절할 수 없던 초대장 때문이었다. 진정한 인간의 선은 그 수혜자가 무력할 때 드러난다. 그리고 존재하지 않는 가상의 인물보다 더 무력한 존재가 세상 어디에 있겠는가?[3]

요즘 나는 밤마다 꿈을 꾼다. 꿈속의 내 몸은 낯설다. 꿈속에서 내 정신과 육체의 괴리는 하찮은 일이다. 사실 확실히 예견된 일이다. 욕실 거울 앞에 나를 비춰볼 때쯤이면 꿈은 거의 잊힐 것이다. 그리고 나를 바라보고 있는 이 얼굴은 낯설기도 하지만 전적으로 예상했던 얼굴이기도 하다. 그리고 점차 확고해지는 의혹이 있다. 그 의혹은 태아처럼 잉태되어 점점 자라 놀랍게도 마침내 확실성이 되어 탄생한다. 이것은 모두 꿈이었다. 기억의 집은 공간에 한계가 있다. 그리고 꿈은 속이 너무 많이 들어차 있는 삶이다. 나는 이제 곧 종이 위에 쓰인 글자로만 남을 것이다. 언제는 내가 그보다 나은 존재인 적이 있었던가?

쿤데라는 독자들로 하여금 자신이 만든 진실을 믿게 만드는

---

3   아버지가 가상의 인물인지 아직 모르기 때문에 가볍게 언급만 하고 가는 편이 낫겠다.

작가의 노력이 헛되다고 생각했다. 나는 그 생각에 반대이기는 하지만 증거를 찾기는 너무 힘들다. 내가 존재한다고 독자를 설득하려 노력하지는 않겠다. 대신 나 스스로에게 내가 존재하지 않는다고 설득하겠다. 난공불락의 요새에 갇힌 두 명의 인물이 있다고 상상해보자. 이 요새는 과거다. 현재의 세계에서 그들에게 접근할 수 있는 유일한 통로는 주기적으로 기록하는 일기 같은 글뿐이다. 두 인물의 삶과 생각이 여기에 기록된다. 그 와중에 두 인물 중 하나만 실재의 인물이며 다른 하나는 가상의 인물임을 알았다. 그렇다면 아주 중요한 질문 하나와 일반적인 질문 하나가 생긴다. 첫째 질문은 누가 실재이고 가상인지 구분하는 방법에 관한 것이다. 답은 간단하다. 작가가 노련하고 주변 증거가 불충분하다면 그들을 절대 구분하지 못할 것이다. 두 번째 질문은 훨씬 더 중요하고 까다롭다. 가상과 실재로 나눈 기준이 무엇인가?

하나는 다른 인물이 만들어낸 가상의 존재라고 말할 수 있다. 그러나 우리 모두는 어떤 면에서 남이 만든 인물이다. 부모를 비롯한 다른 사람들이 오늘의 나를 만들었다. 우리 모두는 서로 기대고 의지해 살아가는 존재들이며 불가사의한 우주의 원인과 출처와 근거에 엮여 실재의 영역으로 내던져졌다. 그럼에도 불구하고 실존 인물은 단 한 명뿐이라고 주장할지 모른다. 허구의 인물은 결코 존재한 적이 없다. 그러나 이는 동어반복이다. 무언가가 실재한다면 그것은 진짜다. 그렇다면 실재란 과연 무슨 뜻인가? 실재의 의미를

알지 못하는데 또 다른 대답을 해야 한다면 끔찍하지만 어쨌든, 존
재란 또 무슨 뜻인가?

"눈앞에 보이는 이것이 단검이냐?"라고 맥베스는 물었다. 물
론 단검은 환상이었다. 그렇다면 그 단검이 실재가 아닌 이유는 무
엇인가? 장 폴 사르트르는 단검의 허구성이 극도로 제한된 등장 횟
수에 있다고 했다.[4] 맥베스는 단검을 향해 손을 뻗지만 손에 잡히는
것은 아무것도 없다. 맥베스를 혼란에 빠뜨린 단검의 환상은 '펑' 하
고 사라지는데, 이것이 바로 허구의 결정적인 특징이다. 허구는 제
한적이고 유한하게 등장한다. 실제 단검은 이렇게 순식간에 사라질
수 없다. 단검이 실재한다면 맥베스가 단검을 향해 손을 뻗었을 때
손에 차갑고 단단한 금속이 만져졌을 것이다. 다른 사람이 방에 들
어선다면 단검이 그 사람의 눈에 보이고 손에 잡힐 것이다. 원칙적
으로 실재는 등장에 제한이 없다.

그게 다인가? 허상과 실재의 차이는 유한과 무한의 차이에 다
름 아니다. 내 존재를 부정하려면 아무도 이해하지 못하는 무한의
개념부터 파악해야 한다. 무한이 있는지에 대해서는 수학자들도 의
견이 분분하다. 게다가 무한은 그 자체가 모순적이다. 세상에 영원
은 없다. 진짜 단검은 누군가에 의해 만들어졌고 결국 세월에 스러

4   장 폴 사르트르 《존재와 무》 | Jean Paul Sartre, *Being and Nothingness*, trans. Hazel Barnes,
Methuen, 1957. 비록 맥베스에 대한 언급은 없으나 이 주장은 도입부에 등장한다.

질 텐데, 이 유한한 시간 속에 어떻게 무한하게 등장할 수 있는가. 여기서 우리가 다루는 것은 무한이 아니라 그보다 더 모호한 개념이다. 실제 단검이 무한하게 등장할 수는 없겠지만 '이론상으로는' 그럴 수 있다.

'이론상의 무한'이라니 도대체 무슨 말인가? 내가 무한한 시간 동안 단검을 계속 쳐다본다면 그 단검은 계속 등장할까? (그러나 나는 무한한 시간 동안 단검을 쳐다볼 수 없다. 우리 모두에게 정해진 운명이 있으니. 하지만 내가 그럴 수 있다면?) 또는 무한한 수의 사람들이 단검을 쳐다본다면 그들은 모두 단검의 등장을 보게 될까? (그러나 무한한 수의 사람들은 있을 수 없다. 하지만 만약 있다면?) 필요한 것은 단순히 무한만이 아니다. 바로 무한이 아니되 무한일 수 있는 '반사실적인 무한'이다. 반사실적인 가능성을 이해하려는 노력은 기껏해야 결론이 없는 유익한 활동에 불과하다. 그리고 무한은 아무도 이해하지 못한다. 따라서 내 존재에 대한 부정의 근거는 아무도 이해하지 못하고 그 존재는 더 이상 의심스러울 수 없는 생각의 합작이다. 복잡한 생각의 고리에 내가 아직도 나가떨어지지 않은 것을 양해 바란다.

사람들은 삶에서 무한성과 반사실성을 걷어내려 할 것이다. 그 자리는 유한성과 구체성, 실재성이 차지한다. 진짜 단검이 등장할 수 있는 횟수는 환상이 등장할 수 있는 횟수보다 훨씬 많다. 그다지 굳건한 논리가 되지 못한다. 분명 현실과 환상 사이의 경계는 너무 크고 메울 수 없는 가장 거대한 틈이다. 그러나 현재의 이 제안에서 그 틈은 단순한 횟수이므로 상대적으로 축소된다. n회 등장하는 것은 환상이다. 그러나 n+1회 나타난다면? 그럼 축하한다. 현실과 환상 사이의 경계를 넘어선 것이다. 환상이, 도전을 받은 현실이 좀 더 노력하고 한 발짝만 더 앞으로 나오고 좀 더 자주 나타나주면 된다. 물론 말도 안 되는 소리다. 현실과 환상 사이의 틈이 있다 해도 그게 숫자로 메워지지는 않을 것이다.

당신은 내 존재를 부정하기 위해 과학의 힘을 빌릴 수도 있다. 과학은 현실의 중재자이므로 단검의 실재성은 과학적 조사를 통해 밝혀질 거라고 주장할 수 있다. 실재의 단검은 양성자, 중성자, 전자 등으로 구성되어 있으며, 허구의 단검은 그렇지 않다. 전자현미경, 질량분석계 등은 실재의 증명에 사용되는 기구다. 사물의 분자나 원자 구조를 볼 수 있지만 나에게 들이대면 아무것도 보이지 않을 것이다.

그러나 현실의 문제를 과학의 힘만으로 풀 수는 없다. 실제 단검의 원자나 분자를 보는 목적은 무엇인가? 단지 등장 횟수를 늘릴 뿐이다. 전자현미경 같은 기구를 통해 우리 눈앞에 나타나는 횟수 말이다. 더 깊이 들어가서 양자 단계까지 본다 해도 양자, 쿼크, 스핀, 참, 전하로 나타나는 횟수만 늘 뿐이다. 일반적인 수준의 사물에서 발생하는 현실의 문제는 분자, 원자, 양자 수준에서도 발생한다. 따라서 분자, 원자, 아원자 같은 과학에 의지할 때 실재의 근거를 찾는 문제는 해결되는 게 아니라 단지 더 작은 수준으로 위치를 바꿀 뿐이다. 토끼 굴 속으로 아무리 깊이 들어가려 한다 해도 결국 등장의 문제보다 더 깊이 들어갈 수는 없다.[5]

르네 데카르트는 한때 존재에 대한 스스로의 의심에 단호한 반증으로 대응했다. '만약 내가 존재하지 않는다면 이 의심을 하는 것은 누구란 말인가? 내가 내 존재를 의심한다면 이것이야말로 내가 존재한다는 증거다. "나는 생각한다, 고로 나는 존재한다." 나는 종이 위에 쓰인 글자에 불과할지 모른다. 그리고 글자는 자신을 인식하지 못한다. 결국 나의 실재는 부정되는 것이다.

그러나 놀랍게도 다음 글이 나온다. "나는 실제로 내 존재를 인식하고 있다." 따라서 결국 나는 실재가 되는 것이다. 이 글이 그것

---

5   여기서 아버지에게 좀 더 관대해져야 하겠다. 단순히 혼동되셨을 뿐 아니라 주장하는 바가 무엇인지조차 명확지 않다. 두 번째 해석은 관대한 해석이다. 두 가지 질문을 구분해야 한다. (1) 사물이 실재가 되는 근거는 무엇인가? (2) 인간이 허구가 아닌 실재가 되는 근거는 무엇인가? 아버지는 첫 번째 질문에 대해 답하려 했던 것 같다. 결국 실제 인간이 등장하는 횟수는 허구의 인물과는 다르다. 허구의 인물은 그를 묘사하는 글과 설명에 국한되는 반면 실재의 인물은 훨씬 더 방대하다. 따라서 인간의 실재성 문제는 나타나는 형식의 문제이지, 나타나는지 여부나 그 횟수의 문제가 아니다. 달리 말해, 아버지는 당신이 실재하고, 인간임을 의심하지 않았다는 뜻이다. 하지만 아버지는 실재에 대한 질문을 계속 던지고 있다. 실재에 대한 아버지의 집착은 물론 규범철학의 주제이지만 이 부분을 집필할 당시 건강 때문이었을 수도 있다. 만약 그렇다면 아마도 이 부분을 가장 마지막에 쓰셨으리라. 그래야 논리적이다. 나도 보통 1장을 가장 마지막에 쓰곤 한다. 내용도 모르면서 그 내용에 대한 소개를 어떻게 할 수 있겠는가? 그러니 글을 모두 쓰고 마지막에 쓸 수밖에.

을 증명한다. 하지만 이것은 글에 불과해 아무 의미가 없을지도 모른다. 글은 활자 밖으로 뛰쳐나와 내용의 진실성을 증명해 보일 수 없기 때문이다. 우리는 서서히 문제의 핵심에 도달하고 있다. 데이비드 흄은 이렇게 말했다. "내가 규정하는 나 자신에 가장 가까이 들어갈 때 나는 항상 특별한 어떤 인식을 발견한다. 뜨거움이나 차가움, 빛이나 그림자, 사랑이나 증오, 고통이나 기쁨과 같은 인식이다. 이런 인식이 없는 상태의 나를 발견할 수 없으며, 이런 인식 외에 어떤 것도 관찰할 수 없다."[6]

자신을 바라볼 때, 즉 흄이 말한 것처럼 자신이 규정하는 자신에 가장 가까이 다가갈 때 무엇을 발견하는가? 정확히 우리가 발견하지 못하는 것은 자아나 개인 또는 영혼이다. 생각과 감정, 욕망과 확신, 따뜻하고 차갑거나 어둡고 밝거나 아프거나 즐거운 감각을 발견할 수 있다. 사랑, 증오, 질투, 분노 같은 감정도 느낄지 모른다. 희망과 공포, 기대와 꿈도 자각할 수 있다. 그러나 이런 상태와 무관하게 독립된 자아나 개인 또는 마음이나 영혼을 자각하지는 못한다. 이러한 정신적 상태가 연결 또는 소속된 그 기저의 것은 결코 인식하지 못한다.

나의 실재에 대한 질문은 불가피하게 심오한 실존의 진실까

---

6   데이비드 흄 《도덕에 관하여》 | David Hume, *A Treatise of Human Nature*, 1783, Book I, Part 4, Section 6.

지 건드리게 되었다. 우리 모두는 어딘가에서는 글에 불과하다. 아무리 발악해도 그냥 글이다. 생각과 감정, 욕망과 확신, 사랑, 증오, 질투, 분노, 희망, 기대와 꿈 – 이 모두는 뇌에 적힌 단어일 뿐이다. 단어는 종이 위에 기록된 눈에 보이는 글이다. 하지만 기록 매체가 꼭 종이일 필요는 없다. 단어는 점토판, 모래사장은 물론 컴퓨터 화면에 쓰일 수도 있다. 페이지가 꼭 편평할 필요도 없다. 최초의 활자는 일종의 매듭 형태였다. 활자는 소재에 구애받지 않으며, 해독되어야 하는 것도 아니다. 이해하는 사람이 거의 없는 고급 프로그래밍 언어나 지구상에서 해독할 수 있는 사람이 모두 사라진 사어처럼 모르는 언어로 된 글일 수도 있다. 글이 꼭 글로서 인식될 필요도 없다. '야만인'이라는 뜻의 영어 'barbarian'은 그리스어의 'barbaroi'에서 비롯되었는데, 외국인들의 말소리가 마치 양이 우는 소리 'baa-baa바-바'처럼 들렸기 때문이다.

　글은 반드시 글일 필요가 없고 기록 매체는 반드시 종이일 필요가 없다. 처음부터 끝까지 모든 것은 글이다. 새벽이 장밋빛 손가락으로 내가 속한 세상을 보여주는 세계지도를 어루만질 때 나는 내가 누구인지 알고 있었는가? 거울 속에서 기대감에 부풀어 있지만 이상하게도 낯선 얼굴을 발견하기 전에 나는 내가 누구인지 알고 있었는가? 내가 '그렇다'고 대답하면, 나는 내 이름을 가진 존재임을 자각한 것이다. 이 생각은 일어날 것이다. 바로 이 글이 그것을 확인한다.[7]

...

기억을 아무리 들춰봐도 사상가를 찾을 수 없다. 글을 아무리 들춰봐도 작가는 없다. 생각은 사상가에 의해 탄생되고 규정되는 존재다. 그러나 생각은 생각일 뿐이다. 글은 작가라는 실존 인물에 의해

7　우리가 발견이라고 생각하는 많은 것들이 사실은 규칙에 불과하다. 아버지의 '실존의 깊은 진실'인 우리는 단지 글에 불과하다는 것도 사실 흔한 관찰일 뿐이다. 아버지가 규칙처럼 글의 범주를 넓혀 현재의 우리를 만드는 모든 정신적·물질적 사건을 포함했기 때문이다. 이것은 아버지의 주장을 거의 진실로 만드는 장점은 있지만 그 매력을 떨어뜨리는 단점도 있다(여전히 논란의 여지는 있다). 나는 일련의 정신 물리학적 사건일 뿐 그 이상은 아니다. 이것은 인간을 '과정'의 관점으로 보는 견해다. 나는 정신 물리학적 과정들의 네트워크로 구성되어 있다. 이를 '환원주의'라고도 부르는데, 우리 모두는 정신적·물질적 및 정신 물리학적 사건의 모임으로 구성되어 있다는 것이다. 이런 견해에 대한 반대 의견도 있지만 나는 다분히 설득력 있는 주장이라고 본다.

아버지가 이 장을 시작할 때 선택한 문장 "텍스트 바깥에는 아무것도 없다"도 마찬가지다. 데리다가 이 말을 했을 때, 많은 사람들이 데리다가 현실의 본질에 대한 기이한 (물론 그들의 관점에서 볼 때는 바람직한) 형이상학적 주장을 하는 것으로 해석했다. 그리고 그들이 텍스트의 해독력에 관한 한 자신이 넘치는 사람들이었다는 것은 모순적이다. 현실은 텍스트이거나 텍스트와 같은 구조를 가지고 있다. 사실 데리다는 텍스트 바깥에는 아무것도 없다는 말을 하지도 않았다. 그 뜻이었다면 "Il n'y a rien dehors du texte"라고 써야 했고, 그랬다면 상황은 달라졌을 것이다. 실제로 데리다가 쓴 문장 "Il n'y a pas de hors-texte"는 "텍스트 바깥은 없다"는 뜻이다. 따라서 데리다의 주장은 형이상학적 차원에서 세속적인 수준으로 즉시 곤두박질쳤다. 우리 삶에 일어나는 사건을 어떻게 해석할지 말해주는 삶 바깥의 규칙은 없다. 우리 삶에서 벌어지는 사건의 의미나 중요성을 이해하기 위해 사용할 수 있는 규칙도 우리 삶의 일부다. 루트비히 비트겐슈타인도 약간 다르지만 같은 취지의 말을 했다. 규칙의 해석에 대한 규칙은 없다. 왜냐하면 그 규칙은 해석의 대상이 되는 규칙들과 같은 종류이며 일치하기 때문이다. 규칙의 해석을 위한 규칙은 모두 대상이 되는 규칙과 마찬가지로 다양한 해석이 가능해진다.

간단히 말해, 나는 아버지의 말을 믿는 경향이 있다. 그것은 아버지의 생각보다 훨씬 평범할 수 있다. 그러나 어쩌면 내가 뭔가를 놓치고 있을지도 모른다.

활자화된 존재로서 자신을 나타내지만, 글도 글일 뿐이다. 그 생각 뒤에 숨은 사상가나 글 뒤에 숨은 작가가 있을 거란 믿음은 헛되다. 종이에 쓰였든 뇌에 쓰였든 쓰인 글만 존재할 뿐이다. 내가 글이라면 나는 당신과 다르지 않다.

글은 우리 모두가 드러나는 방식이다. 휘갈겨 쓴 글은 우리가 존재를 드러내는 방식이다. 글은 우리 모두가 우리만의 방식으로 '나도 여기 있어!'라고 외치는 존재의 방식이다. 우리 모두는 말로 이루어진 존재라는 점에서 비슷하다. 비록 나는 종이에 쓰인 글에 불과하지만 여전히 당신이 알고자 하는 것보다 더 실재적이다. 또는 당신이 스스로 인정하려는 것보다 덜 실재적인지도 모른다.

어렸을 때는 누구나 빛나는 꿈 놀이를 한다. 자신이라는 빛나는 글이 이룩할 수 있는 화려한 꿈에 매료되는 것은 당연하다. 그러나 커가면서 둘 중 하나가 된다. 첫째, 곧 다가올 아무것도 아닌 미래가 두려워 글로 된 자신에 더 매달리고 스스로에게 다른 장소, 다른 형태로 계속 살아갈 것이라고 말한다. 둘째, 삶의 사건과 경험이 하나의 시공을 지나는 길에 속할 수 없는 최면과도 같음을 깨닫고, 자신은 덧없는 변덕에 불과함을 알게 된다. 사실 꿈은 없었다. 꿈을 이루어가는 과정만 있었을 뿐이다.

어딘가에 쓰는 것이 인생이다. 아마 이것을 이해하려면 나이가 꽤 들어야 할 것이다. 그러나 나이가 들면 철학 책을 쓰지 않는다. 글을 쓴다 해도 아무도 읽어주지 않는다. 나이가 들어 쓰는 글은 그냥 좀 이상하다.

. . .

내 실재성을 부정할 확실한 근거가 없으므로 내게 이름이 있는 것은 당연하다. 모든 단어들이 녹아 있는 하나의 말. 내 이름은 미시킨이다. 남은 것은 글일 뿐. 그 글을 이제 시작하려 한다.[8]

---

8 아버지의 이름은 미시킨이 아니다. 필명도 아니다. 최소한 텍스트 속에 자신을 주사하는 이름은 더 이상 필명이 아니다. (이 장의 도입부에 나오는 데리다의 문장과도 연관이 있을 수 있다.) 레프 니콜라예비치 미시킨은 도스토예프스키가 쓴 소설 《백치The idiot》의 주인공으로 단순하고 순진하지만 무엇보다 착한 인물이다. 그의 근본적인 선함은 그가 가장 사랑하는 사람들을 불행한 파국으로 몰고 간다. 아버지가 왜 미시킨의 이름을 썼는지는 모르겠다. 아버지는 단순함과는 거리가 먼 사람이다. 항상 선하지도 않았다. 아버지가 가진 도덕적 결함과 힘은 도스토예프스키 소설 속의 미시킨과는 매우 다른 것이었다. 확실하지는 않지만 미시킨은 아버지가 바라던 일종의 이상형이 아니었을까 싶다. 아니면 당신에게서 발견한 부족이나 간극을 의미하고자 했던 게 아닐까. 그 이름은 아마도 아버지가 살아오면서 얻은 교훈을 나타내고 이런 이름의 선택을 통해 알리고자 했던 무엇을 상징하리라. 물론 내 생각은 맞을 수도 있고 틀릴 수도 있다. 어쨌든 아버지는 미시킨이 아니다. 그리고 나는 니콜라이가 아니다. 그러나 흥미롭게도 어머니의 이름은 아글라야가 맞다.

실레노스

인간은 태어나지 않았어야 했다?

인간에게 가장 좋은 것은 태어나지 않는 것이다.

: 아리스토텔레스 《에우데모스 윤리학》 :

아버지는 꼼꼼히 만든 서술의 갑옷으로 무장하고 방에 들어섰다. 아버지는 침대 머리맡에 서서 고마움의 미소를 지으며 자신을 바라보는 아내의 이마를 아무 말 없이 쓰다듬었을 것이다. 가끔 용기가 날 때면 떨리는 손가락 사이로 미래에 벌어질 사건들을 내다보았을 것이다. 그러나 이 단단히 여민 갑옷은, 산파가 자궁 수축이 올 때마다 아내의 한쪽 다리를 잡고 열을 세라고 말하는 순간 망가져 버렸다. "자궁 수축이 언제 오는지 내가 어떻게 안단 말이오?" 산파는 히죽대며 방을 나갔다. 낮이 저물어 캄캄해질 때, 아버지는 탈진했다. 물론 침대에 누워 있는 산모만 하겠냐만. 그럼에도 불구하고 아버지는 보았다. 결코 보고 싶지 않았고, 있으리라고 생각지도 못했던 것을. 이상하게 뒤틀린 몸, 생물학적 타당성의 법칙에 대한

31

단호한 공격, 최악은 옥수수 머리였다. 왜 아무도 옥수수 머리 이야기를 해주지 않았을까? 아마 백만 가지 산전 검사의 어느 시점에서 누군가가 말했을지도 모르지만, 아버지는 귀담아듣지 않았을 것이다. 가엾은 아들은 아마존 강의 히바로족(적의 머리를 베어 작게 줄이는 기술로 유명한 부족-옮긴이)이 자궁 속에서 그들의 업에 충실한 결과물 같았다.[1]

그러나 탄생 직후의 시간은 더 나빴다. 이상한 초현실감, 즉 단절과 이탈의 느낌에 반복적으로 시달렸다. 그는 자기 속에서 커져가는 이제 막 생겨난 이상한 결심을 알아차렸다. 정확하게 집어내기 어려운 막연한 두려움이었지만 어쨌든 요약하자면 최선을 다해 아들을 돌봐야 한다는 결심이었다. 아버지는 누군가로부터 영원히

---

1 '기시착오'란, '실제와는 다른 시기에 속하거나 해당하는 것'을 말한다. 그러나 우리는 기시착오의 두 가지 형태를 구분할 수 있다. 아버지의 탄생에 관한 이 설명은 대부분 허구다. 분명히 이 시점에서 아버지는 당신의 아버지, 즉 나의 할아버지가 어떤 생각을 하고 있는지 알 수 없었기 때문이다. 아마도 추후에 할아버지와 대화를 나누면서 추측했을 수도 있다. 그러나 그렇지 않으리라는 증거들이 있다. 첫째, 내가 들은 바에 따르면 할아버지는 이렇게 말할 분이 아니다. 둘째, 할아버지는 이런 사건들을 목격하지 않았을 것이다. 당시는 남편이 분만실 근처에는 얼씬도 하지 않았던 시대였다. 1960년대에 들어서야 겨우 남편이 분만 대기실에 들어올 수 있게 허용되었다. 그러나 분만 대기실과 분만실이 통합된 것은 이 사건이 발생하고도 한참 시간이 흐른 뒤인 1970년대였다. 백만 가지 산전 검사도 당시에는 하지 않았다. 그러므로 이것은 가상의 이야기다. 당시에 가능하지도 않은 일을 겪었다는 할아버지의 기시착오는 다른 누군가에게 투사해 다시 구축한 가상의 이야기, 즉 아버지가 할아버지에게 투사한 이야기다. 그러나 훨씬 덜 익숙하지만 더 중요한 기시착오가 하나 더 있다. 바로 자기 자신에게 투사된 허구의 결과로 나타나는 기시착오다. 이런 종류의 기시착오는 아버지의 출생에 대한 비밀을 쥐고 있다.

자라지 않고 당신의 여생 동안 돌보아야 할 이상한 강아지 한 마리를 받은 기분이었다. 아버지에게는 시간이 필요했다. 난생처음 아버지가 된 것이니까.

　내가 단순한 글 이상의 실재라는 글이 있다. 실제 어머니, 아버지 사이에서 구체적인 장소, 구체적인 시간에 태어났다고 주장하는 글이 있다. 하지만 그것도 결국 글로 쓰인 것이고, 글자만 보고 그 내용의 진위 여부를 가려낼 수는 없다. 그러나 가끔은 조용한 시간에 나에게 속삭이는 생각에 대한 글도 있다. 그 속삭임은 내가 어머니의 자궁에서 태어난 것이 아니라 전혀 다른 것에서 잉태되었다고 말한다. 신화 속 누군가가 '존재하지 않은 시간'에 '존재하지 않은 누군가'에게 말했던 것에서 내가 태어났다고.

　프리드리히 니체의 대표적인 초기작 《비극의 탄생》에서 니체는 미다스 왕에게 잡힌 술의 신 디오니소스의 시종이자 반인반마인 실레노스에 관해 이야기한다.[2] 늘 술에 취해 있음에도 불구하고 실레노스는 불행한 미다스 왕의 추적을 잘도 피해 다녔다. 마침내

2　《비극의 탄생 The Birth of Tragedy out of the Spirit of Music》은 1872년에 출판된 니체 최초의 저서다. 당시 스물일곱이었던 니체는 바젤대학의 최연소 고전문헌학 교수였다. 《비극의 탄생》은 문헌학도 아니고 철학도 아닌 이상한 책이었고, 평도 실망스러웠다. 니체는 건강이 악화되어 말년에는 바젤대학의 퇴직 연금과 친구 및 후원자들의 도움으로 근근이 이어가는 불행한 삶을 살았다. 1890년에 정신병원에 들어가 10년 후 생을 마감했다. 종신재직권이라도 받았기에 다행이었다.

붙잡힌 실레노스에게 왕은 "인간에게 가장 좋은 것, 그리고 가장 중요한 것이 무엇이냐?"고 물었다. 그러자 실레노스는 이렇게 답했다. "가련한 인간들이여! 인간에게 가장 좋은 것은 태어나지 않는 것이다!"

만약 실레노스의 대답처럼 태어나지 않은 것이 인간에게 가장 좋은 것이라면, 아버지의 반응은 현명했으리라. 그런데 그게 가능하기나 한가? 아버지가 경험한 이탈의 암시와 막연한 두려움은 무언가 끔찍하게 잘못된 일이 벌어졌다는 인식인가?

아이가 태어나거나 태어나지 않는 이유는 보통 부모에게 초점이 맞추어진다. 부모는 아이를 원했던 것 같다. 또는 그들의 인생을 영원히 바꾸어놓을 행복한 사건이 벌어지는 것에 딱히 반대할 이유가 없었을 것이다. 아직 준비가 되지 않았거나 시기가 맞지 않다고 느낀 '미래의 부모'라면 다양한 방법으로 피임을 하고, 만약 그조차 늦었다면 출산을 막는 다른 방안을 강구할 것이다. 이런 것들은 모두 '부모 중심적 이유'로, 그들이 원하는 것과 그들 삶의 궤적에 초점을 둔다. 부모 중심적 이유는 아이를 낳거나 낳지 않는 경우 모두에 장단점이 있다.

원칙적으로 더 넓은 범위의 이유가 있을 수 있다. 부모가 되길 꿈꾸는 사람들은 자녀가 인류를 구원할 위대한 일을 하고, 세계평화를 이룩하든 암 치료제를 발견하든 인류의 삶에 이바지할 거라는 환상에 빠진다. 그것이 환상이 아닌 사실이라면 아이를 낳는 '인류 중심적 이유'일 것이다. 흥미롭게도 그들 중 자신의 아이가 인류에게 끔찍한 해를 끼칠 연쇄살인범이 되거나, 치명적인 새로운 전염병 바이러스를 퍼뜨리거나, 전쟁을 일으킬지도 모른다는 역환상에 빠지는 사람은 없다. 사실 그 가능성은 반대의 가능성과 마찬가지인데도 말이다. 만약 이런 역환상적 직관이 사실이라면 아이를 낳지 않을 인류 중심적 이유가 될 것이다.

이보다 더 넓은 범위의 '환경 중심적 이유'도 있다. 내 부모는 향후 인구 대폭발로 이어질 생식 노력의 대열에 우연히 낀 것뿐이다. 내 삶의 첫 50년간 지구의 인구는 약 30억 명에서 70억 명 이상으로 두 배 넘게 늘었다. 같은 기간에 인간 이외의 종의 수는 절반 이상으로 줄었다. 한 사람이 태어날 때마다 이미 삐걱대는 지구에 부담이 더해진 상황은 아이를 낳지 않을 환경 중심적 이유가 된다. 내 부모는 그것을 미처 인식하지 못했거나 행동할 필요조차 못 느꼈을 것이다.

실레노스가 미다스 왕에게 했던 대답에 초점을 맞추는 또 다른 범주의 이유도 있다. "인간에게 가장 좋은 것은 태어나지 않는 것이다!" 이 범주는 '미시킨 중심적(자기중심적) 이유 또는 더 일반적으로 말하면 '자녀 중심적 이유'다. 아이를 낳음으로써 부모, 인류, 환경에 미치는 혜택이나 불이익에 근거하는 것이 아니라, 태어날 아이의 혜택이나 불이익에 초점을 둔 판단이다.

내가 잉태되기 전에 내 부모가 유전자 구성을 조사했다고 가정해보자. 이것은 사실이 아닌 사유 실험이다. 솔직히 말해 그 결과가 좋지 않았다면? 유전적 조건의 불행한 조합으로 어떤 아이든 희귀질환을 가지고 태어날 확률이 매우 높다는 결론이 나왔다고 치자. 그 결과 태어날 아이는 어떤 약으로도 줄지 않을 극심한 고통을, 그나마 다행인지 길지 않을 삶 동안 겪을 것으로 예상됐다. 이런 상황이라면 합리적인 내 부모는 이를 받아들여 임신을 준비하지 않았을 것이다. 내가 지금 말하는 것은 출산이 아닌 '잉태'에 대해서다. 어떤 사람들은 일단 수정란이 잉태되면 그 미래가 암울할지라도 '신의 손'에 맡겨야 한다고 믿는다. 그런데 내 부모가 그들 부류에 속한다고 단정할 증거는 전혀 없다. 그들은 이것을 소위 '하나님의 모든 계획'이라 말하는데, 나는 왜 하나님이 죄 없는 아이의 고통을 담보로 계획을 세워야 하는지 궁금하다. 하지만 도스토예프스키는 이 문제를 아주 잘 다루고 있다.[3] 부모가 장차 임신할 아이가 끝없는 고통 속에 살아갈 운명임을 확실히(매우 높은 확률로) 알았다면 임신을 준비하지 않았을 거라고 나는 확신한다. 이렇듯 부모는 자녀 중심적 이유, 즉 아이의 고통받지 않을 권리를 근거로 결정을 내렸을 것이다.

---

3 도스토예프스키는 정말 탁월하다. 특히 《카라마조프가의 형제들The Brothers Karamazov》에서 이반은, '하나의 작은 생명'을 고통스럽게 죽게 만들어야만 완벽한 세상을 창조할 수 있는 것인지 알료샤에게 묻는다. 이반은 만약 고통이 모두 하나님의 계획이라면, 그분의 계획은 '고통받는 한 아이의 눈물만 한 가치도 없는 것'이라고 결론 내린다.

이러한 가상의 환경에서 아이는 아직 잉태되지 않았다. 따라서 부모의 결정에 영향을 줄 고통도 실제 고통은 아니다. 또한 잉태되지 않을 태아는 미래에 고통받을 아이가 될 수 없으니 미래의 고통도 아니다. 미래의 고통은 아니지만 미래의 고통일 가능성은 있다. 즉 '잠재적 고통'인 것이다. 아이의 고통을 줄여줄 수 없고, 아이가 견디기 어려운 고통을 겪으리라는 것을 알면서 임신하는 것은 비양심적이라는 데 동의하는가? 그렇다면 아이와 관련된 잠재적 고통은 임신하지 않아야 할 이유가 된다. 잠재적 고통은 한 생명을 생산하거나 허락하지 않을 결정을 내릴 때 고려해야 하는 요인이다. 달리 말해 아이를 가지지 않을 자녀 중심적 이유가 되는 것이다.

이런 불가능성 앞에서 의도적으로 순진함을 가장하는 사람도 있다. 그런 태도는 너무 추상적이고 가설적이며 심지어 환상적이기까지 하다. 구체적인 사실만 다루면, 이런 꾸며낸 멍청함은 정치인들에게나 필요하다. 일반적인 사람들은 항상 가능한 것만을 다룬다. 한 여인이 병원으로 가서 "아이를 갖고 싶어요"라고 말한다. 무슨 어쭙잖은 농담을 하려는가 싶겠지만, 농담이 아니라 실제로 철학적 사유 실험을 하려는 것이다.[4]

의사가 여인에게 척추이분증을 예방하기 위해 엽산 보조제를 섭취하라고 말한다. 여인은 엽산 보조제를 섭취하기가 귀찮아서 복용하지 않았고, 열 달 후 실제로 아이는 척추이분증을 가지고 태어났다. 대부분은 여인이 심각한 잘못을 저질렀다고 결론 내릴 것이다. 약을 제때 먹지 않고 게으름을 피운 대가를 아이가 치르게 되었고, 결국 한 사람의 삶의 질이 심각하게 저해되었다. 그녀의 아이는 커서 "엄마, 제게 무슨 짓을 한 거예요? 어쩜 그렇게 생각이 없죠?"라고 불평할 수 있다.

이제 다른 시나리오를 생각해보자. 여인은 의사에게 임신을 원한다고 말한다. 이번에는 임신 중에 태아에게 몇 가지 기형을 야기할 수 있는 바이러스가 여인에게 있다고 의사가 말한다. 석 달 후에는 바이러스가 사라져 임신을 해도 된다고 의사는 말하지만, 여인은 의사의 말을 무시한 채 임신을 강행했고 아이는 삶의 질을 심각히 저해하는 기형을 가지고 태어난다.

이번에도 대부분은 여인을 질타할 것이다. 석 달만 기다리면 아이는 건강하고 행복하게 태어나 만족스러운 삶을 살았을 텐데……. 그러나 그렇게 태어난 아이는 척추이분증을 가지고 태어난 아이처럼 엄마를 탓할 수 없다. 엄마는 이렇게 대답할 수 있다. "내가 석 달을 기다렸다면 다른 난자가 수정되었을 거야. 그리고 그렇게 태어난 아이는 네가 아니겠지. 네가 태어나려면 그때 임신을 해

---

4   사유 실험(비록 아버지의 사유 실험은 세부적인 면에서 농담과 큰 차이가 나지 않지만)은 데릭 파핏이 개발한 것으로서 막대한 영향력을 지닌 그의 저서 《이성과 인간Reasons and Persons》(Oxford University Press, 1984)에 나타나 있다.

야 했단다. 네가 세상에 존재하려면 현재의 그 모습이라야만 해."

　물론 여인의 말은 옳다. 다른 난자라면 다른 아이가 태어났을 것이다.[5] 두 사례의 차이점은 첫 번째 사례(척추이분증을 가지고 태어난 아이)에서 피해는 이미 존재하는 개인에게 가해졌다는 점이다. 비록 아직 태어나지 않았지만 이미 존재하는, 한 인간이 될 생명이다. 그 존재가 만들어갈 시간과 공간의 길이 있다. 여인이 엽산 보조제 복용을 게을리한 대가는 이미 잉태되어 존재하는 이 생명이 치르게 된 것이다.

　두 번째 사례에서 이미 존재하는 생명이 없다. 의사는 여인에게 석 달간은 임신하지 말라고 하면서 실재가 아닌 태어날 가능성이 있는 존재를 보호한 것이다. 따라서 여인의 성급함을 탓하려면 이미 인간으로 태어날 가능성이 있는 존재도 윤리적으로 인정한다는 주장에 동의하는 셈이다. 주어진 상황에서 무엇이 옳은 행동인지 교통정리를 하려면 실재하는 인간뿐만이 아닌 '가능한 인간'까지도 고려해야 하는 것이다.

　그렇다면 '가능한 인간'은 윤리적 범주에 포함되는 존재일 수 있으므로 도덕적으로 중요하다. 따라서 우리 행동이 이들에게 미치

5　이것은 '기원의 필연necessity of origin' 이론으로서 사실상 반론이 없다.

는 영향도 고려해야 한다. 이제부터 이야기가 이상하게 돌아갈 것이다. 모든 부모들처럼 내 부모도 아직 잉태되지 않은 존재에게 벌어질 일을 알 수 없다. 그런 상황에서 취할 수 있는 태도는 '될 대로 되라Que sera, sera'일 수밖에. 물론 내 인생에 어느 정도의 고통이 있으리라는 건 매우 높은 확률의 사실이다. 그리고 우리는 이미 잠재적 고통이 내 잉태를 거부할 수 있는 이유가 됨을 알고 있다. 그러나 내가 타의 추종을 불허할 만큼 불행하지 않거나, 내 부모가 나쁜 부모가 아니라는 사실이 증명된다면 내 고통은 행복의 크기 때문에 상쇄될 수 있지 않을까? 잠재적 행복 역시 잠재적 고통에 근거한 반잉태 편향을 상쇄할 만큼 충분히 커서 내 잉태를 강행할 이유가 되지 않을까?

　내 부모가 이런 가정을 할 정도로 현실적이었는지는 모르겠다. 만약 그런 가정을 했다면 말이다. 한 사람의 삶의 행복이 고통을 상쇄할 수 있는지는 정답이 없는 문제다. 아예 그런 차원이 아닐지도 모른다. 부모의 '읽을 책 목록'에 독일 관념론 서적은 없었을 것이다. 하지만 쇼펜하우어를 읽었다면 다른 결론을 내렸을지 모른다. 쇼펜하우어는 "모든 삶에서 고통이 행복보다 클 수밖에 없다"고 했다. 그의 주장은 옳다. 그러나 쇼펜하우어의 문제는 내 문제가 아니다. 앞으로 내 삶에서 행복과 고통의 상대적 크기를 발견할 기회가 있겠지만, 현재로서는 내 삶이 시작되기도 전에 벌어진 일들을 이야기하고 있다. 그 제안은 아직 아버지의 눈앞에 잠깐 스치지도 못한 나라는 존재의 잠재적인 행복이 내 잉태의 이유가 된다는 것이다. 그보다 더한 것은 그 제안이 내 잠재적 고통을 근거로 하는 부정적 이유보다 더 큰 실질적 이유가 된다는 것이다. 그러나 여기에 문제가 있다. 잠재적 행복이 잉태를 강행할 근거가 된다는 것은 옹호하기 힘든 주장이기 때문이다.

관련 산업의 발전으로 전무후무하게 탁월한 품질의 난자와 정자가 만나 어마어마하게 행복한 삶을 살 수 있는 아이를 잉태할 수정란을 당신과 배우자가 이 달에 만들 수 있다고 하자. (그 시대로 가는 방법은 중요하지 않다. 하나님, 시간 여행, 입맛대로 고르길.) 머리가 좋고 운동을 잘하고 외모도 출중하며 성격까지 원만한데 행운까지 받쳐주는 아이는 (만일 있다면) 진정 신의 아이다. 유일한 문제는 현재 임신 계획이 없다는 것이다. 당신은 아직 준비가 되지 않았다. '지금' 때가 아니거나 '영원히' 때가 아닐 것이다. 신이 내린 아이의 신이 내린 행복은 이 시점에서 잠재적 행복에 불과하다. 이 잠재적 행복을 실현시키기 위해 임신을 원하는가? 일반적인 상식에서 나오는 답은 '아니요'다. 아이를 잉태한다면 윤리적으로 잉태를 계속할 의무가 있는지, 어떤 조건에서 잉태를 중단하는 것이 정당화될 수 있는지에 대한 의견은 다를 수 있다. 그러나 내 논점은 출산이 아닌 '잉태'다. 그리고 상식적으로 그 아이가 아무리 환상적인 인생을 보장받는다 해도 원치 않는 아이를 의무적으로 임신할 필요는 없다. 상식을 적용한다면 또 다른 주장을 받아들이는 셈이다. 순전한 잠재적 행복은 순전한 잠재적 고통만큼 중요하지 않다. 일단 어느 정도의 강도와 확률에 도달한 아이의 잠재적 고통은 잉태를 피해야 할 결정적 이유다. 그러나 아이의 잠재적 행복은 아무리 크다 해도 결정적 이유까지는 되지 못한다. 이유 자체가 되기 어렵다.[6]

따라서 잠재적 고통과 잠재적 행복 간에는 흥미롭고 매우 불편한 불균형이 있다. 미래의 나의 잠재적 고통은 부모가 나를 임신할지 말지 결정할 때 고려했어야 할 사항이었다. 그러나 미래의 내가 가질 잠재적 행복은 아무 상관이 없다. 그러나 내가 그저 고려 대상에 불과한 '무'의 상태였을 때 부모는 여느 부모처럼 잠재적 고통과 잠재적 행복을 비교할 수밖에 없다. 달리 어떤 방법이 있겠는가? 나는 그저 가능성의 덩어리인 것을. 나의 잠재적 고통은 나를 잉태하지 말라 하고, 잠재적 행복은 아무런 말도 하지 않는다. 나의 잠재적 고통은 나를 임신하지 말아야 할 이유다. 그러나 잠재적 행복은 중립이다. 따라서 나를 잉태하지 말아야 할 자기중심적 이유는 항상 존재하지만, 나를 잉태해야 할 자기중심적 이유는 존재하지 않는다.

---

6   상식에 대한 호소는 잠재적 존재도 적용된다는 주장에 근거할 경우 의문시된다. 인간으로 태어날 가능성이 있는 잠재적 존재도 실제로 존재하는 인간만큼 도덕적으로 중요하다면, 신의 아이는 사실상 잉태되어야 마땅하다. 상식은 무슨 개뿔인가. 임신한 여인에 대한 파핏의 주장을 받아들이자마자 상식은 먼지를 뒤집어쓰고 뒷전으로 물러났다. 나는 그 주장에 동의한다. 공리주의자라면 전 세계 행복의 총량을 늘리기 위해 그 아이를 잉태해야 한다고 주장할 것이다. 신의 아이를 잉태하는 것이 그런 좋은 일을 한다는데 임신은 지당하리라. 따라서 상식에 호소하는 것은 설득력이 없다.

따라서 이렇게 태어난 나는 지독한 실수였다는 결론밖에 내릴 수 없다. 내가 살인자가 되거나 세계대전을 일으켜서가 아니라, 나를 잉태하지 않을 합당한 자기중심적 이유는 있었지만 나를 잉태할 충분한 자기중심적 이유가 없었기 때문이다. 부모가 나를 잉태한 때는 1971년 동지 언저리였는데 그때 두 분은 나를 잘못 만들었다.[7]

그렇다고 내가 자살을 주장하는 건 아니다. 실레노스는 미다스 왕에게 태어나지 않는 것 다음으로 인간에게 좋은 일은 "빨리 죽는 것"이라 말했다. 그러나 나는 실레노스의 이 말을 지지하지 않으며, 잠재적 고통과 잠재적 행복 간의 기묘한 비대칭을 말하고 싶다. 일단 태어난 이상, 나의 고통 및(또는) 행복은 더 이상 잠재적이지 않은 실제의 고통이고 실제의 행복이다. 그래서 내 주장도 더 이상 적용되지 않는다. 또 낙태를 옹호하는 주장도 아니다. 일단 수정이 되면 한 생명체가 탄생하고 언젠가 '미시킨'이라는 이름을 가지게 될 것이며, 이 생명체가 겪을 좋은 일이나 나쁜 일은 이제 현실

---

7 아버지의 이 주장은 데이비드 베나타의 《태어나지 말았어야 하는 존재: 출생의 폐해Better Never to Have Been: The Harm of Coming into Existence》(Oxford University Press, 2011)의 영향을 많이 받은 것 같다. 정확히 어디가 잘못되었는지는 지적하지 못하더라도 대중이 베나타의 주장을 보편적으로 받아들이지 않은 게 얼마나 다행인지 모르겠다. 만약 베나타가 20억 가임 인구에게 한두 세대 정도 아이를 낳지 않고 건너뛸 수 있을 만큼 설득력이 있었다면 지금처럼 지구가 붐비지는 않았을 테니 아쉽기도 하다. 그랬으면 이렇게 아버지가 살던 집을 찾아 캐롤라인스트리트를 힘들게 걷고 있는 나도 없었을 것을!

이다. 그래서 내 주장은 명확하거나 깔끔하게 낙태에 적용되지 않는다. 사실 내 주장은 잉태를 반대하는 주장이다. 솔직히 말해서 내 주장이 타당하고 믿을 수 있다면, 낙태와 자살의 문제는 저절로 해결될 것이다.

비단 내 문제만이 아니다. 내 주장은 나뿐만 아니라 태어날 가능성이 있는 모든 아이에게 적용된다. 잠재적 고통은 잉태하지 않을 이유가 된다. 잠재적 행복은 아무 근거도 되지 못한다. 아이를 잉태할 자녀 중심적 이유는 어떤 아이도 가지고 있지 않으며, 자녀 중심적 이유는 아이를 잉태하지 않을 이유다. 만약 이 주장이 옳다면, 지구상에 존재하는 이상적인 인류의 수는 0일 것이다. 더 나쁜 것은, 잠재적 행복과 잠재적 고통 사이의 비대칭은 다른 생명체에도 적용된다는 점이다. 예를 들어 지각만 있다면 어느 동물이나 같은 주장을 통해 잉태해서는 안 됨을 증명할 수 있다. 그렇다면 지구상(또는 다른 별)에 존재하는 지각 있는 생명체의 이상적인 수 역시 0이다. 140억 년 지구 역사에서 무의식 너머를 결코 탐색해보지 않았던 다행스러운 시간은 끝나고, 우주는 맹목적인 무작위 돌연변이와 자연선택에 의해 '의식'을 만들어냈다. 이것은 우주의 진화에서 기념비적인 사건이다. 이제 우주의 작은 일부인 의식을 가진 생명체가 우주의 다른 작은 일부를 인식할 것이다. 이런 측면에서, 우주는 느리지만 분명하게 그 자신을 인식하기 시작했다. 이것은 힌두교의 일부 종파에서 생각하는 신에 대한 개념이다. 우주는 신이 당신을 무수한 존재로 나누었다가 다시 서서히 조합하는 과정에서 생성된다. 무수한 바벨탑의 목소리에서 의식은 서서히 하나의 목소리로 말하고 하나의 글을 읽는 것을 배운다. 신이 나뉘어 있는 자신을 재조합하는 것이 의식이다. 그리고 신은 굳이 그럴 필요가 없었음이 밝혀졌다.

실레노스만의 문제가 아니다. 우리는 그를 수 킬로미터 뒤 먼지 속에 내팽개쳐두고 왔다. 이것은 스테로이드를 투여한 실레노스다.[8]

---

8 좋다. 그러나 모든 지각 있는 생명은 실수라는 놀라우리만큼 억지스러운 이 결론이 아버지를 멈추게 했을까? 생각이 흐르는 대로 써내려간 것은 맞기는 하지만, 곧 현실을 직시할 때가 올 것이다(그것도 철학자에 의해!). 그래서 나는 아버지의 논리가 어디에선가 꼬였다고 생각한다. 물론 어떤 주장이 오류가 있다고 판단하는 것과 정확히 어디에서 오류가 생겼는지 규명하는 것은 전혀 별개의 문제다. 내 생각은 이렇다. 태어날 가능성이 있는 사람들도 인정해야 한다는 생각은 혼란을 야기한다. 그 생각이 맞는다고 해보자. 그러면 잠재적 고통은 나쁘다는 또 다른 주장을 추론해야 할 유혹이 보다 강력해진다. 그러나 실제로 그렇지는 않다. 잠재적 고통은 나쁜 것이 아니다. 잠재적으로 나쁠 뿐이다. 내가 아이를 가지려 한다고 생각해보자. 나는 잉태될 아이의 잠재적 고통을 고려해야 한다. 왜? 태어날 가능성이 있는 사람도 인정해야 한다는 파핏의 주장에 이미 설득당했기 때문이다. 그렇다고 해서 잉태 예정인 아이의 잠재적 고통이 나쁜 것은 아니다. 어떻게 그럴 수 있는가? 그것은 잠재적 고통이기 때문이다. 잠재적 사람은 고려해야 하지만 그들의 고통은 실제 고통이 될 때에만 나쁘다. 잉태되지 않은 아이의 잠재적 행복도 실제 행복이 될 때에만 좋은 것이다. 달리 말하면, '잠재적 사람도 인정해야 한다'에서 '잠재적 고통은 나쁘다'로 이어지는 것은 불합리한 추론이다. 아마 이제 해결의 실마리가 보이기 시작할 것이다. 아직 잉태되지 않은 아이의 잠재적 고통은 결코 실제 고통이 될 수 없기 때문에 나쁜 일도 될 수 없다. 따라서 그 아이의 잠재적 고통은 사실상 아이를 낳지 않을 이유도 되지 못한다. 일단 아이를 세상에 태어나게 한 후 실현된 실제 고통은 아이를 낳지 않을 이유가 될 것이다. 그러나 아이의 잠재적 고통은 아이를 낳지 않을 충분한 이유가 되지 않을지도 모른다. 아마 이 정도가 아닐까? 나도 확신하기는 어렵다. 어쩌면 내 설명이 전혀 도움이 되지 않을지도 모르겠다.

동물
계산, 동정심, 낙태

완전히 계몽된 지구에는 재앙만이 승리를 구가하고 있다.
: 테오도어 아도르노, 막스 호르크하이머 《계몽의 변증법》 :

어머니는 앞으로 무슨 일이 벌어질지 전혀 모른 채 분만실로 들어 갔다. 나는 첫 아이였고 41주간 머물렀던 포근한 곳을 떠날 마음이 전혀 없었다. 유도 분만을 통해 세상에 첫발을 내딛은 것은 고통스 러운 일이었다(어머니의 입장에서, 나는 별로 기억이 나지 않으니까). 그러 나 어머니는 그렇게 생각하려 하지 않았다. 들어가자마자 냉정한 국가보건서비스가 제공하는 소기笑氣 마취를 받고 집으로 돌아올 참 이었다. 아산화질소. 차라리 세계 최대의 다이아몬드인 호프다이아 몬드를 요구하는 편이 나았다. 어머니는 탈진했다. 죽을 듯한 통증 이 밀려왔다. 극심한 통증으로 몸도 마음도 뒤죽박죽이었다. 경험적 확률 법칙의 이상한 뒤틀림이었다. 그리고 잘못된 계획으로 이 모 든 고통의 원인을 제공한 머리만 큰 멍청이가 아무 도움도 못 주면서 자신의 몸을 지탱하려고 어머니의 다리를 붙들고 있었다. 게다가 당황스러운 표정을 짓는 대담함까지 갖추었다. 거의 끝나갈 때쯤에는 두려움에 눈을 크게 뜨기까지 했다.

사람들은 아버지가 그전까지는 평탄한 삶을 살아왔으리라 믿었으며, 실제로도 그렇다. 따라서 이후에 두 부모님의 정서적 반응이 나뉘는 것은 흥미롭다. 나의 탄생 직후에 선택을 할 상황에서는 분명 의견이 일치한 때도 있었다. 이상하리만큼 가늘고 긴 울음소리가 터져나오기 전. 그다음, 내 손가락과 발가락을 모두 세고 더해 각각 10개씩이 맞는다고 결론이 나기까지 긴장된 순간. 그리고 서투른 산파가 산소 부족으로 내가 뇌 손상을 입었을지도 모른다며 극도의 공포를 조장할 때. "보통 아이들과는 다르네요." 보통은 어느 부모나 듣고 싶어 하는 말이다. 긴급 소환에도 한참 지나서야 모습을 드러낸 의사가 내 얼굴이 실제로 좀 푸르스름하기는 해도 나머지는 혈색이 도는 게 확실하니 괜찮다고 말함으로써, 뇌 손상 문제는 결국 아닌 것으로 판명되었다. 정상적인 태아와는 달리 땅이 아닌 하늘을 바라보는 자세로 태어나는 난산의 일종으로 후방후두위일 가능성이 매우 컸다. 자궁 수축의 여파를 모두 받아낸 결과 얼굴은 시퍼렇게 멍이 든 채, 프로 권투 선수 매니 파퀴아오와 12라운드를 끝낸 모습으로 이 세상에 나왔다.

대략 이 시점에 내 부모의 정서적 반응이 나뉘기 시작했다. 어머니는 여전히 약 12시간 전에 참을 수 없는 통증이라고 묘사했을 그 고통을 겪고 있었다. 어머니가 이젠 지친다고 했을 수준보다 훨씬 더한 피로를 느꼈다. 하지만 나를 어머니 품에 안겨 젖을 물리자, 나는 바깥세상으로 나와 첫 식사를 하는 기쁨을 맛보았고 어머니는 안도감과 현실감이 밀려드는 것을 느꼈다. 인생에서 어떤 일이 벌어질지, 미래가 어떨지라도 이것이 섭리라고 말이다.

...

첫 아이의 탄생은 강렬하다. 그러나 둘째부터는 이미 준비가 되어 있고, 새로운 상황에 익숙해짐으로써 정서적 반응이 부드럽게 다듬어지기에 처음만큼 놀랍지 않다. 첫 아이의 탄생에 대한 부모의 엇갈린 반응은 인간 본성에 내재한 이중성, 즉 사과 속에 웅크리고 있는 벌레처럼 인간 영혼 속에 웅크린 분열의 발현이다.

　　널리 알려진 대로 아리스토텔레스는 인간을 이성적 동물이라 했다. 그런데 명시적으로 그렇게 말하지는 않았다. 실제로 아리스토텔레스가 한 말은 인간 영혼의 요소 중에 종종 상충하는 비이성적 요소의 저항을 받는 '이성적 원칙'이 있다는 의미였다. 비이성적 요소는 동물적인 욕망에서 비롯된다.[1] 아리스토텔레스에게 이성은 인

1　　아리스토텔레스 《니코마코스 윤리학》 | Aristoteles, *Nicomachean Ethics*, Chapter Ⅰ, 13.

간만의 고유한 특성이다. 오직 인간만이 이성적 영혼을 가지고 있다. 그가 말한 '영혼'은 현대에서 말하는 '(신체라는) 기계 속의 유령'이 아니다. 이는 이후 기독교도의 자만이 만든 말이며, 아리스토텔레스가 말한 영혼은 '본성'을 뜻하는 것이다. 인간은 이성적 본성을 가지고 있다. 따라서 인간은 동물과 다르다.

그럼에도 불구하고 인간은 여전히 동물이다. 우리의 이성적 본성은 동물적 본성과 공존한다. 동물은 '장소운동혼'을 지니고 있다. 이에 대해 아리스토텔레스는 동물은 움직이지만 식물이 바람에 흔들리는 것과는 다르게 움직인다고 했다. 동물은 스스로 움직인다. 이동적 본성은 동물의 본질이며 단순히 영양을 흡수, 처리, 배출하는 '영양영혼'을 지닌 식물과 다른 특징이다. 그러나 많은 동물에게 장소운동혼은 다른 것도 수반한다. 대표적인 것은 느낄 수 있는 능력이다. 운동과 지각력 사이에는 큰 연관이 있다. 식물이 지각력을 갖고 있다고 볼 근거는 매우 희박하다.[2] 움직일 수 없는 식물은 불편함의 원인을 피해 도망갈 수 없다. 의식이 있는 나무라면 나무꾼의 도끼는 끔찍한 불행을 주는 물체일 것이다. 그러나 움직임은 느

---

2   진화는 모두 자원의 투자를 필요로 한다. 적절한 구조의 개발에 필요한 유전적 자원과 그것을 유지하기 위한 에너지 자원이 필요하다. 의식에 대해 아직 정확히 알 수는 없지만 의식을 담당하는 뇌 구조를 개발하고 유지하려면 많은 자원이 투입된다. 따라서 고통의 원인을 피하는 등의 대가가 없는 개발이라면 진화의 관점에서 볼 때 비효율적이므로 그런 진화를 하지 않도록 강력한 압력을 받았을 것이다.

낌의 논리적 근거를 제공한다. 또한 느낌은 욕망, 식욕, 아리스토텔레스는 '열정'이라 불렀지만 우리는 '감정'이라 부르는 것도 야기한다.[3] 우리는 이성적이지만 동물이기도 하므로 우리 본성은 이성과 감성 모두를 포함한다.

인간 사유의 역사에서 이 정도로 확실히 검증된 것은 크게 두드러지지 않는 미묘한 뉘앙스를 가질 수 있다. 비트겐슈타인의 말처럼 마술에서 결정적 움직임은 우리가 가장 주목하지 않았던 부분에 있다.[4] 아리스토텔레스는 다른 무엇보다도 미묘한 사상가였다. 이성과 감정은 구분될지 모르나 아리스토텔레스가 '덕이 있는 사람'이라 말한 심신이 건강한 사람이라면 그 둘은 나뉘지 않는다. 이성이 자신이나 남을 향한 부정을 인식하게 할 수 있지만, 그 과정에서 부정적인 감정이라는 반응이 당연히 일어날 것이다. 덕이 있는 사람은 부정을 보면 개탄하고, 따라서 분노의 감정이 적절히 인다. 자세한 것은 중요치 않다. 중요한 것은 큰 그림이다. 덕이 있는 사람에게 이성과 감정은 긴밀하게 연결되어 있다. 우리의 이성적 본성과 동물적 본성은 상충된다기보다 보완 관계에 있다.

불행하게도 사유의 역사를 잠시만 살펴보아도 아리스토텔레

---

3   예를 들어 맥신 시츠-존스톤의 《운동의 탁월함*The Primacy of Movement*》(John Benjamins, 2011)에 나타난 의식, 인지와 운동 간의 관계에 대한 연구가 있다.
4   루트비히 비트겐슈타인 《철학적 탐구》 | Ludwig Wittgenstein, *Philosophical Investigations*, Blackwell, 1953, paragraph 308.

스의 미묘함은 다소 독특하다는 것을 알 수 있다. '덕이 있는 사람은 이성과 감정이 조화를 이루고 있다'는 아리스토텔레스의 생각은 인간 사유의 근본 규칙으로 규명된, 사유의 제1계명인 '이분법'에 맞서야 했다. 이분법적 경향은 아리스토텔레스보다 먼저 있었다. 스승인 플라톤은 이미 감정을 강하고 고집스러우며 부도덕한 날뛰는 말에 비유했다. 이성은 그 날뛰는 말을 통제하는 기수다. 플라톤이라면 그런 비유를 할 만하지만, 인간도 동물이라는 사실을 결코 간과하지 않았던 생물학자 아리스토텔레스는 그렇지 않았다. 아리스토텔레스의 의도가 어떻든, 플라톤의 이분법적 경향은 승리했다.[5]

과장이 아니라 아리스토텔레스 철학의 주석에 불과하다고 할 수 있는 이후 몇 세기 동안은 심지어 중세 시대까지도 이성과 감정을 구분하는 경향은 더욱 커져갔다.[6] 이분법적 경향은 '근대 철학의 아버지' 데카르트에 의해 완성된다. 아리스토텔레스처럼 그도 이성은 인간의 본질이라고 여겼다. 또한 인간이 복합적인 창조물임도

---

5 사실 플라톤은 억울할 것이다. 플라톤이 실제로 쓴 비유는 '기수'가 아닌 '이륜 전차'였다. 이성은 전차를 모는 사람이 맞지만 전차는 사실 두 마리의 말이 모는데 한 마리는 우아한 말이고 다른 한 마리는 그렇지 않은 말이다. 우아한 말은 이성적 감정이다. 플라톤은 감정이 이성적일 수 있음을 인정했다. 따라서 모든 감정이 모두 우아한 것은 아니라고 주장한 것뿐이다. 이런 측면에서 볼 때, 플라톤은 아버지가 생각한 것보다 훨씬 더 아리스토텔레스와 가깝다. 이성과 감정의 이분법은 이후에 등장한 개념이다.

6 "모든 서양 철학은 플라톤 철학의 주석에 불과하다"고 말한 알프레드 노스 화이트헤드와 비교해보라.

인정했다. 그러나 인간의 비이성적인 부분에 대해서는 회의적이었다. 동물은 본질적으로 기계적인 존재다. 인간의 동물적 부분인 몸도 마찬가지다. 그러나 인간의 이성적 부분은 결코 기계화될 수 없다고 데카르트는 주장했다. 물리적 세계는 결코 이성적일 수 없다. 사유의 이성적 전환, 즉 추론, 귀납 및 연역 과정은 뇌 또는 다른 어떤 물리적 세계의 예시를 통해 설명할 수 없다. 따라서 데카르트는 인간에게는 결코 물리적일 수 없는 이성적인 부분이 있다고 결론 내렸다.[7] 아리스토텔레스의 평이하고 비학술적인 용어 사용과는 달리, 오늘날 우리가 영혼을 다루는 방식은 '(신체라는) 기계 속의 유령'으로 딱 잘라 정의된다. 우리 모두에게는 이성적 본질이 있으므로 물리적이지 않다. 비이성적인 신체라는 구성 요소는 중요하지 않다. 내가 어머니의 팔에 안겼을 때쯤이면 인간의 이성은 동물적 본성에서 완전히 분리되어 나왔을 것이다. 실제로 300년 전에 이미 그 분리는 완료되었다.

현재라는 우월한 시점에서 보면 데카르트의 주장은 우스울 만큼 빗나갔다. 이성적 추론을 기계 속에 체화하는 것은 물론, 추론이야말로 기계화하기 가장 쉬운 정신적 과정이며 기계는 이 일을 훌

---

7   데카르트의 《성찰 *Meditations on First Philosophy*》에서 특히 제2성찰과 제6성찰.

릏히 수행했다. 심지어 세계 체스 챔피언을 이길 수 있는 기계를 만들기까지 했다. 인간과는 비교할 수조차 없는 어마어마한 양과 속도의 수학적 계산을 하는 기계가 등장하는 것도 머지않았다. 하지만 감정이 있고 느낄 수 있는 기계를 만드는 것은 훨씬 더 어렵다. 힘든 일이든 아니든 현재로서는 근처에도 못 갔다. 그럼에도 불구하고 우리는 이성 때문에 인간이 기계보다 우월하다고 주장하는 위선의 환상에 빠져 있다.

이성과 감정의 경계선과 매우 유사한 궤적을 그리는 도덕성에 대한 두 가지 생각은 다음과 같다. 도덕성을 근본적으로 '계산' 또는 '동정심'의 문제로 보는 두 가지 입장이다. 인간 본성에 대한 데카르트의 승리를 볼 때, 도덕성의 개념을 '계산'으로 보는 입장이 우세했다. 전통적으로 정반대로 간주했던 것들을 포함한 매우 다양한 도덕적 이론들이 모두 도덕성을 계산으로 보는 개념에 흡수되었다.

인류 역사상 가장 영향력이 큰 도덕적 이론이라 해도 과언이 아닐 공리주의에 따르면, 도덕성은 곧 공리성을 극대화하는 것이다. 어떤 행동을 취할지 결정할 때 우리는 최대 다수의 최대 행복을 산출해야 한다.[8] '최고선'이라는 개념은 공리주의의 다양한 형태에 따라 달리 해석되었지만, 두 가지 개념이 특히 두드러진다. 쾌락주의적 공리주의에서는 최고선이 행복이므로 세상의 행복 총량을 늘이기 위해 항상 노력해야 한다. 선호공리주의에서는 사람마다 느끼는 것이 다르기에, 선호의 만족을 최대화해야 최고선이 실현된다. 그러면 도대체 행복과 선호의 만족은 무엇이 다른가? 사실 별로 다르지 않다. 상황에 따라 미묘한 차이가 있기는 하지만 대부분은 같다. 그러나 선호의 만족이 반드시 행복을 가져오지는 않는다. 예를 들어 나는 내가 죽기보다 상대방이 죽기를 선호하겠지만 그건 기분 좋은 생각은 아니다. 반대로 만일 내가 자는 중에 고통 없이 죽으면 특별히 불행하게 느끼지는 않겠지만 그것을 선호하지 않는다.

공리주의자의 글을 읽을 때마다 나를 공격하는 떨칠 수 없는 느낌이 있다. 정확히 집어 말하기는 어렵지만 막연히 두려운 방식으로 서서히 그러나 확실하게 플롯을 잃어버렸다는 것이다. 가장 영향력 있는, 현대 공리주의자인 피터 싱어를 생각해보자.[9] 그는 전 생애 동안 많은 선을 행한 의심의 여지없이 매우 고귀한 사람이다. 그럼에도 불구하고 만일 내가 있는 분만실에 그가 들어온다면 불편할 것이다. 싱어는 관련된 선호를 가진 사람들에 대해서는 선호공리주의를 옹호했지만, 그렇지 않은 사람들에 대해서는 쾌락주의적 공리주의

---

8 "최대 다수의 최대 행복"이라는 표현은 현대 공리주의의 아버지인 제러미 벤담이 표방했지만 그런 주장 자체는 라이프니츠, 프랜시스 허치슨과 같은 사상가들이 이미 제시했던 개념이었다. 그러나 이런 이해는 공리주의의 기본 개념을 알아보는 첫 단추를 잘못 끼운 것이다. 목표는 최대의 행복이 맞기는 한데, 그것이 반드시 최대 다수를 위한 것인지는 공리주의의 주장하는 바와 반드시 일치하지 않는다. 실제로 그러한 행복을 배분하는 방법이야말로 공리주의의 문제다.

9 피터 싱어 《실천윤리학》 | Peter Singer, *Practical Ethics*, Cambridge University Press, 1980.

를 옹호했다. 이것은 갓 태어나 엄마의 품에 안겨 젖을 물고 있는 나를 곤경에 빠뜨린다. 물론 내게도 선호는 있다. 나는 자궁을 벗어나 최초로 맛본 엄마의 젖을 한동안 물고 있길 선호할 것이다. 그러나 내게는 죽음에 대한 개념이 없다. 그 결과 싱어는 내가 계속 살아가기에 대한 선호가 없다고 추론할 것이 의심된다. 내가 살지 않을지 모른다는 것을 이해하지 못한다면(사실 죽음에 대한 개념 없이는 이를 이해할 수 없다), 나는 그 반대인 살아가는 것에 대한 선호도 가질 수 없다. 따라서 싱어는 나를 죽이는 것, 특히 이것이 고통이 없고 나를 해칠 수 있는 뭔가가 다가오고 있음을 알기 전이라면, 나의 어떠한 선호도 거스르지 않는다고 결론 내린다. 따라서 선호공리주의에 따르면 나를 죽이는 것은 직접적으로 잘못된 판단이 아니다.

여기서 '직접적'이라고 말한 이유는, 내가 계속 살아가는 것을 (선호하길) 부모가 바라기 때문이다. 그렇다면 나를 죽이는 것은 그들의 선호를 파괴하는 것이고, 따라서 선호공리주의의 근거에서 비윤리적이다. 도덕성을 산업으로 본다면 이것은 부작용에 해당한다. 그러나 부작용에 호소하는 것은 논점을 벗어난 것 같다. 내가 죽임을 당했다면 그 피해는 정말로 내가 아닌 부모만 입은 것인가? 그건 정말 이상한 것 같다. 예를 들어 부모가 내 죽음에 대해 반대하지 않는다면? 아마 그들은 모든 것을 고려했을 때 안전이 가장 중요하다고 결정했을 것이다. 의사는 그저 얼굴에 멍이 든 것뿐이라고 하지만 정말 그럴까? 산소 부족이 아닐까? 문제의 소지가 아예 없게 이

번 아이는 포기하고 다시 낳자. 그런 상황이라면 선호공리주의자는 왜 내가 죽임을 당해서는 안 되는지 이유를 찾으려고 애쓸 것이다. 아마 의사나 간호사가 반대해서? 하지만 그들도 부모의 편을 든다면? 이것이 바로 부작용에 호소할 때의 문제다. 항상 적용되지 않는 상황을 상상할 수 있는 것이다. 그리고 이것은 신생아인 내가 이해할 수 있다면 나에게 해당되는 냉정한 현실을 드러낸다. 만약 선호공리주의가 사실이라면, 나를 죽여도 직접적으로 잘못된 것은 없다. 만약 나의 죽음으로 인해 어떤 피해가 있다면, 그 피해는 다른 누군가에게 가해진 것이다.

그렇다면 쾌락주의적 공리주의에서 구원을 찾아야 할까? 불행하게도 그렇지는 않다. 쾌락주의적 공리주의는 늘 죽음을 다루기 힘들어했고, 신생아의 죽음은 더 말할 것도 없다. 만약 쾌락주의적 공리주의가 옳다면, 누군가의 죽음은 세상의 모든 행복의 총량을 줄인다는 측면에서 나쁜 일이다. 그러나 그 사람은 일단 죽고 나면 행복하지도 불행하지도 않다. 따라서 내 죽음이 나쁜 일이 되려면 두 가지 방법이 가능하다. 첫째, 다른 사람을 불행하게 만든다면. 나의 부모와 조부모는 물론, 누구든 병원에서 아기들이 일상적으로 죽는다는 사실을 알면 슬플 것이다. 그러나 아무리 우리가 정교하고 독창적인 개념을 내놓는다 해도, 여전히 부작용에 호소하고 있다는 사실을 피할 수 없다. 만약 우리가 쾌락주의적 공리주의자라면, 내 죽음에 직접적으로 잘못된 것은 없다는 결론을 내려야 할 것이다. 사실 누군가의 죽음이 직접적으로 잘못된 것은 없다. 이것은 쾌락주의적 공리주의에 아직 시달리지 않은 사람에게는 억지 같을 것이다.

나의 이른 죽음이 전 세계의 행복 총량을 줄이게 되는 또 다른 방법이 있다. 공리주의자들에게는 행복 총량이 늘어난다면 누군가 불행해지는 것은 중요하지 않다. 즉 시간의 흐름에 따른 행복은 현재의 행복과 똑같이 중요하다. 나의 죽음은 내 모든 미래의 행복을 앗아갈 것이다. 그럼 내 미래의 불행도 마찬가지로 존재할 수 없다. 그러나 내가 살아갈 인생에서 불행에 비해 행복의 순수한 양이 더 많다면 낙관주의적 입장에서는 시간이 흐른 뒤, 즉 미래의 행복 총량이 줄어드는 것이므로 나를 죽여서는 안 된다고 주장할 수 있다.

안타깝게도 내 미래의 행복 가능성은 나를 구제하지 못한다. 쾌락주의적 공리주의자들은 불행에 관심이 없고 누가 행복할지에 대해서도 관심이 없다. 쾌락주의적 공리주의의 주장대로라면 내 부모는 후에 나만큼 행복한 삶을 살아갈 다른 아이를 가지는 한, 최대한 빠르고 고통 없는 방식으로 나를 죽게 해 문제의 소지를 없앨 것이다. 이런 조건들이 충족되고 나면 쾌락주의적 공리주의 입장에서 볼 때 내 죽음은 전혀 비윤리적이지 않다. 만약 그렇다면 나라는 존재는 전적으로 분명하게 대체 가능한 존재이므로, 쾌락주의적 공리주의가 옳지 않기를 희망해야 할 것이다.

바로 그거다. 계산의 결과란 바로 이렇다. 철학 기차의 탈선 사고를 슬로모션으로 보는 것과 같다. 갓난아기를 팔에 안고 아이가 울고 먹고 새근대고 까르르 웃는 소리를 듣다가 바로 그다음 순간 '뭐, 똑같이 행복할 다른 아이를 가질 수만 있다면 이 아이를 죽여도 괜찮은 거니까'라고 생각하는 것과 같다. 감정의 통제를 받지 않는 이성, 동정심에 속박되지 않는 계산은 괴물을 낳을 뿐이다.

동정심은 우리의 육체처럼 자연스러운 일부분이다. 그럼에도 불구하고 역사적으로 동정심은 도덕성에 관한 사유에서는 변방에 속했다. 적절한 상황에서 적절한 종류의 감성적 반응을 하는 것은 매우 자연스러운 일이라고 주장한 17세기 스코틀랜드의 철학자 흄만이 외로이 그 변방을 지켰다.[10] 갓 태어나 부모에게 버려져 곧 죽을 아기를 본다면, 아기의 고통에 마음이 아파 도우려 하는 것은 생물학적으로 자연스러운 일이다. 이렇게 마음이 아픈 것이 바로 동정심이다. 이런 마음을 느끼지 못한다면, 생물학적으로 뭔가 심각하게 잘못된 것이다. 마땅히 일어야 할 감정이 생기지 않는 사람에게 그런 감성적인 반응은 엉뚱한 것이다. 우리는 그런 사람들을 사이코패스라고 부른다.

동정심은 인간이 인간일 수 있게 하는 본성이다. 도덕성에는

---

10   데이비드 흄 《인간 본성에 관한 논고》 | David Hume, 《*A Treatise of Human Nature*》, Books 2 and 3.

계산보다 감성적 바탕이 있다는 흄의 계보는 이후 다윈이 이어간다.[11] 다윈의 '사회적 감정'은 소속 집단의 구성원에 대한 감정으로서 진화에 대한 직접적인 설명을 제공한다. 이런 감정은 포유류 사회 집단을 하나로 이어주는 매개체다. 따라서 이런 감정은 진정으로 동물적이다.

그러나 어떤 특징이 생물학적으로 타고난 일부로서 자연스럽다고 해서 문화적 요인의 영향이나 왜곡에도 변형되지 않는 것은 아니다. 동정심은 인간의 유전자 속에 있을지 모르나 유전자가 발현되는 방식은 문화적 환경에 결정적인 영향을 받을 수 있다. 우리가 동정심을 갖는 대상과 정도는 아이의 탄생을 지켜보는 아버지마다 다를 수 있다. 고대 그리스에서 유아 살해를 하는 사람들은 신생아인 나에 대해 내 운명에 영향을 줄 정도의 동정심을 거의 느끼지 않았을 것이다. 게다가 한 문화권 내에서조차 감정은 세부적인 조건화와 강화에 의해 엄청나게 왜곡될 수 있다.[12] 동정심은 의식의 감독 아래 숨어서 작용하는 요인들에 의해 쉽게 왜곡되고 지워지며 조작당한다. 이때 우리가 가진 유일한 보호 장치는 이성이다.

이성은 충분하지 않다. 만일 당신이 그 사실을 모른다면 아기를 죽이고 대체한다는 결론을 내릴 수 있다. 감정은 너무 변덕스럽

---

11 다윈은 《인간의 유래와 성선택The Descent of Man, and Selection in Relation to Sex》(1871), 《인간과 동물의 감정 표현The Expression of the Emotions in Man and Animals》(1872)에서 이런 견해를 옹호하고 있다.

고 휘둘리기 쉬워서 충분하지 않다. 따라서 이성과 감정의 균형을 잡는 것이 핵심이라고 말할지도 모른다. 물론 현명한 생각이겠지만 이것은 문제의 해결이라기보다는 문제 그 자체다.

그날 태어난 나로서는 선과 악, 그리고 행복과 고통의 상대적인 크기를 가늠할 만큼 충분히 지나온 시간과 공간이 없다. 그러나 한 가지는 확실해 보인다. 바로 내가 피해를 줄 거라는 점이다. 누군가 언젠가는 나 때문에 고통받을 것이다. 그리고 내가 주는 피해는 대부분 이성과 감정이 함께 작동할 때 일어날 것이다.

이성과 감정이 인간의 삶에서 연합할 때, 진정한 불꽃놀이가

---

12 나는 아무도 이에 대해 더 이상 심각하게 의심하지 않을 것이라고 생각한다. 남아 있는 유일한 질문은 왜곡의 정도다. 고대 그리스에서 기원한 전통적인 성격을 원인으로 드는 이들도 있을 것이고, 또 도덕적 감정이 환경적 요인에 의한 왜곡에 극단적으로 민감하다는 상황주의도 있을 것이다. 사실 왜곡은 왜곡될 본성이 존재한다는 것을 전제하기 때문에 엄밀히 말해 옳지 않다. 강한 상황주의는 최소한 그런 것이 있다는 것 자체부터 부정한다. 상황주의는 1970년대 초 스탠퍼드대 심리학과의 필립 짐바르도 교수가 동료들과 함께 실시했던 유명한 스탠퍼드 감옥 실험에서 탄생했다. 학생들로 구성된 지원자들이 무작위로 가상의 '교도관'과 '죄수' 집단으로 나뉘어 각자 역할을 수행하도록 한 것이 실험 내용이었다. 놀랍게도 얼마 지나지 않아 교도관 역할을 한 사람들은 잔인한 방법으로 죄수를 다루기 시작했다. 짐바르도 교수는 이후에 이라크의 아부그라이브 수용소에서 실제 교도관들이 벌인 학대 행위 역시 마찬가지 현상이라고 주장했고, 이 내용은 짐바르도의 저서 《루시퍼 이펙트 *The Lucifer Effect*》(Random House, 2008)에 잘 소개되어 있다.
상황주의자와 전통주의자의 논쟁은 첨예하다. 그러나 여기에 매몰되지 않는 더 익숙한 논점이 있다. 상황주의자들이 제시하는 상대적으로 극적인 방식으로 왜곡되지 않을 때조차도 동정심은 변화하고 편파적이며 성차별적이다. 스탈린이 말한 것처럼, "누군가의 죽음은 비극이지만 백만 명의 죽음은 통계이다." 매사를 동정심에 근거해 보는 것도 분명히 위험하다. 왜냐하면 익명의 다수가 아닌 한 개인과 그 개인의 비극에 초점을 맞출 것이기 때문이다.

일어난다. 인간의 악이라면 보통 전쟁, 학살, 인종 청소나 종교 대학살처럼 엄청난 것을 떠올리는 경향이 있다. 또한 이런 악의 원인이 최대한 잘라내어야 마땅한 동물적 영혼, 즉 동물적 본성이 내뿜는 원초적인 증오라고 생각한다. 그러나 이것은 순진한 발상이다. 호르크하이머와 아도르노의 주장처럼 이성도 어두운 면을 가지고 있다.[13] 현대 전쟁의 킬링필드는 인간의 이성이 만들어낸 것이다. 가스실을 고안한 것도 이성이다. 더 미묘하게는 우리는 항상 가능하다면 증오를 이성적으로 설명하려고 한다. 그렇게 함으로써 합법적인 허가를 얻는다. 그리고 증오를 합리화하는 이성의 교묘함을 결코 얕잡아 보아서는 안 된다. 종족, 종교와 정치적 신조는 모두 정도의 차이는 있으나 사후에 이성으로 합리화한 증오다. 증오는 동물적 본성일지 모르지만, 증오를 합리화하고 변명하는 것은 이성의 작용이다. 이성은 증오에 초점과 방향을 제공한다. 이성은 증오에 효과를 더한다. 이성과 감정의 협력은 결국 우리 모두의 삶에 추악한 상처만을 남길 것이다.

이 문제를 나의 도덕적 공간에 고정된 지점이라고 생각한다면, 나는 가끔은 지름길로, 가끔은 에둘러서, 어떤 때는 익숙한 길로 또

---

13 막스 호르크하이머, 테오도어 아도르노 공저 《계몽의 변증법》 | Max Horkheimer and Theodor Adorno, *Dialectic of Enlightenment*, 1944.

어떤 때는 낯선 길로 계속 되돌아갈 것이다. 이 문제는 이성이나 감정만의 문제가 아니다. 이성과 감정 둘 다의 문제도 아니다. 문제는 감정을 이성적으로 느끼는 것, 즉 감정적으로 이성적인 것이다. 아리스토텔레스는 이 문제의 핵심을 도덕적 삶으로 이해했다. "따라서 분노를 느끼는 것은…… 쉽고 누구나 할 수 있는 일이다. 하지만 그 분노의 대상과 양, 시기, 목적과 방식을 제대로 하는 것은 더 이상 쉬운 일이 아니며 누구나 할 수 있는 일도 아니다. 이런 일을 잘하기란 드물기 때문에 칭찬받을 만한 훌륭한 일이다."[14] 분노에 대한 아리스토텔레스의 말은 더 보편적으로 동정심과 감정에도 적용된다. 대상과 방식, 시기, 양과 목적을 제대로 하는 것은 반드시 필요하다. 그러나 이를 어떻게 배운단 말인가? 이 문제에 있어서는 대철학자인 아리스토텔레스도 별 도움이 되지 못한다. 또는 더 정확히 말하자면 그의 조언은 '카네기홀에 가려면 어떻게 하죠?'라고 길을 묻는 사람에게 거기에서 연주할 수준이 되려면 어떻게 해야 하는지 묻는 것으로 착각하고 '꾸준히 연습하세요'라고 동문서답하는 농담과 같다. 그런 능력은 습관을 통해 습득할 수밖에 없다. 그리고 습관은 평생에 걸쳐 형성된다.

---

14   아리스토텔레스 《니코마코스 윤리학》 | Aristoteles, *Nicomachean Ethics*, 1109a27–30.

거짓말

왜 윤리적이어야 하는가?

심장은 이성理性으로 이해할 수 없는 분별력을 갖고 있다.

: 블레즈 파스칼 《팡세》 :

"네 개의 눈을 감아!"

트로이 전쟁 놀이는 정직함의 가치에 기반을 둔 놀이다. 휑하고 넓은 학교 운동장에서 여섯 살 난 아이들의 칼싸움이란 검은 없지만 허공에 팔을 휘두르며 강철끼리 부딪치는 칭칭 소리를 흉내내는 것이다. 어느 시점에서는 앞으로 다리를 쭉 뻗어 딛고 자신은 공격받지 않고 상대의 횡경막 근처를 주먹이나 손바닥뼈 또는 손가락 관절로 치려 할 것이다(1~2센티미터 더 길게 뻗는 것이 결정적이다). 성공적이라면 상대는 '죽고' 더 이상 경기에 참여하지 못하며 이렇게 한쪽 팀원만 모두 '살아남으면' 경기는 끝난다. 팀 사이에 의견차가 있는 부분은 매우 많다. 첫째, 아킬레스, 헥토르, 아작스, 오디세우스나 디오메데스 또는 기분 좋으면 파리스까지 포함해 멋진 트로이 전쟁의 영웅들을 누가 할 것인지를 놓고 치열한 신경전이 벌어진다. 하지만 불평에 찬 아가멤논이나 부정한 아내를 둔 메넬라오스, 악취가 나는 필록테테스 역할은 아무도 맡으려 하지 않을 것이다. 일단 놀이가 시작되면, 팔이 긴 아이들이 압도적으로 유리하다. 나처럼 팔 길이가 겸손한 아이들은 속도, 책략과 속임수만이 살길이다. 주된 불화의 원인은 죽음과 그 정확한 상황에 대한 판단이다. 몸통을 직접 가격하면 확실히 죽는 것이지만, 팔을 가격했다면 팔만 날아간 것이다['긁힌 걸 가지고 뭘 그래'(1975년에 개봉한 영화 〈몬티 파이튼의 성배〉에서 팔이 잘린 흑기사가 한 유명한 대사-옮긴이)]. 그럼에도 불구하고 그 사람은 팔이 잘린 것을 표시하기 위해 어색하게 그 팔을 잡고 있어야 한다. 그러나 이것은 복잡한 문제다. 몸통이 끝나고 팔이 시작되는 부분이 정확히 어디인지에 대해 늘 마찰이 있다. 게다가 몸통에 직접 가격하는 것은 공식적으로 치명적인 반면, 빗나간 가격은 그렇지 않다는 것이다. 따라서 한 소년이 '넌 죽었다!'라고 소리치고 상대편 소년은 갈비뼈를 부여잡고서도 '그냥 부상만 입은 거야!'라며 손가락 관절을 앞으로 뻗어 공격을 계속하는 희한한 광경을 종종 보게 되는 것이다. 상상할 수 있듯이, 이런 놀이가 실제 싸움으로 번지는 경우는 드물지 않다.

　　이제 말하려는 '눈'의 개수에 대한 논쟁도 그런 해석상의 차이 때문이었던 것 같다. 모욕을 준 사람은 데이비드 B였고 모욕을 당한 사람은 우리들 중 유일하게 눈의 개수가 충분했던 앤드루 C였다(여자아이들은 제외했다). 나는 한 번도 데이비드 B를 좋아한 적이 없었다. 해석상의 견해차가 있다면 누가 틀렸는지 나는 거의 확신했다. 데이비드 B는 거짓말쟁이에 사기꾼이었다. 녀석과 나는 이런 일로 주먹다짐도 했다. 녀석에 대해 내가 알아차린 더 심한 것은 비록 당시에는 정확히 몰랐지만 냉담함과 저열함이었다. 어쨌든 리처드 B는 웃었고, 에이드리언 W도 웃었고, 마크 M도 웃었고, 보건 T도 웃었다. 날더러 어쩌란 말인가? 아이들의 눈이 나를 향하는 것을 느낄 수 있었다. 우리랑 같은 생각이야? 아니면 틀렸다고 생각해? 어머니는 사람들에게 착하게 대하라 하셨지만 그 상황에서 앤드루 C에게는 그게 힘들 것 같았다. 내 마음속을 들여다볼 수 있다면 누구나 그 순간 내가 반만 웃고 있다는 것을 알았을 것이다. 하지만 어쨌든 나도 웃었다.

그런 이유로 다음 날 아침, 나는 아이들과 함께 엄한 베아트릭스 메이우드 교장 선생님 앞에 일렬로 서 있게 되었다. 물론 첫인상은 틀릴 수 있다. 예를 들어 우리가 트로이 전쟁 놀이를 하고 있었다고 말하면, 이튼이나 해로, 브라이즈헤드 같은 명문 학교에 다니는 미시킨과 그의 친구들이 고전적이고 엄격한 커리큘럼의 결실을 즐겁게 극화하는 것을 떠올릴 것이다. 하지만 전혀 아니다. 내가 다니던 학교는 안타깝게도 블라이너쿠루 초등학교였다(당시에는 희한하게도 '유아' 학교라 불렀다). 폰드로드의 블라이너쿠루라면 느

낌이 오는가? 미국에서는 물과 약간만 연관되어도 '레이크쇼드라
이브'처럼 거창한 이름을 붙인다. 당시에는 몬머스셔로 불리었던
지금의 귄트에 있는 황량하고 칙칙하며 잊힌 서쪽 계곡 끝에 위치
한 '석탄의 시내'라는 뜻의 난터글로에서 그나마 가장 번화한 곳인
데 이름이 고작 폰드로드였다. 블라이너쿠루에서 아이들은 《일리
아드》씩이나 읽은 게 아니라 간밤에 지역 TV에서 방영된 〈트로이〉
를 본 것이다.

베아트릭스 메이우드(애칭은 트릭시) 교장 선생님의 엄한 얼굴
과 뾰족하고 각진 뿔테 안경은 우리가 익히 떠올리는 까다로운 사
감의 모습이었다. 그러나 트릭시 교장 선생님에게도 아름답고 교양
있고 행복했던 시절이 있었다. 그러나 그녀는 남편을 결핵으로 잃
고 젊은 나이에 과부가 되었다. 한때 부부가 멀리 이사를 가기도 했
지만, 그녀는 결국 젊은 시절이 아닌 산송장이 된 남편의 모습으로
기억되는 그곳을 떠나 남편과 함께 살고 사랑하며 웃었던 추억이
서린 이곳으로 되돌아왔다. 그녀는 추억을 찾아 돌아왔고 초등학교
의 교사 자리를 얻었다. 그때가 40년 전이었다. 이제 2년 후면 정년
퇴임을 앞둔 교장 선생님은 아이도 없이 혼자 살고 있었으며, 와인
한 병을 책상 안에 보관해두었다. 출근해서 한 모금 홀짝 마시면 그
것으로 하루 종일 충분했다. 물론 교사들은 그녀의 숨결에서 와인
향을 쉽게 알아차릴 수 있었다.

"여기 왜 와 있는지 알지?"

"아니오." 우리는 거의 동시에 대답했다.

"앤드루 C 어머니의 편지를 받고 너희들을 부른 거다. 앤드루가 안경을 썼다고 놀렸다면서? 사실이냐? 왜 그런 심술 맞은 짓을 한 건지 말해보거라."

교장 선생님은 우리를 하나하나 뜯어보았다. 뿔테 안경 너머로 날카로운 눈길이 먼저 데이비드 B에게 꽂혔고 이어서 10초 간격으로 한명씩 건너갔다. 나는 줄의 맨 끝에 서 있었고, 숨 막히는 긴장감이 점점 고조되어 마치 딱딱한 등껍질처럼 내 주변을 꽉 메워오자 불현듯이 어떤 생각이 떠올랐고 놀라운 이야기가 되어 내 입술을 비집고 튀어나왔다.

"우리가 걔를 놀린 게 아니에요, 교장 선생님. 재미있는 이야기 때문에 웃은 거예요."

"그래? 그게 도대체 뭔데?" 선생님은 느리고 길게 끄는 어조로 되물었다.

그렇다. 가혹한 시련이다. 거짓말은 거짓말을 낳는다. 거짓말을 감추려면 또 거짓말이 필요하다. 이 모든 거짓말들은 한데 모여 완전범죄가 되거나 발각되거나 둘 중 하나다. 여섯 살 평생 가장 위대한 인지적 성취가 최악의 상황에서 이루어졌다. 내가 가장 재미있어 했던 농담 하나가 내 입술에서 흘러나왔다.

"암소 두 마리랑 황소 한 마리가 들판에 있었어요. 그런데 암소 한 마리가 황소한테 '황씨, 우린 일 없소. 가보소'라고 했대요."

됐다. 해냈다. 게다가 제대로 해냈다. 거짓말이 완전범죄를 성립시켰고, 한 명의 거짓말쟁이가 탄생했다. 나도 이유를 모르겠다. 교장 선생님이 내 거짓말을 여섯 살 아이가 해낸 주목할 만한 지적 성취로 보고 최소한 비공식적으로 은밀하게 인정하기를 원했다고 생각하고 싶다. 사실 교장 선생님이 명백한 거짓말인 줄 알면서도 그 정도 선에서 조용히 끝내고 싶어 했을 것이 더 유력하다. 이유가 무엇이었든, 그날 나는 거짓말은 효과가 있다는 소중한 교훈을 얻었다. 그다지 어렵지도 않고 실제로 효과가 있다.

학교 운동장에서 우리가 했던 놀이도 모두 거짓말이다. 심리학자와 인류학자들은 트로이 전쟁 놀이를 사냥이나 싸움 기술을 배우는 방식으로 설명하기도 한다. 그 이유는 그런 심리학자들이 예외 없이 어른이며, 놀고 기술을 이용하고 상대를 속이고 신체 능력의 제한을 극복하는 것의 즐거움을 잃어버린 지 오래이기 때문이 아닐까. 놀이의 이유와 목적을 찾기 위해 놀이 밖을 둘러볼 필요는 없다. 그러나 만약 외부의 이유가 있다면, 그것은 사냥보다는 사회적 기술일 것이다. 놀이는 거짓말을 배우는 과정이다. 거짓말은 하는 것보다 잘하는 것, 기술적으로 하는 것이 더 중요하다. 우리는 빠져나갈 수 있는 것과 그럴 수 없는 것을 구분하는 법을 배운다. '치명적' 일격을 당했더라도 아무도 보지 않았다면 아닌 척할 수 있다. 상대가 나보다 서열이 낮고 약하다면 치명타를 입지 않았다고 우길 수도 있다. 누군가의 머릿속에서 발현된 거짓말은 우리가 하는 놀이에서 태어나고 자라난다.

나는 거짓말을 한 것이 자랑스러웠다. 그렇지 않다고 하면 그 것이 거짓말이다. 그러나 앤드루 C에게는 미안했다. 그래서 이후 며 칠간은 그 아이에게 더 잘해주었다.

거짓말은 옳지 않다. 성경에서 거짓말을 금하고 있고, 어머니 는 특히 거짓말은 부도덕하며 부도덕한 일을 해서는 안 된다고 강 조했다. 하지만 '안 된다'는 것은 무슨 뜻인가? 내가 왜 부도덕하면 안 되는가? 어쨌든 나는 방금 부도덕이 매우 유용할 수도 있다는 예 시를 들었다. 플라톤은 왕의 양치기였던 기게스가 반지를 끼면 모 습이 사라지는 마술 반지를 우연히 동굴에서 발견했다는 신화에 대 해 이야기한다.[1] 발각되거나 처벌받을 가능성이 제로에 가깝자 기 게스는 살인과 유혹을 서슴지 않았고 고대 국가 리디아의 왕이 되 기까지 했다. 이런 기게스의 반지를 손에 넣는다면, 굳이 도덕적으 로 행동할까? 딱 까놓고 말해 굳이 도덕적일 필요가 있을까?

아브라함 계통의 종교인 유대교, 기독교, 이슬람교에서는 이에

---

[1] 이 이야기는 플라톤의 《국가론Republic》 2권에 등장한다. 물론 플라톤이 이 신화를 믿은 건 아니 지만 도덕성에 대한 근본적인 질문을(굳이 도덕적일 필요가 있는가?) 더 생생하게 하기 위해 이 장치를 사용했다.

대해 한 가지 대답을 한다. 신이 보고 있기 때문에 도덕적이어야 한다고. 기게스의 반지로도 신의 눈을 피할 수는 없다고. 도덕성의 '의무성'을 강조하는 이런 대답은 도덕성을 신중함의 '의무성'으로 설명한다. 도덕적인 것이 신중하기 때문에 도덕적인 일을 해야 한다는 설명이다. 도덕적이지 않은 일을 하면 신이 언젠가는 벌을 주고 사후에 지옥에 갈 수 있기 때문이다. 그렇다면 신이 그날 교장 선생님의 방에 있는 나를 지켜보셨을까? 상당한 양의 증거를 볼 때 그런 것 같지 않다. 그러나 우리가 이를 완전히 무시하고 분분한 의견 차이는 일단 접어둔 채 신이 존재한다고 가정해도, 도덕적이어야 하는 이유로서는 취약하다. 더 중요한 것은, 신의 존재를 믿는 사람들 입장에서는 도덕적이라고 해봤자, 딱히 신에게 더 잘 보이는 것 같지도 않다.

당신이 가장 어두운 욕망을 품은 사람이라고 가정해보자. 살인, 고문, 강간 등 각종 범죄 행위를 갈망한다고 말이다. 그런데 그런 행위를 하지 않는 단 하나의 이유가 있다. 그것은 바로 아무리 그러고 싶어도 신의 심판을 받고 지옥에 떨어질까 두려워 찜찜하기 때문이다. 결국 어두운 욕망은 품었으되 깨끗한 삶을 산 대가로 천국 문 앞에서 기다리던 신과 조우한다. 신은 당신의 검은 마음을 꿰뚫어본다. 신이 당신에게 '여기에 올 자격이 충분하도다'라고 말할까? 아마 그렇지는 않을 것이다.

인간이 왜 도덕적이어야 하는지 설명하는 가장 분명한 세속적

노력은 아브라함 계통의 종교에서 말하는 주제를 다시 반복할 뿐이다. 도덕성은 결국 신중함의 문제다. 라이벌 몇 명을 정말 죽이고 싶다면 어떻게 할까? 사실 그런 유혹을 느끼지 않는 사람이 어디 있을까? 기왕 사고를 치는 김에 집과 재산도 다 빼앗으면 또 어떤가? 문제는 이러한 행동이 위험하다는 것이다. 그런 행동을 하는 사람들이 늘어남에 따라 당신 자신도 그런 행동의 대상이 될 위험에 노출된다. 더 분별 있고 신중한 행동은 타인이 느끼는 한계가 내게도 똑같이 있음을 인정하는 것이다. 당신이 내 등을 긁어주면 나도 당신의 등을 긁어주겠소. 또는 최소한 등 뒤에서 칼을 꽂는 일만큼은 서로 없게 합시다.

이것은 사회계약설의 관점에서 본 도덕성이다.[2] 사회계약은 우리 각자가 생존하기 위해 합법적으로 할 수 있는 일을 제한하는 가설적 합의다. 따라서 실제 합의도 아니다. 역사상의 실존 인물들이 한자리에 앉아 이 계약의 조건을 도출한 것도 아니다. 얼마나 유혈이 낭자할 것인지 상상해보라! 아직 어떻게 행동할지에 대해 합의하지 않은 상황에서 모두 한자리에 모였으니 말이다. 아마도 계약을 작성하는 시점의 행동 지침에 대한 사전 합의라도 있어야 할 것

---

2 역사적으로 볼 때, 사회계약설의 관점에서 본 도덕성이 등장한 것은 특히 영국의 정치철학자 토머스 홉스의 《리바이어던Leviathan》(1651)에서였다. 그 정신과 내용이 홉스의 주장과 매우 다른, 사회계약설에 대한 현대의 가장 강력한 반론은 바로 존 롤스의 《정의론Theory of Justice》(Belknap Press, 1971)에서 제기되었다.

이다. 그러려면 또 모여 앉아서 합의해야 할 텐데, 그럼 사전 합의를 위해 모일 때 필요한 행동 지침을 규정한 사전 합의가 또 필요하다. 이렇게 끝없이 거슬러 올라간다. 철학자들은 이것을 '무한 소급infinite regress'이라 부른다. 사회계약이 실제적·역사적 합의라는 것은 말이 안 된다. 이 합의는 순전히 가설에 불과하다. 그러나 어떻게 순전히 가설에 불과한 계약이 구속력을 가질 수 있을까? 대답은 우리 모두가 암묵적으로 그 계약에 합의했다는 것이다. 왜냐하면 장기적·합리적 관점에서 볼 때 본인에게 이익이기 때문이다. 계약을 수락하면 두 가지 이득이 있다. 바로 공격으로부터 보호를 받고, 우리가 얻을 수 있는 도움을 받는다. 따라서 삶은 덜 위험해지고, 이것은 홉스가 말한 자연의 '약육강식' 상태에서 진일보한 매우 중대한 발전이다.[3]

그러나 사회계약설도 기게스와 자신의 모습을 감추어주는 마술 반지의 문제를 해결하지는 못한다. 다른 사람의 등에 칼을 꽂지 않는다는 협정을 맺을 수 있겠지만, 아무도 내가 뭘 하는지 볼 수 없는 데다가 나에게 이익이 된다면 굳이 그러지 않겠는가? 이것은

---

3   사실 아버지가 틀렸다. 홉스가 아니라 테니슨이다. '신은 진실로 사랑이었다고 누가 믿겠는가? 그리고 사랑이 창조의 마지막 법이었다고 누가 믿겠는가? 자연은 이빨과 발톱이 피로 물들고, 계곡에서는 인간의 신조를 아랑곳하지 않고 비명을 지르고 있다.' 앨프릿 테니슨 《인 메모리엄》 | Alfred Tennyson 《In Memoriam》

보다 일반적인 문제의 한 증상이다. 계약은 어길 경우 발각되고 처벌받는다는 가능성 때문에 권위를 가진다. 제재의 가능성은 계약의 효력에 필수적이다. 그렇다면 계약을 위반하고도 시치미 뗀다고 생각해보자. 계약을 지키지 않으면서 남들에게는 계약을 지키는 것으로 믿게 만들고, 계약의 모든 혜택을 얻는다. 상호 보호와 도움을 취하되 그에 따른 대가는 전혀 지불하지 않는 것이다. 사람들이 그렇게 믿게 만들기만 한다면, 실제로 남을 돕거나 보호할 필요는 없다. 이런 식으로 계약은 위선을 강화하고, 거짓말은 덕목이 된다. 계약에서는 이미지가 전부다. 계약은 나 미시킨이 왜 도덕적이어야 하는가라는 질문에 대해 아무런 실재적 해답도 주지 못한다. 고작해야 내가 왜 도덕적으로 보여야 하는가, 즉 왜 내가 남들 눈에 도덕적으로 보이는 기술을 연마해야 하는가 정도만 대답해준다고나 할까?

아브라함 계통의 종교적·사회계약적 관점에서는 신이든 사회든 누군가 우리를 보고 있고, 잘못을 하면 처벌하기 때문에 도덕적이어야 한다고 말한다. 따라서 왜 도덕적어야 하는가는 조심성의 문제로 귀결된다. 포화지방과 중성지방이 적은 식이를 하는 것과 마찬가지 논리다. 그러나 18세기 독일 철학자인 이마누엘 칸트도 활용한 도덕성에 대한 또 다른 관점이 있다.

내가 트릭시 교장 선생님에게 거짓말을 했다고 생각한다면, 당신은 논리적으로 내가 누군가에게 거짓말을 했다고 믿어야 한다.

뜬금없이 이 재미없는 믿음을 가져야겠다고 생각하지는 않겠지만 예를 들어 누군가가 '그러니까 미시킨이 누군가에게 거짓말을 했군'이라고 말한다면 그 사실마저 부정할 수는 없을 것이다. 믿음이 있다면 논리적으로 그 믿음에 수반하는 것도 모두 믿어야 한다. 칸트는 도덕성의 근거는 논리성에서 찾아야 한다고 말했다. 예를 들어 교장실에서 내가 발휘한 실력에 대해 칸트는 '모든 사람이 다 그랬다면 어떻게 되었을까?'라고 말할 것이다. 사회계약 이론가라면 모를까, 이 질문에서 칸트는 보편적인 거짓말의 대가에 대한 경각심을 일깨우려 한 것이 아니다. 칸트의 관점은 좀 더 미묘하다. 모든 사람이 그럴 수는 없으리란 것이다. 모두 자신이 유리한 상황에서 거짓말을 한다면? 곧 모든 주장이 신빙성을 잃고 아무도 남의 말을 믿지 않을 것이다. 그리고 주장 자체가 무의미하게 된다. 주장이란 듣는 사람에게 믿음을 주입하는 과정(또는 최소한 자신이 하는 말이 진실이라고 믿는다는 근거에서 행동을 하도록 유도하는 과정)이 아닌가. 주장이 무의미한 행위라면 더 이상 하지 않을 것이고, 주장하는 행위 자체가 사라질 것이다. 주장이 사라진다면 의도적으로 그릇된 주장인 거짓말 또한 사라질 것이다.

이렇듯 일반적 방침으로서의 거짓말은 저절로 사라진다. 이것은 자충수다. 모두가 받아들이고 지속적으로 채택될 만한 정책이 아니라는 뜻이다. 도덕성에 대한 칸트의 대답은 부도덕한 행동은 일관성이 없는 행동이라는 것이다. 도덕적이려면 일관성이 있어야 한다.

　이것은 천재적인 발상이지만 효과가 없다는 점이 유일한 단점
이다. 즉 도덕성의 근거에 대한 대답을 주지 못한다.[4] '우리가 왜 도
덕적이어야 하는가?'라는 질문은 애매하다. 일반적인 사람들에 대
한 질문인지, 나 같은 특정 개인에 대한 질문인지 분명치 않다. 최
대한 잘 봐주면 칸트의 접근은 첫 번째 가능성, 즉 일반적인 사람들
에 대해서는 대답이 될 수 있다. 그러나 두 번째 특정 개인에 대해서
는 답을 주지 못한다.[5] 예를 들어, 보통 사람들이 항상 거짓말을 한
다면, 주장을 하는 행위 자체와 고의적으로 그릇된 주장을 할 가능
성도 없어질 것이다. 그렇다면 거짓말이라는 일반적 방침은 자충수
가 되거나 일관되지 못한 행위가 될 것이다. 그리고 이런 이유로 일
반적인 사람들은 유리한 순간에도 거짓말을 하지 않을 수 있다. 그
러나 유리할 때마다 거짓말을 하겠다는 나의 방침은(내게 그런 방침
이 있었다는 가정하에) 일관성이 없는 행위나 자충수가 아닐 것이다.

　나르시시즘처럼 들리겠지만 나를 3인칭화해서 설명해보겠다.
내키면 거짓말을 하는 미시킨의 방침은 저절로 사라지지 않는다.

4　칸트의 이론은 매우 개연성이 떨어지는 결과를 가져온다는 점도 짚고 넘어가자. 칸트는 거짓
　말은 옳지 않다는 말로 끝맺는다. 대량 학살범이 살인을 할 것이 뻔한 상황에서 큰 도끼가 있
　냐고 물어볼 때, 실제로 도끼가 있는데 없다고 거짓말해서는 안 된다는 것이다. 이런 개연성
　떨어지는 결론은 도덕적 규칙은 결과와 상관없이 철저히 옳고 그른 것으로 범주화시킬 수 있
　다는 칸트의 강력한 주장에 기인한다.
5　리처드 테일러는 《선과 악 Good and Evil》(Prometheus Books, 1970)에서 이런 주장을 하고 있다.

모든 사람이 채택하는 보편적인 방침이 될 수도 있다. 따라서 누군 가는 이렇게 말할 수 있다.

"내 방침은 미시킨이 내킬 때마다 거짓말을 할 수 있다는 겁 니다."

"당신이 미시킨입니까?"

"아니요, 미시킨은 저기 있는 사람입니다. 제 방침은 그에 관한 것이지 저에 관한 것이 아닙니다."

원칙적으로 누구나 미시킨이 내킬 때 거짓말을 해도 방조하는 이 방침을 채택할 수 있다. 일반적이고 보편적으로 채택된 이 방침 은 자충수가 아니다.

결론적으로 칸트는 일반적인 사람들이 왜 도덕적이어야 하는 가에 대한 근거를 제시했을지 모르지만, 나와 같은 개인에 대한 근 거 제시에는 실패했다.[6]

. . .

나는 여전히 내가 도덕적이어야 할 이유를 찾아 헤매고 있다. 신중 함은 근거가 되지 못한다. 논리성도 불합격이다. 그리고 도덕성은 분명히 이유가 되지 못한다. 왜 내가 도덕적이어야 하는지 도덕적 이유로는 납득할 수 없다. 왜냐하면 누군가 도덕적 이유에 신경을 써야 한다는 것이 정확히 지금 우리가 논의하는 문제이기 때문이다. 예를 들어 그것이 옳은 일이므로 나는 도덕적이라야 한다고 말할 수는 없다. 내가 옳은 일을 왜 해야 되느냐는 그 자체가 질문이기 때문이다. 이 맥락에서 도덕적 이유를 제시하는 것은 논점을 교묘히 회피하는 것이다.[7] 따라서 내가 왜 도덕적이어야 하는지 이해하려 할 때 신중함에 근거한 '의무성'의 개념을 이해할 수 없는 것이다. 논리적 측면에서 일관성의 '의무성'도 이해할 수 없는 것은 마찬가지다. 도덕적 측면 역시 이해하기 어렵다. 이제 의무성도 레퍼토리가 다 떨어진 것 같으니, 내가 도덕적일 이유는 없다고 결론을 내려야겠다.

이것은 이성에 근거한 개념인 계산적 도덕성의 현저한 단점이다. 예를 들어 어떤 행동 조치가 최대 다수의 최대 행복을 가져

---

6 이것은 옳을 것이다. 그러나 칸트학파라면 도덕적 규칙이 특정 개인을 언급하도록 허용된다는 것을 부정할 것이다. 도덕적 규칙은 완전히 일반적이어야 한다. 반면 도덕적 규칙의 형태에 대한 설명은 우리가 왜 도덕적이어야 하는지에 대한 설명과는 다르다. 실제로 도덕적 규칙의 바람직한 형태에 대한 주장은 도덕적 규칙이 만인에게 적용될 수 있어야 한다는 생각을 전제로 한다. 따라서 칸트학파는 논점을 피해가는 일 없이 도덕적 규칙은 모든 사람에게 적용되어야 한다는 생각이 정당화되는 도덕적 규칙의 형태를 밝힐 수 없다. 여기서 아버지의 주장은 매우 복잡한 논쟁의 아주 일부만을 보여줄 뿐이다. 그 복잡한 논쟁을 알고 싶다면 버나드 윌리엄스의 《윤리학과 철학의 한계 *Ethics and the Limits of Philosophy*》(Fontana, 1985)를 참고하라. 윌리엄스는 아버지가 결론을 이끌어내는 과정은 아니겠지만 결론 자체에는 동의할 것이다.

7 철학자들은 21세기의 첫 25년 중 언젠가에 '논점을 회피하다 *begging the question*'라는 표현을 잃어버렸다. 철학적으로 '논점을 회피하다'는 특정한 오류를 표시한다. 즉 증명해야 할 문제를 이미 참이라고 가정해버리는 선결문제 요구의 오류다. 일반적으로는 더 뭉뚱그려서 질문을 하게 만든다는 뜻으로 말한다. 결국 언제나 그렇듯 일반적인 용법이 우세했다. 여기서 아버지는 보다 엄격하고 철학적인 뜻으로 이 말을 사용하고 있다.

올 것인지를 계산하는 과정과 같이 순전히 계산적 개념으로만 도덕성을 바라보면 결국 도덕적일 이유는 하나도 남지 않는다. 어떤 도덕적 계산도 그 계산을 실시하거나 그 결과를 고수해야 할 이유를 제공하지 못한다. 나는 착하게 행동해야 한다고 나를 설득할 수 있는 이유를 원한다. 하지만 이성은 내게 그런 이유는 있을 수 없다고 말했다.

이것은 불행하게 보인다. 이유를 요구하는 것은 이성이라는 점을 기억하기 전까지는. 이 문장은 거의 동어반복에 가깝다. 바로 파스칼이 탐구했던 "심장은 이성理性으로 이해할 수 없는 분별력을 갖고 있다"라는 문장과 완전히는 아니지만 동어반복에 가깝다.[8] 이성의 요구도 있지만 다른 요구도 있다.

현대의 사상은 정당화에 대한 요구로 넘쳐난다. 이 요구는 우리 밖에 외부 세계가 있다고 믿는 공통된 믿음을 정당화하려는 데카르트의 시도와 함께 탄생한 현대적 세계관과 동행해왔다.[9] 그의 정당화는 아주 훌륭하지는 못했고 후에 칸트는 외부 세계에 대한 만족스러운 증거를 제시하지 못한 '철학의 해프닝'이라고 혹평하기까지 했다.[10] 도덕성을 정당화하는 것은 개념적으로 근대 데카르트

8   블레즈 파스칼 《팡세》 | Blaise Pascal, Pensées, 1665, no. 423.
9   르네 데카르트 《방법서설》《성찰》 | René Descartes, *Discourse on Method*, 1637, and *Meditations on First Philosophy*, 1641.
10   이마누엘 칸트 《순수이성비판》 | Kant, *Critique of Pure Reason B Edition*, 1787, p. xl.

철학의 범주에 속한다.

가끔은 정당화에 대한 요구가 즉각 충족되지는 않는다. 어떤 때는 옆걸음질로 슬금슬금 다가가고, 어떤 때는 등 뒤에서 기습적으로 허리춤을 가격해야 한다. 한 가지 방법은 정당화에 대한 요구가 비논리적임을 보여주는 것이다. 비트겐슈타인이 지적했듯 모든 정당화는 어딘가에서 끝나야 한다. 기반암에 다다르면 삽은 방향을 바꾼다.[11] 도덕성이 기반암이라면 우리의 임무는 그에 대한 정당화를 제공하는 것이 아니라 정당화 없이 편안히 받아들이는 법을 배우는 것이다.

착한 사람이 되는 것을 정당화하기란 불가능하다. 그러나 기적적으로 끝내 착하게 사는 사람도 있다. 그들에게 착한 것은 기본적으로 타고난 자질이다. 그들은 다른 사람의 불행을 보면 자연스럽게 마음이 아프고 도움을 주기 위해 최선을 다한다. 아무 이유 없이 그냥 착한 사람들이 있다. 이것은 도덕적인 것과는 다르지만 같은 맥락으로 여겨지기도 한다. 아마 나도 그런 사람일 수 있다. 잠재성은 누구나 있다. 나는 앤드루 C를 놀리는 것을 싫어했고, 비록 거짓말로 상황을 모면하기는 했지만 그에게 잘해주기 위해 애쓰기도 했다.

---

11 이 생각은 비트겐슈타인의 메모를 편집해 사후에 출간한 유작 《확실성에 관하여*On Certainty*》에 등장한다. 엘리자베스 앤스콤 번역. 앤스콤과 G.H. 폰 라이트 편집(Blackwell, 1969).

그렇다고 해도 도덕성이 정당화되지는 않는다. 즉 도덕성에 대한 근거를 찾을 수는 없다. 이는 단순히 관찰일 뿐이다. 어떤 사람들은 항상, 대부분 사람들은 가끔 도덕적 존재로서 괜찮은 모습을 보인다. 하지만 도덕적 결손이 있는 데이비드 B 같은 사람을 보면, 도덕성의 근거를 찾고 싶은 마음이 든다. 남의 고통을 보면 마음 아파하고 도와주려 애쓰는 따뜻한 인간미를 타고난 축복받은 사람들을 대하는 것은 별개의 일이다. 그러나 친절한 인간미는 공평하게 배분되지 않았다. 어떤 사람들은 아주 부족하거나 아예 없다. "그건 나쁜 짓이야. 해서는 안 돼!"라고 말해봤자 돌아오는 대답은 "그래서?"일 뿐이다. 도덕성에 대한 근거는 그때 필요한 것이다.

21세기의 전반부는 중동을 비롯한 세계 각지에서 정치, 테러와 종교가 뒤섞여 벌어진 비극으로 얼룩졌다. 닥치는 대로 십자가에 못 박고 참수하고 아이와 여성을 강간하고 노예로 만드는 일이 횡행했다. 잔학 행위를 저지르는 사람들을 막을 수 있는 도덕성의 근거가 필요하다. 우리는 그들의 잘못을 증명할 이유를 찾길 바란다. 그러나 이것은 우리의 근본적인 실수다. 그들의 잘못은 이성의 오작동이며 특이한 예는 아니다. 광신자들이 볼 때 자신들의 행동은 완벽히 이성적이다. 광신자들은 기괴한 형이상학적 관점에 사로잡혀 있고, 그들이 그렇게 된 까닭은 이성의 오작동 때문이다.

그러나 그들만 기괴한 형이상학적 관점을 가진 것은 아니다. 광신도의 형이상학적 관점은 보다 주류에 속한 종교보다 덜 이성적이지 않다. 단지 더 악할 뿐이다. 따라서 그들의 결정적인 잘못은 이성이 아닌 감성의 문제다. 광신도들은 감정선 자체가 매우 다르고 너무 독특해서 생물학적으로 변종이 된 것 같아 진정한 의사소통 자체가 불가능하다. 우리가 그들에게 해줄 말은 없다. 그저 왜 그들이 그런 식으로 행동하면 안 되는지 눈앞에 흔들면서 보여줄 이유가 필요할 뿐이다. 하지만 어차피 어떤 이유도 통하지 않을 사람들이다. 그들에게는 논리가 먹히지 않는다. 논쟁도 할 수 없고 협상도 안 되는 경우가 많다. 그냥 못 하게 막는 수밖에는 방법이 없다.[12]

---

12 아버지의 태도는 21세기 전반부의 지정학적 상황을 근거로 하고 있다. 그리고 아버지의 입장에도 문제가 없는 것은 아니다. 어쨌든 우리는 '그들'이라고 말하지만 그들은 '우리'에 대해 마찬가지 생각을 할 것이다. 그렇다면 결국은 누가 누구를 막을 수 있느냐의 문제로 귀결된다. '그럴 수 있다'는 것이 반드시 '옳다'는 것이 아니라는 전제하에서 도덕성과 멀고도 가까운 문제다. 철학자들에게 이 문제는 낯설지 않다. 상황에 대한 감성적 반응은 세상의 이치 같은 것이다. 흄을 비롯한 철학자들이 지적했듯 세상의 이치라고 해서 당연히 그래야 한다는 추론이 합당한 것은 아니다. 예를 들어 감성적 반응이 자연스럽다고 해서 옳다는 것은 아니다. 이것이 유명한 '존재-당위의 문제'이며 이 둘의 간극은 메울 수 없다. 도덕적이어야 할 이유가 없다면 세상의 이치만이 존재하고 세상이 어떠해야 한다는 당위를 옹호할 어떤 자원도 남지 않는다. 세상은 아름답지 않다. 그리고 그것이 세상의 이치다.

신
없으면 안 되는가?

허무주의가 문간에 서 있다.
이 정체불명의 손님은 대체 언제 온 것인가?
: 프리드리히 니체 《권력에의 의지》 :

거의 5년째 선생님들의 신 타령을 들은 나는 믿음이 점점 줄어드는 것을 느꼈다. 아마 매일 불편함을 느끼면 신에게 좀 더 다가갈 수는 있겠지만, 일주일 내내 차가운 타일 바닥에 30분 동안 양반다리를 하고 앉아 적성에도 없는 노래를 강제로 부르거나 눈을 감고 앞뒤도 안 맞는 말을 중얼대는 것은 내게 어떤 믿음도 심어주지 못했다. 그리고 가끔은 혼란스러웠음도 인정해야겠다. 천국에서 예술 작업 중인 하나님 아버지는 우리에게 빵은 주지만 무단출입은 싫어하신다. 그 뜻이 이해는 되지만 마음에 들지는 않다. 열 살 소년은 자신의 영웅이 액션 히어로이기를 바란다. 십자가에 못 박히는 것은 끔찍한 일이다. 왜 군이 자발적으로 그래야 했을까? 헐크라면 절대 그러지 않을 것이다. 로마인들이 브루스 배너 박사를 겟세마네 동산에 잡아두었다면 그 결과는 뻔하다. 배너 박사는 '나를 화나게 하지 마라!'고 포효하며 초록색 헐크로 변할 것이다. 예수가 헐크를 이길 수 있을까? 어느 누가 헐크를 이기겠는가? 초능력이 없는 배트맨 같은 영웅과 대적해서도 예수가 이길 것 같지는 않다. 가끔 나의 희망은 일시적으로 높아진다. 나는 예수가 성전에 들어가 상행위를 한 사람들을 내쫓고 좌판을 뒤엎은 이야기를 좋아한다. 그 부분에서는 꽤 멋있었지만, 언제나 그런 건 아니었다. 가끔은 '나는 평화가 아니라 칼을 주러 왔다'처럼 말만 번지르르하다. 물론 나는 이 말이 좋다. 그러나 그 칼은 어디에 있는가? 이 말은 두 번 다시는 나오지 않는다. 위기에 처했을 때 주먹에서 솟아나는 날카로운 티타늄 손톱도 없는 판에 그 칼을 겟세마네 동산에서 썼으면 될 텐데. 젠장, 망했다! 왓킨스 선생님에게 딱 걸렸다. 닥치고 노래나 불러야겠다.

이후 몇 년은 종교에 대한 거부감을 보충해준 세월이었다. 가끔은 종교가 없으면 도덕성도 없을 거라는 말을 들었다. 자신의 논리를 납득시키려고 십자가에 못 박힐 필요가 없는 것처럼 도덕성을 증명하기 위해 종교가 필요한 것은 아니다. 도덕적으로 좋은 행동은 신이 명령한 행동이다. 도덕적으로 나쁜 행동은 신이 금지한 행동이다. 그리고 신이 명령도 금지도 하지 않은 것은 별로 중요하지 않기 때문이리라. 하지만 이런 주장은 애매하다. 신이 명령하면 좋은 행동인가? 아니면 좋은 행동이라서 신이 명령하는가? 첫 번째 이론은 '신명론'으로, 어떤 행위가 도덕적으로 좋은 이유는 신이 명령했기 때문이고 나쁜 이유는 신이 금지했기 때문이라는 주장이다. 신의 명령은 행동을 좋게도 하고 나쁘게도 한다. 두 번째 이론에서는 신의 명령으로 행동의 좋고 나쁨이 결정되지 않는다. 오히려 신의 명령과는 별개로 이미 좋고 나쁨이 결정되었다. 두 번째 해석은 좋고 나쁨, 선과 악이 신의 뜻과 독립적으로 존재한다. 신은 예의 그 전지전능함으로 모든 것을 안다는 것뿐이다. 따라서 신의 명령은 무엇이 옳고 그른지에 대한 확실한 지표다.

신명론은 받아들이기 어렵고 한편 걱정스럽다. 받아들이기 어려운 것은 좋고 나쁨, 옳고 그름을 철저히 신의 자의적인 명령과 결정에 의존하고 있기 때문이다. 또 바로 그 점에서 우려스럽기도 하다. 신이 다음 날 일어나서는 "좋아, 기분 전환 좀 해볼까?"라고 하면 어떻게 되는 것인가? 지금까지 좋은 행동으로 명령했던 것들이 졸지에 나쁜 행동이 되고, 또 그 반대가 된다면? 그 결과 살인, 고문, 강간 등 각종 강력범이 갑자기 옳거나 좋은 행동이 된다면? 친절함, 동정심처럼 예수가 아버지를 대신해 설파하는 모든 것들이 갑자기 도덕적으로 사악한 것이 된다면? 신의 이러한 기분 전환이 이미 과거의 일이었지만 아무에게도 그 사실을 알리지 않았다면? 이제 법을 몰랐다는 변명은 통하지 않으니 천국에 갈 가능성은 희박하다.

물론 분명히 신은 선하므로 이러지는 않을 것이다. 신은 선하니 갑자기 살인, 고문, 강간 등이 윤리적으로 반대할 수 없는 일이라고 명령하지 않을 테고, 선한 신이라면 결코 그러지 않을 것이다. 그러나 신명론을 믿는다면 이야기가 다르다. 신명론에서는 신의 기준에 따라 좋고 나쁨이 결정된다. 만약 신의 명령 때문에 실제로 어떤 행동의 좋고 나쁨이 결정된다면, 신의 명령을 외부적으로 평가할 방법은 없다. 신의 명령이 옳지 않다고 판단할 다른 독립적인 선악의 기준이 없기 때문에 신의 명령은 정의상 도덕적으로 옳고, 선한 신은 그러지 않을 것이라고 말할 근거도 없다.

대안은 신명론을 버리고 두 번째 이론을 선택하는 것이며, 도덕성이 신의 존재를 기반으로 한다고 믿고 싶다면 이 대안도 괜찮다. 신의 명령 때문에 어떤 행동이 옳거나 그른 것이 되지는 않는다. 그러나 좋고 나쁜 것을 구분해주는 방식은 확실히 신뢰할 만하다. 신의 명령과 금지는 독립적으로 존재하는 옳고 그름을 추적한다.

이 견해는 도덕적 선악이 신과는 독립적으로 존재함을 전제로 한다. 만약 그렇지 않다면 신의 명령과 금지에 내포된 것은 없다. 만약 그렇다면 도덕성의 가능성은 신을 필요로 하지 않는다. 도덕적으로 선한 사람이 되는 핵심은 신의 명령이 그러하듯이 자신의 행동이 독립적으로 존재하는 옳고 그름의 기준을 반영하도록 행동하는 것이다. 그러나 만약 신이 없어도 도덕성이 있다고 믿는다면, 신은 불필요한 중간자처럼 보이기 시작한다. 무엇이 옳고 그른지 왜 스스로 알아내고 그에 맞게 행동하려 하지 않는가?

물론 신의 역할에 대한 한 가지 가능성은 남아 있다. 신이 좋고 나쁨을 만들어낼 수는 없을지라도 우리에게 무엇인지 말해줄 수는 있다. 실제로 우리에게는 선택권이 있다. 우리 자신의 취약하고 부족한 지적 능력을 이용해 무엇이 옳고 그른지 스스로 규명하려 할 수 있다. 아니면 신이 대신하도록 한 다음 신(더 정확하게는 신이 독단적으로 추린 속세의 대표자들 중 한 명)의 말을 따를 수도 있다.

사실 선택권이 전혀 없다는 것이 문제다. 혼자 실패하든 신을 믿든, 결국 우리는 스스로 해내야 한다. 신을 믿는다고 생각해보자. 처음부터 딱 막힌다. 어느 신을 믿을 것인가? 신이 여럿이라면 어떤 신에게 귀의할 것인지 결정해야 한다. 여기서부터 앞서 언급한, 취약하고 부족한 우리의 지적 능력을 동원해야 하는 것이다.

신은 하나라고 말하는 사람들도 있다. 종교마다 하나의 신에 대한 징후와 해석이 다르다. 증거는 분명하지 않지만 일단 그 주장을 인정한다면, 하나의 진정한 신이 옳고 그름에 대해 내린 정의는 어디에 있는가? 아마 신의 말을 기록했다는 종교적인 텍스트에 있을 것이다. 그러나 종교적인 텍스트는 너무나 방대하고 일부는 서로 상충한다. 따라서 서로 다른 종교적 텍스트들이 하나의 신에 대한 순전히 다른 버전의 해석이라면, 우리는 여전히 어떤 책을 믿고 어떤 책을 버려야 할지 고민하게 된다. 당연히 이런 일을 해달라고 신의 말에 호소할 수는 없다. 우리는 무엇이 진정한 신의 말인지 알아내야 한다. 이 역시 우리 스스로 해내야 한다.

하나의 종교적 텍스트를 용케 추려냈다 해도 문제는 다시 시작된다. 종교적 텍스트는 현명한 조언처럼 보이는 것과 엄청나게 모순적이고 터무니없이 어리석은 말이 뒤섞여 있어서, 그 해석에 대해 논란이 많기로 악명이 높다. 기독교의 성경에서 금지하는 일들은 다음과 같다. 혼전 성관계(신명기 22장 20~21절), 문신(레위기 19장 28절), 특정한 종류의 머리 스타일(레위기 19장 27절), 고환이 상하거나 음경이 잘린 자가 여호와의 총회에 입장하는 것(신명기 23장 1절), 무당이나 점쟁이 찾아가기(레위기 19장 31절), 남을 비방하기(레위기 19장 16절), 여자가 교회에서 말하기(고린도전서 14장 34~35절)와 이혼(마가복음 10장 11~12절) 등등. 아이가 부모에게 말대꾸를 하면 반드시 죽여야 한다(출애굽기 21장 17절). 안식일을 지키지 않는 자 역시 죽음으로 처벌해야 한다(출애굽기 31장 14~15절). 두 남자가 서로 싸울 때에 한 사람의 아내가 남편을 구하려고 끼어들면 남편은 아내의 손목을 잘라버려야 한다(신명기 25장 11~12절).

오늘날 이 규칙을 따르려는 사람은 거의 없을 것이다. 일반적인 도덕적 직관에 반하기 때문이다. 신을 믿는다면 스스로에게 물어볼 수 있다. 아들이 아버지를 욕했다고 해서 그에게 자기 아들을 죽여야 한다고 신이 말할까? 신의 진심이 아닐 거라 판단한다면, 직관적으로도 아들을 죽이는 것은 너무 가혹하다고 생각한다면, 두 가지 선택이 있다. 가장 분명한 첫 번째 선택은 성경은 실제로 종종 멍청하고 심술궂으며 오류를 범하는 인간이 썼다는 사실을 인정하는 것이다. 성경 속 아니면 근처 어딘가에 신의 말이 있을 수도 있겠지만 옥석을 가려들어야 한다. 다른 선택은 예를 들어 '두 사람이 서로 싸울 때 한 사람의 아내가 그 치는 자의 손에서 그의 남편을 구하려고 가까이 가서 손을 벌려 그 사람의 음낭을 잡거든 너는 그 여인의 손을 찍어버릴 것이고, 네 눈이 그를 불쌍히 여기지 말지니라'는 구절이 있으면, 성경의 표현을 은유적으로 파악하고 대안적 해석을 연구하는 것이다.

해석 연구에 행운이 있기를. 핵심은 이 전략들이 결국 같다는 것이다. 그러므로 성경 또는 다른 종교적 텍스트의 의미를 두세 번 곱씹어야 한다. 이를 위해서는 결국 오류를 범하는 결점투성이의 지성을 활용할 수밖에 없다. 방법론적으로는 철학자 존 롤스의 말처럼, 텍스트와 그 해석이 기존의 도덕적 직관과 얼마나 일치하는지 평가하되 필요한 경우 도덕적 직관을 더 우월한 것으로 판명된 텍스트에 맞추어 수정이나 교체하는 것을 두려워하지 않는 두 가지 접근을 동시에 취할 수 있다. 이 방식이 성공하면 결국 롤스가 말한 '반성적 평형 상태', 즉 해석과 직관이 최대의 만족을 이끌어내며 상호 균형을 이루는 상태에 도달할 수 있다.[1]

도덕성에 대한 안내를 신에 의지해도 결국 우리 스스로 해야

---

1   존 롤스 《정의론》 | John Rawls, *Theory of Justice.*

할 일이 남는다는 것은 최대의 모순이다. 이것은 초자연적인 힘의 안내 없이 옳고 그름, 선과 악이 무엇인지 파악하기 위해 따라야 할 논리의 과정이다. 한편에는 도덕적 주장과 그 기반이 되는 원칙이 있는 반면, 다른 한편에는 도덕적 직관이 있다. 이 둘이 서로 상충한 다면 도덕적 주장이나 도덕적 직관 중 하나를 거부하든지 둘 다 거부해야 한다. 또는 각각을 수정해 충돌을 없앨 방법을 찾아야 한다. 따라서 도덕적인 선악의 구분을 신에게 의지하더라도 윤리적 추론 과정을 없애지는 못하고 최소한의 돌연변이 형태로 단순히 반복한다. 각자의 신을 믿는 것은 자유다. 그렇다고 해서 윤리학의 의무도 없어지는 것은 아니다.

니콜라이 이 시점에서 나의 긴 첫 번째 중재를 해야겠다. 대부분의 철학자들이 기이하게도 의기양양해 하는 것은 바로 신이 필요 없다는 주장이다. 중세의 모든 비논리는 이미 극복했다. 하지만 정말 그럴까?

아버지의 주장은 분명하고 설득력이 있지만 관점에 따라서는 논지에서 한참 빗나가 있다. 신에게 귀의해도 옳고 그름을 파악할 수 없다는 아버지의 주장은 그 자체로는 괜찮다. 불행하게도, 어떤 행동이 옳고 어떤 행동이 그른지 알고 싶다면 스스로 알아내야 한다. 게다가 원칙과 직관의 균형을 이루어야 하는 이 일은 신이 없다고 가정해도 어쨌든 해야 한다. 이것은 행동의 옳고 그름을 어떻게 판단하는가 하는, 옳고 그름에 대한 우리의 지식에 대한 주장이다.

철학자들은 이를 인식론이라고 부르며, 인식론은 앎의 현상을 규명하는 철학적 탐구다. 따라서 더 기본적인 질문부터 해야 한다. 행동의 옳고 그름의 기준이 무엇인가? 이것은 우리가 무엇이 옳고 그른지 어떻게 아느냐의 문제가 아니라, 무언가를 옳고 그르게 만드는 주체가 무엇인지의 문제다. 그것은 철학자들의 말처럼 인식론적이라기보다는 존재론적인 문제다. 신이 없다면 도덕성도 불가능할지 모른다는 생각은 존재론적인 생각이다.

●

옳음과 그름의 개념은 또 하나의 개념인 의무 또는 책임과 떼려야 뗄 수 없게 얽혀 있다. 만약 어떤 행동이 잘못된 것이라면 행하지 않을 의무가 있다. 만약 어떤 상황이 좋거나 옳은 것이라면, 그것을 방해하거나 빼앗지 않을 책임이 있다. 옳음과 그름이 있는 곳에는 의무와 책임도 있는 것이다. 하지만 이들은 또 어디에서 왔는가?

의무나 책임이 존재할 수 있는 가장 분명한 방법은 법의 부속물로서다. 근거가 되는 법률 없이 일어날 수 있다는 것을 이해하지 못한다. 유사하게 도덕적 책임이 그것을 규정한 도덕률 없이 어떻게 발생할 수 있는지 아는 것도 그만큼 어렵다.

두 가지 분명한 방법으로 도덕률은 존재할 수 있다. 첫 번째는 신이 존재해서 법을 내리는 것이다. 만약 그렇다면 우리는 도덕적 의무 또는 책임을 분명히 이해할 것이다. 국가의 법에 따라 법적 책임이 생기는 것과 마찬가지 방식으로 신의 법이 도덕적 책임을 만들 것이다. 그러나 만약 신이 존재하지 않는다면 도덕적 책임을 이런 방식으로 설명할 수 없다.

대안은 해당하는 도덕률을 신이 아닌 인간이 만드는 것이다. 분명히 어떤 사회나 구성원 간의 상호작용을 규제할 규칙이 필요할 것이다. 이 중 일부는 예절이 될 수 있다. 사람들 앞에서 코를 후비는 것은 예의가 아니다. 또 일부는 도덕이되 법은 아니다. 거짓말, 외도는 일반적으로 부도덕한 행위로 간주되지만 불법은 아니다. 일부는 법률이되 도덕률은 아니다. 도로의 어느 방향으로 달릴지는 법에서 정한 바이지 도덕 기준은 아니다. 비록 법을 어기는 것은 도덕적인 문제를 내포하기는 하지만 말이다. 특히 중요한 일부 규칙은 도덕적이면서 동시에 법적이다. 살인은 일반적으로 불법이고 부도덕하다.

어느 사회도 법, 도덕 및 예절 규칙 없이 기능할 수 없다(예절은 사회마다 다르다). 이들은 각각에 따른 책임을 수반할 수 있다. 내게는 살인을 하지 않고 중앙선을 넘지 않을 법적 책임이 있다. 내게는 살인을 하지 않고 거짓말이나 외도를 하지 않을 도덕적 책임도 있다. 남들이 보는 앞에서 코를 후비지 않을 문명인의 책임도 있다.

따라서 도덕적 책임을 신의 부재와 연관 지어 생각하는 방식은 비슷해진다. 이 책임이 사회의 도덕적 규칙에 따라 생겨나는 것으로 이해할 수 있다. 도덕적 규칙은 신성한 기원을 가지기보다는 관습적인 것이다. 그저 한 사회가 어떤 도덕적 관습을 채택하게 되었는지의 문제다. 도덕적 책임을 도덕적 관습처럼 이해할 수 있다는 이 주장은 도덕적 책임이라는 생각을 더 분명하게 해주는 장점이 있다. 그러나 도덕적 책임에서 심오한 합법성을 제거하는 분명한 단점도 있다. 다른 근거가 없는 도덕적 관습은 심오한 합법성이 없기 때문이다.

●

만약 사회가 도덕률을 만든다면 도덕률은 사회마다 다를 것이다. 따라서 도덕적 책임도 사회마다 제각각일 것이다. 다양한 문화 간에 발생하는 윤리적 다양성, 즉 문화적 상대성은 다양성이 존중받는 사회가 서로 교류하기 시작하면서 인식되었다. 고대 그리스인들은 죽은 자를 화장했지만 인도의 부족인 칼라티아인들은 시체를 먹는다. 단일 국가나 종교 내에서도 도덕성은 사회마다 다르다. 아테네의 도덕성은 스파르타와 다르다. 금세기의 첫 30년 동안 유럽 각지에 이슬람법을 강제로 도입하는 데 성공했던 세력의 도덕률은 전혀 달랐다.

　문화적 상대성은 분명하고 거부할 수 없는 객관적 사실이다. 도덕성이 문화 규범 이상도 이하도 아니라면 도덕성은 상대적이라는 논리가 된다. 성문법처럼 옳고 그름도 사회마다 달라진다. 그러나 이 상대성은 논점을 설명하기 위한 예시일 뿐 논점 그 자체는 아니다. 도덕규범의 문화별 다양성은 세상의 우연적 사실이다. 반대로 모든 문화에서 옳고 그름의 기준이 동일하다고 생각해보자. 또는 획일적인 하나의 문화만이 있다고 상정해보자. 그런 상황에서는 인류의 보편타당한 도덕적 규칙을 추려낼 수 있고, 도덕적 의무라는 생각의 근거를 꼭 집어 주장할 수 있을 것이다. 그 보편타당한 규칙은 도덕률이며 따라서 모든 사람은 그에 따를 도덕적 책임 또는 의무를 가진다. 너무나 보편적이어서 모든 인류가 이를 받아들이는 것은 당연하다. 하지만 관습이므로 합법성을 갖거나 진실성을 보장할 더 심오한 기반은 없다.

도덕성이 가진 매우 관습적인 특성은 과거 윤리학자들 사이에서 암묵적으로 인정되었으며 오늘날도 마찬가지다. 물론 반성적 평형 상태라는 생각은 도덕성은 관습일 뿐임을 분명히 인정하는 것이다. 우리 모두는 우연히 받아들인 다양한 규칙이나 원칙에서 출발한다. 그다음 이것들을 '우리가' 역시 우연히 가지게 된 다양한 제도와 비교한다. 만약 원칙과 제도가 일치하지 않는다면 한쪽부터 고치거나 아니면 양쪽 모두 수정한다. 아마 원칙이나 제도 중 하나는 희생해야 할 것이다.

더 만족스러운 해결은 양쪽을 적절히 수정해 둘 다 맞추는 것이다. 이 과정을 시작하려면 먼저 원칙과 제도의 합법성이 전제되어야 한다. 반성적 평형 상태란, 결국 우리가 둘 중 하나 또는 둘 다를 포기한다는 뜻이 될 수 있다. 그러나 이들이 합법적인 출발선인지는(반성적 평형 상태라는 방앗간에 넣어도 될 곡식인지는) 의심하지 않는다. 우리가 이미 받아들이고 있는 원칙과 제도라는 것만으로도 최초의 합법성을 보장하기에는 충분하다. 이들의 가치를 평가하거나 허점을 지적할 근거나 관점은 없다. 반성적 평형 상태를 고려하면 결과가 나올 수는 있다. 그렇다고 해도 그 결과는 무비판적으로 받아들인 것에서 도출되었다.

반성적 평형 상태는 한 가지 예에 불과하다. 더 일반적인 실용윤리학의 절차는 이미 무비판적으로 수용하고 있는 원칙의 영향을 파악하는 것이다. A를 믿는다면 논리적으로 B도 믿을 것이다. 한 가지 더 C까지 믿는다고 가정한다면, D도 믿어야 한다. X가 사실이기를 원한다면 X가 실제로 사실인 세상을 원한다. 그러나 그러려면 먼저 Y와 Z가 사실이어야 한다. 따라서 만약 X를 원한다면 Y와 Z도 원해야 한다. 20세기와 21세기에 윤리학은 도덕적 주장 간의 논리적 연관관계를 그리는 이런 종류의 연구에 매우 탁월했다.

●

그러나 A를 믿을 것인지, X를 원할 것인지의 문제는 그 질문만큼 훌륭한 답이 아직 나오지 못했다. 최소한 그 주제가 실용윤리학이라면 이런 근본적인 질문은 아예 한쪽으로 밀어둔다. 이들은 근거가 없거나 최소한 우리가 아는 근거가 없다는 한 가지 단순한 사실의 반영이자 체념적 수용이다. 반복해 말하지만 도덕성은 관습적이다. 도덕적 관습이라야 도덕적 책임이나 의무가 합법성을 가진다.

결국 인간의 관습이 아니면 그 근거가 어디이겠는가? 존재하지 않는다고 상정하는 신의 법도 아니다. 도덕적 의무의 기반이 신의 율법도 아니고 인간의 관습도 아니라면 신성도 인간성도 아닌 무언가 다른 법이 필요하다. 그 법이 근원이 어디이고 어떻게 존재할 수 있었는지는 분명하지 않다는 정도로만 말해두자.

'윤리'를 뜻하는 영어 'ethics'는 그리스어 'ethos에토스'에서 기원한다. 최초에 에토스는 단순히 '습관'이나 '관습'을 뜻했다. 에토스는 '나와 같은 사람'이라는 뜻의 그리스어 'ethnos'와도 어원이 같다. 따라서 에토스는 보통 나와 같은 사람들이 공유하는 관습이나 습관을 뜻하는 것으로 통용되었다. 바로 이것이 윤리가 잉태된 배경이다. 신이 없다면 윤리는 항상 이런 식으로 잉태될 것이다. 윤리는 그 이상일 거라는 주장은 종교의 산물이며, 신의 율법이 인간의 법보다 우월하다는 생각의 산물이다. 윤리에 관습 이상의 무언가가 있다고 믿는 무신론자는 사르트르의 말처럼 신의 율법을 믿을 뿐 그것을 만든 신을 믿지 않는 난처한 입장인 것이다. 인류의 관습이 낳은 도덕적 책임이라는 아이는 완벽한 적자다. 그러나 인간도 신도 아닌 법이 낳은 아이는 아비가 누군지도 모른 채 태어난 사생아다.

신이 없다면 도덕적 책임은 인간 관습의 산물일 수밖에 없다. 신이 없다면 인간의 관습을 평가하거나 순위를 정할 기준도 없다. 관습을 넘어서는 기준이 없기 때문에 어떤 관습이 더 좋고 나쁜지 가릴 수도 없다. 신이 존재하지 않음으로 인한 도덕성의 가장 실제적인 도전은 바로 이것이다. 이로 인해 나타나는 결과는 도덕적 가치가 필요 없는 허무주의이며, 니체는 허무주의가 세상을 뒤흔들 것이라고 생각했다.

그러나 실제로는 그렇지 않았다. 세상에는 결코 신에 대한 믿음을 버리지 않는 이들이 많았다. 세속적인 세상에서도 신을 부정한다고 해서 가치까지 부정하지는 않았다. 반대로 세속은 오히려 종교인들만큼이나 목청을 높여 '가치'를 외쳤다. 가치를 놓고 싸우고 또 싸웠다. 사실상 허무주의는 누가 만들었는지 모르는 법의 환상 때문에 궁지에 처했다. 니체는 틀렸지만, 어쩌면 타이밍이 안 맞았는지 모른다. 환상은 영원할 수 없다. 그리고 언제나 깨진다. 하지만 가끔은 서서히 깨진다. 가치에 대한 전쟁은 줄어들고 그 자리를 가치에 대응하는 무도덕적 개념인 '이익'이 비집고 들어왔다. 허무주의는 하늘에서 갑자기 떨어진 것이 아니라, 천천히 깨닫고 서서히 세상 밖으로 흘러나와 그 속에 사는 아버지 같은 사람들까지 물들인 생각이다.

대칭
올가와의 만남

천국에 기차를 타고 간다면 기분이 최악일 거다. 어딘들 안 그럴까. 하지만 운이 좋아서 행운의 여신이 그날 미소라도 보내준다면 천사를 볼지도 모른다.

열일곱 살의 어느 날 오후 나는 교장실로 호출되었다. 섬너 교장 선생님은 인자한 미소에 머리가 희끗한 우아한 노신사였지만 성격은 불같았다. 항상 남색 재킷에 나비넥타이를 매고 구두는 반질반질 광이 나서 그 앞에 서면 고개를 숙일 수밖에 없는 우리들은 늘 구두코에 비친 자기 얼굴을 보곤 했다. 평소 교장 선생님은 학생은 물론 교사들에게도 농담을 하는 법이 없었고, 호출을 받는다면 99퍼센트가 혼나러 가는 것이다. 내가 잘못한 게 도대체 무엇일까 생각하느라 머릿속은 분주했다. 불행하게도 지난 몇 달간 상습적으로 수업을 빼먹은 것이 제일 마음에 걸렸다. 아침에 등교해 출석 확인이 끝나기가 무섭게 나는 여자 친구 샌드라와 함께 수업(보통 생물학) 시간에 도망을 가서 열일곱의 소년, 소녀가 생물학적으로 할 만한 일을 했다. 샌드라의 부모님은 맞벌이를 해서 낮에는 하루 종일 집이 비어 있었다. 이 행각이 얼마 못가 발각되어 호되게 혼날 줄도 알았지만 솟구치는 호르몬 덩어리였던 열일곱의 나는 멈출 수가 없었다.

"어서 와, 미시킨. 거기 앉아. 중요한 이야기가 있어 널 불렀다."

'오, 하나님.' 나는 갑자기 종교인이 되었다. 내가 완전히 틀리지 않았다는 건 내 인생 최대의 모순이었다.

"내가 어느 대학을 나왔는지 아니?"

"옥스퍼드라고 들었습니다."

"정확히는 옥스퍼드에 있는 러스킨칼리지다. 몇 년 전까지는 매우 자랑스럽게 생각했지. 그런데 내가 이 학교에 왜 왔는지 아니?"

"아뇨."

"정부 장학금이 당시에는 없었다. 러스킨칼리지에서 입학 허가를 받았지만 돈이 없었어. 그런데 대학에서 학위를 받고 다시 돌아와 지역 교육 발전에 기여한다는 조건으로 한 노동자협동조합에서 내게 장학금을 제안했지. 그래서 내가 여기에 부임한 거야. 우리 고등학교에서 내가 부임한 이래 몇 명이나 옥스퍼드나 캠브리지에 갔는지 아니?"

"아뇨."

"모를 게다. 한 명도 없었으니까. 정확히 0명이란다. 거의 입학 직전까지 간 학생은 몇 명 있었는데 마지막 한두 가지 이유로 꼭 떨어졌지. '옥스퍼드에서 원하는 인재가 아니다'라는 탈락 통보가 오곤 했지. 장학금까지 받고 여기 부임한 내가 이제 실패한 교장이 되어 여기를 떠나야 한다는 말이다. 내가 지금껏 살아온 삶이 뭐가 되겠니?"

"물론이죠……. 아니, 제 이야기는 그게 아니라……."

"하지만 미시킨, 너는 내 마지막 주사위란다. 일단 너의 레벨 시험 성적을 보니 이 정도라면 충분히 가능할 것 같다. 운동을 잘하니 더욱 유리해. 그러니까 거두절미하고 옥스퍼드에 지원해라."

"네? 제가요?"

"그래, 지저스칼리지에 지원해. 거기 내가 아는 사람이 있다. 하지만 너무 기대는 마. 아마 떨어질 테니까. 입학처에서 '옥스퍼드에서 원하는 인재가 아닌' 이유를 얼마든지 찾아낼 거다."

"네, 알겠습니다."

"일단 지원하고 학과 선택은 그다음 문제다. 생각한 곳은 있니?"

"아뇨."

"그러면 지금부터 열심히 생각해봐."

그리고 약 1년의 세월이 흘러 면접과 시험은 죽을 쒔는데 레벨 시험에서 신이 강림했는지 결과가 예상 외로 너무 잘 나왔고, 지금 나는 옥스퍼드역의 2번 플랫폼에 서서 난생 처음 보는 눈부신 미녀의 모습에 넋이 나간 중이다. 내가 자란 곳은 나름 산업 도시여서 여자들도 다들 세련된 편이었다. 사실 고향의 여자들에 대해 딱히 불만은 없었다. 하지만 여행 가방에 둘러싸여 빛이 나는 이런 여인을 본 것은 난생처음이었다. 여행 가방 대신에 초대형 조개껍질을 하나 갖다놓고 옥스퍼드역을 바닷가로 바꿔놓으면 바다에서 태어난 비너스가 따로 없었다. (내가 말하는 것은 티치아노의 〈우르비노의 비너스〉가 아니라 보티첼리의 〈비너스의 탄생〉이다.)

'이국적'이라는 단어가 즉시 떠올랐다면 그건 내 의식을 너무 과대평가하는 것이다. 내 의식은 툭하면 사나운 성질에 집중력도 없고 불합리하며 말없이 자리를 비우는, 못 믿을 녀석이었다. 이 중요한 순간에도 내 의식은 혼미해져 거의 작동이 멈추었다. 그러나 내게는 항상 건강한 무의식이 있었다. 19세기 증기기관차나 프로이트 정신분석학적 방식이 아니라 빛나는 21세기의 정보처리 방식으로 말이다. 의식의 끝이 방랑을 떠난 자리에 들어선 내 마음의 중대하고 효율적인 무의식은 그 여인이 이국적인 느낌을 준다는 사실을 즉시 간파했다. 나의 믿음직스럽고 효율적인 무의식은 가무잡잡하고 완벽한 대칭을 이루는 얼굴 위로 밤색 머리카락이 물결치고 있는 것을 보았다. 몇 분이나 흘렀을까, 그 얼굴이 내 쪽을 바라보며 완벽하게 대칭을 이루는 눈부신 미소를 발사했다. 가엾은 샘

드라. 주근깨에 고동색 머리카락이지만 우리 반에서는 제일 예뻤는데. 몇 시간 전만 해도 눈물의 작별을 하고 영원한 사랑을 맹세했건만. 비너스의 살인미소 한 방에 샌드라는 내 인생에서 완전히 사라졌다. 내게 돌을 던져도 어쩔 수 없다. 인생이 이렇게 될 줄 난들 알았겠는가? 나는 이미 그녀의 노예가 되었다.

"실례합니다."

그 완벽한 여인이 내게 말을 걸었다.

"지저스칼리지에 가려면 어떻게 해야 하는지 아세요?"

인격체
낙태의 윤리성

낙태는 감각과 생명이 시작되기 전에 이루어져야 한다.
감각과 생명을 갖지 않은 것과 신성한 것은 다르기 때문이다.

: 아리스토텔레스 《정치학》 :

아글라야 실베이라Aglaya Silveira라는 이름에는 러시아계 어머니와 브라
질계 아버지의 혈통이 드러났다. 올가Olga라는 성은 남부에서 자랐
음을 나타낸다. 태어나서 18년을 자란 사우스플로리다에서는 '아글
라야'보다 '올가'로 부르기가 더 쉬웠을 것이다. 사우나를 방불케 하
는 더위에 한 음절 발음을 안 했다고 시비를 걸 사람은 아무도 없을
테니. 긴 바지, 긴소매도 못 차려입고 신발도 제대로 못 신을 날씨
에 그까짓 한 음절쯤이야 가볍게 뭉개다 보면 어느새 없어지고 마
는 것이다. 그래도 '올가' 하고 두 음절까지는 가능했나 보다. 그녀
의 모교인 고급 사립학교 코코넛그로브스쿨에서 마리화나를 피우
던 아이들은 '올이' 이상은 발음하지 않았다.

어렸을 때 올가가 세상에서 가장 사랑했던 아버지는 그녀에게

두 가지 조언을 해주었다. 첫째는 "나 같은 늙은이에게 신경 쓰지 말거라. 나는 갈 사람이다. 너만의 인생을 살아라"였다. 둘째는 올 가가 진심으로 사랑하기는 했지만 좋아할 수는 없었던 어머니에 관한 것이었다. 어머니는 항상 올가에게 의사나 변호사를 시키려 했고, 아버지는 여기에 부드러운 반대 입장을 취했다. "남들 다 하는 것을 왜 하려고 하니? 아무도 하지 않거나 정말 몇몇만 할 수 있는 그런 일을 찾아서 뛰어들어." 그 조언을 남기고 얼마 지나지 않아 아버지는 심장마비로 세상을 떠났다. 첫 번째 조언은 결과론적으로 미래를 내다본 예언이 되어버렸고 지키지 않을 수 없는 현실로 그녀에게 닥쳤다. 남은 건 두 번째 조언이었다. 올가는 이를 행동에 옮겼고 그 결과 우리가 대화를 나눌 수 있었다.

올가는 컬럼비아대학 재학 중에 로즈 장학생으로 선발되어 옥스퍼드에 온 것이었다. 우리는 역에서 만나 학교까지 같이 택시를 탔고, 그날 저녁 식사까지 함께했다. 며칠 뒤에는 아무도 없는 단과대 휴게실에서 오래된 흑백 영화 〈잃어버린 주말〉을 보며 첫 키스를 했다. 그 키스는 그로부터 8개월 이후까지 계속될 기나긴 키스의 서막이었다.

나 같은 게 뭐가 좋았는지 사실 모르겠다. 그녀의 역사를 살펴보면 운동선수를 좀 좋아하는 것 같고 그 점에서는 내가 합격이기는 했다. 우리가 함께한 운동은 좀 혼란스러웠을 테지만. 내 얼굴도 보는 사람마다 의견이 다르기는 하겠지만 상태가 나쁘지 않았

다. 영국 대학생 기준으로는 순위권에 들 만했지만, 그녀의 방 가득
히 걸린 미남들의 사진과 비교하면 나는 허접한 땅딸보에 불과했
다. 신대륙 사람들에게는 내게 없는 장점이 있는데 바로 다양한 유
전적 자질을 혼합할 수 있는 풍부한 유전자 풀이다. 올가만 보아도
이미 혼혈 민족인 브라질계에 러시아의 피까지 섞여 있다. 로마인
들보다 먼저 여기 와서 정착하고는 꼼짝도 하지 않은 내가 속한 민
족과는 전적으로 다르다.

어떤 면에서는 청동기 시대에 만들어진 내 유전자가 그녀의 넓
은 유전자 대양 속으로 헤엄쳐 들어갈 수 있도록 허락될지가 관건
인 그때, 유전자는 우리 대화의 핵심 주제였다. 하루에 한번 이상 섹
스를 하곤 했기에 콘돔도 지쳐서 제 기능을 못하는 일이 있었으리
라. 사후에 콘돔을 확인한 것은 최선의 방법이 아니었지만, 제품 자
체의 불량이 있었던 것 같지는 않다.[1] 뭐가 잘못되었든, 올가는 임신
을 했고 의사는 그녀에게 임신 7주임을 알렸다. (그녀가 이 후진 나라
에서는 산부인과도 마음대로 못 간다고 불평했던 것이 기억난다).

당시 나는 '우리에게 내일은 없다'는 정신으로 현재를 즐기며
살고 있었다. 젊은 내게 처음 해본 사랑은 거부할 수 없는 치명적 유
혹이었다. "부딪쳐보자, 올가. 우린 해낼 수 있어." 내가 관대한 사

---

1   마음에 든다! 이 이미지를 죽을 때까지 지키고 싶다.

람이어서 그런 제안을 한 게 아니었다. 아이는 내게 미지의 세계였고, 미지의 세계는 나를 긴장하게 했다. 그러나 아침 일찍 눈을 떴을 때, 올가가 몇 주 뒤 예정대로 미국으로 돌아갈 거라 생각하니 우리가 함께할 미래와 함께 현재 내 행복이 조금씩 사라질까 두려웠다. 나는 옥스퍼드를 중퇴하고 변변찮은 직장을 구해 돈을 벌고 기저귀 찬 아이를 돌볼 마음의 준비가 되어 있었다. 정말 진심이었다. (사람들은 실제 상황에 닥쳐보기 전까지는 모르지만 말이다.)

나는 올가에게 재미있는 이야기를 해줬다. 학창 시절 절친이었던 마크 B의 이야기였다. 마크가 '누나'라고 부른 사람은 사실 어머니였다. 마크의 '어머니'와 '아버지'는 사실 할머니, 할아버지였고 마크가 '형'이라고 부른 사람은 삼촌들이었다. 이 사실은 공공연한 비밀이었고 마크도 알았을 것이다. 그러나 그런 이야기를 대놓고 할 수는 없었다. 마크는 열다섯에 여자 친구 앨리슨을 임신시켰고, 자신의 역사를 대물림하기 싫어서 학교를 중퇴하고 가장이 되었다. 이 이야기의 교훈은 간단했다. 내 친구가 그랬다면 나도 그럴 수 있다. 그러나 올가의 생각은 좀 달랐다.

"그래서 지금 마크는 어떻게 살고 있는데?"

그녀가 이번에는 자신의 이야기를 들려주었다. 주인공은 올가 자신이었지만 내가 사랑한 올가와는 조금 다른 새로운 올가였다. 새로운 올가는 야망이 크고 의지가 강하며 최저 생계비로 아이를 키우고 싶은 마음이 전혀 없는 올가였다. 그러나 무엇보다도 그녀의 이야기들은 계속 같은 결론으로 되돌아왔다. '나' 올가는 남들처럼 살고 싶지 않다. '나'는 아무도 하지 않은 일을 하고 싶다. 내키지 않았지만 그녀의 의지를 꺾을 수 없음을 알았다. 결국 마지못해 수긍하는 것만이 내게 남은 선택이었다.

. . .

삶은 잉태와 동시에 시작된다고 어떤 사람들은 말한다. 어떤 면에서 이는 평범한 사실이다. 물론 잉태는 한순간에 이루어지지 않는다. 아이가 '펑' 하면서 갑자기 나타나지 않으므로 잉태는 남녀가 성교를 해서 정자와 난자의 유전 물질이 완전히 섞일 때 절정을 이루는 약 24시간이 소요되는 과정이다. 그러나 이때 생기는 것은 단세포 개체다. 초기 배아인 수정체는 분명 생명이고, 아무 문제가 없다면 정상적인 성인으로 자랄 것이다. 따라서 성교와 동시에 삶이 시작된다는 것은 틀린 말은 아니다.

반면 여기서 어떤 교훈을 얻어야 할지 알기는 어렵다. 피츠제럴드의 《벤자민 버튼의 시간은 거꾸로 간다》에서 주인공 벤자민 버튼은 나이를 거꾸로 먹는다. 칠순의 노인으로 태어나 결국 아기가 되는데, 그 과정이 계속되어 결국 자궁 속으로 다시 들어간다고 해보자. 그는 태아가 되고, 다시 배아 시기(수정체가 자궁에 착상되는 6일 차부터 60일 차까지의 발달 단계에 해당하는 시기)를 거쳐 마침내 수정체가 될 것이다. 내가 벤자민 버튼 같은 존재라면 그 시점까지도 내가 존재할까? 아마 훨씬 전에 죽었을 것이다.[2] 만약 이런 일이 가능하다면 수정체가 처음 탄생했을 때 내가 존재하기 시작한다고 생각할 이유가 없다. 수정체는 살아 있고 인간이지만 아직 나는 아니다. 따라서 마법에 걸린 개구리 왕자처럼 '훗날 미시킨으로 알려질 수정체'로 지칭한다. 더 정확히는 '훗날 미시킨이 될 수정체'다.

나중에 내가 될 그 개체의 이후 단계에 대해서도 마찬가지다. 뭔가 이상한 점을 느낀 올가가 임신 사실을 인지한 7주 당시의 배아를 생각해보자. 7주차 배아는 새끼손톱만 한 크기로, 심장이 뛰고 손발과 함께 얼굴이 형성되기 시작한다. 생각이나 의식적인 경험을 지원할 정도는 아니지만 어설프나마 신경 활동도 이루어진다. 내가 벤자민 버튼처럼 나이를 거꾸로 먹는다면, 이 단계에 도달했을 때 내가 여전히 존재할 것인가? 다시 한 번 말하지만 그럴 리 없다. 내 존재는 그전에 소멸되었을 것이다. 동등한 추론에 따라 정상적인 과정으로 나이를 먹는다고 해도 이후 미시킨으로 불릴 그 배아는 아직 내가 아니라는 결론을 내려야 할 것이다.

이것은 나중에 내가 되지만 아직 내가 아닌, 이 살아 있는 인간인 내가 무엇인가라는 의문을 제기한다. 내가 수정체, 배아 또는

---

2   이 사유 실험은 제프 맥머핸이 쓴 《살생의 윤리: 생명 변방의 문제》*The Ethics of Killing: Problems at the Margins of Life*(Oxford University Press, 2002)에 등장한다.

태아로서 존재하지 않으리라는 나의 직관은 사람에 대한 존 로크의 정의와 비슷한 전제를 가진다. '사람person'과 '인간human being'이라는 단어를 동의어라고 생각하는 경향이 있지만, 로크는 그렇게 보지 않았다. 그에 따르면 사람은 '이성이 있고 심사숙고할 줄 알며, 다른 시공간에 있어도 똑같은 자신임을 아는, 생각하는 지적인 존재'다.[3] 사람은 생각할 수 있어야 하지만 특정한 종류의 생각, 즉 자기 자신에 대한 생각도 할 수 있어야 한다. '자신이 똑같은 자신임을 알아야' 한다. 그 결과, 자신의 과거와 희망하는 미래에 대해서도 생각할 줄 알아야 한다. 대부분 인간들은 이런 점에서 사람이지만 다 그렇지는 않다. 예를 들어 무뇌증의 아기는 로크의 정의에 따르면 사람이 아니다. 그리고 심각한 뇌 손상을 입은 인간도 사람이 아니라고 간주될 것이다. 만약 사람에 대한 로크의 정의가 맞는다면 내가 수정체, 배아 또는 태아로서 존재하지 않는다는 생각은 정당화된다. 이것은 모두 사람이 아니다. 나는 사람이다. 따라서 나는 이것이 아니다.[4]

  에피쿠로스는 죽음이 나쁜 것이 아니라고 주장했다. 더 정확

---

3   존 로크 《인간 오성론》| Locke, *An Essay Concerning Human Understanding*, Book 2, Chapter 27.
4   이 추론은 문제가 있고 '사람'이 실체의 분류이냐 단계의 분류이냐에 따라 달라진다. 즉 인간의 분류처럼 사람의 분류도 그러한가? '인간'은 실체의 분류다. 인간은 존재하는 한 인간이다. 또는 특정 시기에는 존재할 수 있으나 다른 시기에는 존재할 수 없는 '아버지'와 같은 단계의 분류인가? 나의 아버지는 전자를 전제로 했다. 아버지의 주장을 단계 분류로 재구성할 수 있을지 의심스럽기 때문에 이 반론은 이 정도로 하겠다.

히는 죽음은 우리가 살아 있는 동안에는 일어날 수 없기 때문에 우리를 해칠 수 없다고 주장했다. 죽음이 일어나면 해칠 대상인 우리가 더 이상 존재하지 않으니 해칠 수 없다. 그러니 우리가 살아 있든 죽든 죽음은 우리를 해치지 못한다.[5] 에피쿠로스의 주장에 대부분이 납득하는 것은 아니며 그의 결론을 거부하고 싶은 사람에게는 사람에 대한 로크의 정의가 더 희망적일 것이다. 로크의 관점에서 죽음은 우리를 해친다. 사람은 미래에 대한 욕망, 즉 계속 살면서 뭔가 성취하고 싶은 마음을 가지고 있기 때문이다. 우리가 죽을 때 더 이상 이런 욕망을 품을 수 없다는 것은 중요하지 않다. 우리는 지금 욕망을 가지고 있다. 그리고 죽음은 욕망을 약화시킨다. 그래서 죽음은 우리를 해친다.

죽음의 해악에 대한 이 주장은 사람에게만 적용된다. 미래의 자신을 생각할 수 없다면 미래에 대한 욕망도 가질 수 없다. 그리고 자기 자신에 대한 생각이 없다면 가능한 미래의 어느 시점에 자신에 대해 생각할 수 없다. 따라서 사람에 대한 로크의 정의는 미래에 내가 존재하는 시점에 관한 내 직관에 논리적 근거는 물론 분명한 도덕적 시사점도 제공한다. 죽음은 미래에 대한 욕망을 가질 수 있는 '사람'에게만 나쁜 것이다. 수정체, 배아 또는 태아가 사람

이 아니라면 그것을 해하는 것이 직접적으로 잘못된 일은 아니다.[6]

'직접적으로'라는 단어는 의미 없는 말이 아니다. 부작용을 기억하는가? 사람이 아니라고 해서 그 개체에 대한 도덕적 책임도 없는 것은 아니다. 죽이지 않을 도덕적 책임 또는 죽음에서 구할 도덕적 책임이 있다는 뜻이다.

반면에 어떤 개체가 고통을 받는다면 불필요한 고통을 가하지 않을 책임도 가질 수 있다. 낙태를 하는 과정이 고통을 준다면, 태아를 죽이는 것에 문제가 없더라도 고통을 주는 것은 잘못이다. 낙태는 도덕적으로 허용되어야 하지만 고통이 없어야만 한다. 고통을 느낄 수 있는 시점까지 자란 태아를 대상으로 양막주머니에 소금물을 주입해서 태아에게 경련을 유도해 3시간 이내에 죽게 만드는 낙태법이 최근까지도 시행되었다. 태아가 고통을 느낄 수 있고 경련이 매우 고통스러우리라고 가정한다면, 이 방법은 도덕적으로 극악무도하다.

이 방법은 극단적인 사례이고 더 이상은 일반적으로 시행되지

6 나는 영아 살해와 낙태의 윤리학에 관한 아버지의 견해가 이렇게 갈라지는 것에 대해 놀랐다. 피터 싱어의 영아 살해에 대한 주장을 혹평했지만, 이 부분에서는 그와 매우 비슷한 목소리를 내고 있다. 전자에서는 아버지가 해를 가하는 잠재적인 주체였지만 후자에서는 주체가 다른 사람이라는 사실과는 전혀 상관이 없는가? 후자의 주체가 도대체 누구이기에? 어쨌든 아버지의 주장은 곧 레이저처럼 날카로운 어머니의 조사를 받을 것이다.

않지만, 진공흡출법과 확장소파법, 흡인술 등 다른 방법은 고통이 없는지도 분명하지 않다. 그러나 태아 발달의 특정 단계에서 고통을 느낄 수 없다는 것을 증명한다면 이런 우려를 일소할 수 있다. 수정체가 고통을 느낀다는 증거는 없다. 인간을 포함한 동물의 고통에 관한 구조, 메커니즘과 프로세스 등 관련 신경 작용에 대한 우리의 지식을 고려할 때, 이 가능성을 효과적으로 배제할 수 있다. 그러나 출산이 임박한 태아가 고통을 느낀다는 주장을 뒷받침할 상당한 증거가 있다.

아기가 통증을 느낀다는 것에 대해서는 반론을 제기할 사람이 없을 것이다. 그렇다면 출산이 임박한 태아도 그렇다. 통각은 태아의 발달 단계 중 어딘가에서 발달될 것이다. 현재의 지식 수준에서는 정확히 어느 시점인지 알 수는 없다. 우리가 할 수 있는 최선은 교육에 근거한 추론을 이용하고 약간의 실수에 대한 여지도 감안하는 정도다. 어떤 개체가 고통을 느낄 것인지 확실하지 않다면, 일반적으로는 거짓 증거가 없는 한 믿어봐야 한다.

어떤 사람들은 대뇌피질이 발달해야 통각도 발달한다고 생각한다. 이 말이 맞는다면, 태아의 통각은 30주 전까지는 발달되지 않는다는 뜻이다. 이것은 너무 엄격한 요건인 것 같다. 대뇌피질의 역할은 통증의 부위와 종류를 파악하는 것이지 느끼는 것이 아니다. 통증의 메시지는 대뇌피질에 도달하기 전에 시상을 지나기 때문에 시상의 발달을 태아 통각 발달의 결정적인 지표로 보는 견해가 많았다.

물론 시상의 발달은 그 자체로 사건보다는 과정이며 그 발달이 통증을 느낄 만큼 충분해지는 시점이 언제인지 결정하는 것은 어려운 이론의 문제다. 그러나 가장 과격한 시상 발달의 주장도 통각과 비슷한 감각이 발달되는 것을 최소 18주로 본다. 정말로 안전하게 하려면 1~2주를 빼면 되겠다. 죽음은 사람이 아닌 태아를 해칠 수 없다. 그리고 15주 정도 전이면 고통은, 통각을 느낄 수 없는 태아를 해칠 수 없다.

태아의 실제 특징을 보며 낙태의 도덕성을 따지는 것은 오도의 여지가 있다. 태아와 그 도덕적 지위를 결정하는 주요 요인은 태아가 무엇이냐가 아니라 무엇이 되어가는가이다. 태아는 사람이 아닐지 모르지만 어떤 방해 요인이나 불운이 없다면 앞으로 사람이 될 것은 분명하다. 태아의 도덕적 지위와 낙태가 옳지 않은 이유는 태아가 앞으로 무엇이 될지의 잠재성에 대한 문제이며, 현재 무엇인가의 문제가 아니다.

이 논리가 성립될지는 모르겠다. 잠재적 특징이 실제 도덕적 지위를 규정할지는 의문이 든다. 미국에서 태어난 올가는 미국의 대통령이 될 잠재성이 있다. 아버지의 두 번째 조언에 딱 맞는 목표이기도 하다. 하지만 그렇다고 해서 지금 이 시점에 그녀에게 미국 대통령의 실질적인 권리가 있는 건 아니다. 잠재적인 특징은 잠재적인 권리를 줄 뿐 실질적인 권리를 주지는 않는다. 태아가 사람이 될 잠재성은 올가의 잠재성이 실제 대통령의 자격을 보장하지 않는 것처럼, 사람이 될 태아의 잠재성이 태아에게 사람의 도덕적 지위를 보장하지는 않는다.

불합리한 추론일 수도 있다. 대통령의 자질은 아무나 가질 수 있는 것이 아니다. 그러나 외부의 방해가 없는 한 거의 모든 태아는 사람이 될 것이다. 따라서 일반적 잠재성과 특수한 잠재성은 다르다. 사람이 되는 것은 태아의 일반적 잠재성이다. 대통령이 되는 것은 일반인의 일반적 잠재성이 아니다. 그렇다면 일반적 잠재성의 관점에서 낙태 반대 주장을 다시 말할 수 있을까? 살아 있는 인간이 되는 것은 태아의 일반적 잠재성의 일부이기 때문에 낙태는 옳지 않다고 말이다.

다시 정리하겠다. 올가와 내가 이런 고민에 빠졌을 때, 나는 노인이 될 잠재성이 있었다. 그것은 나의 일반적 잠재성의 일부다. 인간은 누구나 늙는다. 늙음에 대한 암묵적이고 명시적인 하나의 태도가 있는데, 단도직입적으로 말하면 '좀 더 너그럽게 대해야 한다는 것'이다. 이러한 주장의 노선은 '정확하지' 않다. 남성이라면 약간 인종차별적이고 성차별적이다. "여자는 맥주를 500밀리리터 잔으로 마시면 안 돼." 한 어르신이 옥스퍼드의 램앤플래그펍에서 우리를 보며 한 말이다. 얼굴이 붉으락푸르락 해지는 올가에게 나이 드신 분이니 그냥 넘어가라고 했다. 나의 암묵적인 태도는 젊은이

에게 허락되지 않는 관용을 노인네들에게는 좀 베풀어야 한다는 것
이었다. 올가에게 이런 말을 한 나는 당시 젊고 앞으로 노인이 될 잠
재성이 있지만 그런 관용을 받을 권리가 있는 것은 아니다. 그 잠재
성이 아무리 일반적이고 결국 실현되더라도 순전히 잠재성만으로
실제 권리가 주어지지는 않는다.

. . .

올가는 약 3주 후면 미국으로 돌아간다. 그녀는 미국에서 아이를 지
울 계획이었다. 내가 흘린 눈물은 그녀의 배속에서 곧 태아가 될 배
아가 가엾어서가 아니었다. 나는 그보다는 훨씬 더 이기적인 놈이
었다. 나의 미래, 그녀와 함께할 내 미래가 사라지는 것이 억울해서
였지 아직 아무도 아닌 존재에 대한 애통함 때문이 아니었다. 비탄
에 젖은 가엾은 나. 감정의 흔적이 내 마음이나 지성의 한쪽 구석으
로 스며들어도 곧 돌처럼 단단한 기반에 부딪칠 것이다. 나는 망설
임을 멈추고 내 추론을 가로막을 막다른 골목을 없애면서 이 주장
을 조금 가다듬었다. 그러나 포괄적으로 말해 이런 나의 결론과 확
신을 중심으로 한 주장은 결국 현실이 되어 나타났다. 태아가 사람
이 아니고 죽음이 해칠 수 있는 것은 사람뿐이므로, 태아를 죽이는
것은 직접적으로는 잘못된 일이 아니다. 그러나 태아가 고통을 느
낀다면 간접적으로 잘못된 일일 수 있다. 이런 애매모호한 요인은

태아가 통각을 갖기 전이면 사라진다. 15주는 안전하다. 그리고 올
가는 임신 15주가 되려면 몇 주가 더 남았다.

비트겐슈타인은 이렇게 썼다. "철학의 진정한 발견은 내가 원
하지 않을 때 철학을 중단할 수 있게 해준다는 것이다. 철학에게 평
화를 주어 더 이상 끝없는 질문만 반복하는 고문을 하지 않아도 되
는 것이다."[7] 내가 추구하지도, 필요하지도 않았던 평화를 얻는다면
아마도 이런 주장들 덕분이리라.

---

7   루트비히 비트겐슈타인 《철학적 탐구》 | Ludwig Wittgenstein, *Philosophical Investigations*,
paragraph 133.

선

올가_ 인격체에 대한 생각

이 시점에서 내가 말을 좀 해야겠다. 하지만 미리 겁먹을 필요는 없다. 이런 식으로 내가 계속 끼어들지는 않을 거니까. 말이 많기로 비교하자면 미시킨 근처에도 못 가는 나는 간단하게 끝낼 것이다. 하지만 어쨌든 이건 나니까, 내 삶이고 내 결정인 만큼 이야기를 안하고 넘어갈 수는 없겠다. 맞다. 바로 나다. 나는 분명히 야망이 크고 의지가 강하며 천박한 태아 살인자다. 미시킨은 우리에게 최선일 거라고 생각해 내가 이런 결정을 내렸을 거라고는 생각조차 하지 않았다. 그는 분명히 최저 임금을 받는 직장에 취직할 수 있다는 가정하에 일을 시작하고, 우범 지대에 있는 작은 공영 아파트로 퇴근하고, 여유 시간에는 공원에서 아이와 축구를 하는 낭만적 환상에 빠진 듯했다. 아직 어린 시절에서 벗어나지 못한 치기어린 발상이다. 나는 미시킨의 고향을 안다. 그의 부모님도 만났다. 아주 좋은 분들이고 그가 자란 집도 보았다. 가난하지만 그래도 나쁘지 않은 곳이다. 미시킨은 자기가 생각하는 가난이 저 정도일 거라고 착각한다. 그러나 세상이 변했고 이제는 전혀 그렇지 않다. 잠시만 내 이야기는 접어두자. 이런 환경에서 그가 얼마나 오래 행복할까? 단 1초도 아니다. 한순간도 행복하지 않을 것이다. 그의 제안을 받아들인다면, 나는 그가 싫어한 삶을 그에게 떠맡기는 셈이 될 것이다. 그럴 수는 없다. 이 관계에서 누군가는 어른 역할을 해야 했다. 현실감과 책임감은 당시에는 미시킨의 강점이 아니었다.

아이가 우리의 인생에 미칠 영향보다 더 큰 것이 있다. 현재까지 미시킨의 주장에서 뭔가 빠진 것을 발견하지 못했는가? 작지만 간과된 것? 그것은 바로 나! 나 올가다. 나는 이 주장에서 아예 빠져 있다. 미시킨에게는 태아가 있다. 그의 관심은 오직 태아이고, 태아에게 있거나 부족한 특징이 그의 존재를 지속할 권리를 준다. 그러나 나에게는 태아와는 아주 자른 무언가가 있다. 바로 몸속에서 자라는 태아다.

내 생각을 전개하는 동안 미시킨의 주장은 무시하자. 우선 그의 주장은 그의 것이 아니다. 당시 윤리학의 고전적인 주장들이다. 미시킨은 필요에 의해 그것들을 읽고 연습하고 결국 모조리 흡수했던 것이다. 옥스퍼드 재학 당시 광적으로 빠졌던 인격에 대한 로크의 주장에 전적으로 근거한 것은 시류에 편승한 어리석음에 불과하다.

둘째, 나의 더 중요한 논리가 있다. 로크의 주장에서 말하고자 하는 바는 항상 분명했다. 단지 그가 받아들일 필요가 없었기에 보이지 않았을 뿐이었다. 사람인지 아닌지가 중요하다면, 고통을 느끼지 않는 한 그리고 반대하는 사람이 아무도 없다면 낙태가 문제가 아닌 것처럼 영아 살해도 도덕적 저항이 없다. 사람이 아닌 인간으로 무뇌증의 아기를 예로 들었다. 하지만 아기가 건강하거나 심각한 기형을 가지고 태어난 것조차도 문제가 되지 않는다. 로크에 따르면 영아는 '다른 시공간에 있어도 똑같은 자신임을 아는 생각하는 존재'가 아니므로 사람이 아니다. 자신에 대해 인식하는 능력은 표준적인 방법에 따라 평가할 때 만 4세경이 되기 전까지는 생기지 않는다.[1] 어떤 각도로 바라보든, 이 논리를 정교하게 만들려고 아무리 애써도 로크의 주장에 근거해 낙태를 옹호한다면 거대한 아기 모양의 기묘한 논리가 탄생할 것이다.

이상한 의학적 조건 때문에 다른 사람에게 연결해야만 살 수 있는 사람이 있다고 가정해보자. 이 조건이 무엇인지 또는 어떤 형태의 '연결'인지는 중요하지 않다. 기본적으로 이 사람이 생존하려면 다른 사람의 생명 활동에 연결되어야 한다. 이 생명 활동에 대한 연결을 확보하는 방법은 혼자 사는 여자의 집에 몰래 들어가 그녀에게 들러붙는 것이다. 그러나 한 가지 조건이 있다. 일단 성공하고 나면 9개월간 계속 붙어 있어야 한다. 무탈하게 시간이 흘러 도움을 준 그 여인에게 진심으로 감사하고 기쁘게 자신의 길을 갈 수 있지만, 그 시간보다 빨리 떨어지면 죽게 된다. 내가 그 여자라고 생각해보자.[2]

낯선 남자에게 9개월 동안 들러붙어 있도록 허용해야 할 의무가 내게 있는가? 내가 도와준다고 초청한 적도 없는데. 반면에 나는 그 남자가 여자를 찾아 헤맨다는 것을 미리 알고 집에 침입하지 못하도록 최대한 조심했다. 창문은 모두 잠갔는데 불행히도 하

---

1   어머니는 '잘못된 믿음 테스트false-belief test'를 언급한 것 같다. 아이들에게 인형극을 보여준다. 한 인형이 상자에 물건 하나를 넣고 무대를 떠난다. 다른 인형이 그 물건을 집어 들고 또 다른 상자에 옮긴다. 처음 등장했던 인형이 무대로 돌아온다. 아이들은 그 인형이 어떤 상자에서 물건을 찾으려 할지 지목해보라는 질문을 받는다. 인형이 첫 번째 상자를 볼 것이라는 것을 이해하려면 믿음을 이해해야 한다. 왜냐하면 인형이 자신이 처음에 넣어둔 그대로 첫 번째 상자 안에 물건이 들어있을 것이라고 믿는다는 것을 이해해야 하기 때문이다. 만 4세 미만의 아이들은 대부분 마지막으로 물건을 옮겨 넣은 두 번째 상자를 지목한다. 어떤 사람들은 이것이 만 4세 이전까지는 아이들에게 믿음의 개념이 없다는 것을 보여준다고 주장한다. 이 부분은 논란이 없지는 않다. 어머니도 다른 사람들의 정신 상태에 대해 생각할 수 있기 전까지는 자신의 정신 상태에 대해 생각할 수 없다는 추가적인 가정을 해야 한다. 그러나 여기서 어머니는 원래 탄력을 받으면 그렇듯 약간 과장한 듯하지만, 중심 주장만큼은 탄탄하다. 로크의 주장에 따르면 아기들은 사람이 아니다. (단순히) 태아가 사람이 아니기 때문에 낙태를 허용한다는 취지의 주장은 영아 살해도 가능하다는 추론을 하게 만든다. 이 논리를 기꺼이 채택한 사람이 있고 어머니는 이것을 참조했다. 마이클 툴리 〈낙태와 영아 살해〉《철학과 사회 문제》| Michael Tooley, 'Abortion and infanticide', *Philosophy and Public Affairs*, Vol. 2, No. 1, (1972). pp. 37 – 65.

2   이 주장은 아버지가 채택한 표준들만큼 널리 알려진 것으로, 주디스 자비스 톰슨이 최초로 주장했다.

나가 고장이 나서 열렸다. 이제 그 남자가 나도 모르는 새에 동의
없이 내게 들러붙었는데, 9개월이나 붙여둬야 할 도덕적 의무가 내
게 있단 말인가?

물론 그렇게 한다면 나는 정말 착한 사람일 거다. 그러나 누구
도 좋은 일이라고 해서 그걸 할 도덕적 의무는 없다. 전우를 위해 총
알받이가 되거나 터지는 수류탄을 몸으로 막는다면 나는 정말 천사
일 것이다. 그러나 그렇다고 해서 그 상황에서 그래야 하는 건 아니
다. 그런 행동은 직무 범위를 넘어선다. 직무는 정의상 도덕적 의무
이상은 아니다. 물론 내가 남자를 집으로 초대해서 내 몸을 쓰라고
했다면 이야기는 달라질 것이다. 초대는 본질적으로 약속이며, 약속
을 하면 그것을 깨지 않도록 최선을 다한다는 책임이 발생한다. 그
리고 그 남자에게 닥치는 결과가 얼마나 심각한지 생각할 때 이 약
속은 매우 중요하다. 그러나 나는 그런 초대를 한 적이 없고, 이 희
한한 상황에 빠지지 않으려고 최선을 다했다. 따라서 남자를 내 몸
에 붙여둘지 말지는 도덕적으로 말해 철저히 선택의 일이다. 내게
는 그럴 도덕적 책임이 없다.

미시킨은 정말 마초다. 좋은 뜻으로서가 아니다. 그는 태아의
지위에만 관심이 있다. 태아가 사람인가 아닌가? 사람으로서의 권
리가 있는가 없는가? 내 관점에서 볼 때 이것은 논점을 벗어났다.
내 몸에 들러붙은 남자는 분명히 사람이므로 사람으로서의 권리도
당연히 가진다. 그러나 그게 중요한 게 아니다. 내게는 그를 9개월

간 붙여둘 의무가 없다는 것이다.

니콜라이 여러 해 전 처음 이 주장을 접했을 때는 굉장히 놀라웠다. 사실 처음 주장한 사람은 어머니가 아니라 주디스 자비스 톰슨이라는 철학자다. 톰슨의 주장은 의무적인 행동과 '초과의무 행동'을 구분하는 것을 전제로 하고 있다. 도덕적으로 필요한 행동은 의무적이다. 그 행동을 하면 선하고 하지 않으면 악하다. 그러나 초과의무 행동은 하면 좋지만 하지 않는다고 해서 악하지는 않다. 그런 행동을 한다면 도덕적으로 칭찬받겠지만 안 했다고 해서 비난받지도 않는다. 여전히 톰슨의 주장이 흥미롭기는 하지만 예전만큼 확신이 서지는 않는다.

두 가지 요인이 내 확신을 서서히 갉아먹었는데, 그 기저에는 초과의무라는 개념이 도덕성의 끝없는 요구를 잠재우기 위해 고안된 영민한 발명품이 아닌가 하는 의심이 있다. 결국 초과의무라는 개념이 성립되는 도덕적 이론은 무엇인가? 만약 수류탄을 안고 희생해서 세계의 행복의 총량이 늘거나 만족된 선호의 수가 늘어난다면, 공리주의자들은 내가 마땅히 그래야 한다고 주장할 것이다. 그리고 칸트의 고귀한 관점에서는 의무의 실패가 아닌 도덕적 실패라는 생각은 성립하지 않는다. 만약 도덕률에 따라 내가 수류탄을 안고 자폭해야 한다면(실제 그렇다는 게 아니라 어디까지나 가정이라면), 나는 마땅히 그래야 할 것이다. 그렇게 하지 않는 것은 초과의무를 행하지 않은 게 아니라 의무에 대한 태만이다.

•

그렇다면 초과의무라는 생각은 어디에서 기원했는가? 그 기원은 신약 성경까지 거슬러 올라간다. 영생을 얻으려면 어떻게 하면 되는지 묻자 예수는 말했다. "네가 생명에 들어가려면 계명들을 지키라……. 네가 온전하고자 할진대 가서 네 소유를 팔아 가난한 자들에게 주라. 그리하면 하늘에서 보화가 네게 있으리라(마태복음 19장 16~24절)"고 했다. 그 후에 천주교에서 이 전통을 이어받아 발전시켰고 토마스 아퀴나스의 《신학대전》에 매우 상세하게 다루어져 있다. 더 흥미로운 질문은 역사적 기원이 아니라 심리적인 기원이다. 도대체 어떤 심리적 필요 때문에 이 단어를 예수의 구원이라는 형태로 성경에까지 실었던 것일까? 대답은 어렵지 않다. 도덕성이 너무 힘들다는 것이다. 바라는 바도 아니고 바람직하지 않을 수도 있다.

자신을 교회의 신부라고 가정해보자. 신부들은 아마 아내를 얻는 것은 죄가 아니지만 수도 생활에 전념하는 것이 더 좋은 일이라고 말할 것이다. 대부분 사람들은 수도 생활을 바라지 않는다. 그리고 모두가 독신 서약을 해야 한다면 지구상에 남을 사람은 아무도 없으며, 하나님의 제단에 남을 사람도 없을 것이다. 따라서 모두가 수도 생활을 하는 것은 바라는 바가 아니며 바람직하지도 않다. 도덕성에 생기는 이런 균열을 덮기 위해 고안된 것이 바로 초과의무 개념이다. 도덕성 자체의 근본적인 문제인 지나친 엄격함에 대한 임시변통이다. 도덕성은 너무 엄격하고 까다롭다. 사람들은 도덕성을 거부하거나 강도를 완화시킬 장치를 더한다. 하지만 도덕성이라는 관점 자체로 볼 때 이 추가된 장치의 논리는 성립하지 않는다는 게 문제다.

●

초과의무라는 개념을 이해할 수 있다고 해도, 어머니의 주장에 대해 또다시 질문이 생긴다. 주장은 주로 그 이방인을 어머니가 초대한 적이 없다는 사실을 중심으로 한다. 만약 본인이 몸을 빌려주기로 약속했다면, 자신의 행동은 순전한 초과의무에서 의무로 변했을 것이라고 어머니 본인도 인정하고 있다. 그러나 어머니는 그러지 않았다. 중심 원칙은 낯선 사람에 대한 책임을 자발적으로 떠안지 않았으므로 어머니가 하는 행동은 모두 의무가 아니라 초과의무라는 것 같다. 누군가에 대한 책임을 자발적으로 인정해야 그 사람에 대한 의무도 가지게 되는 것이다.

만약 이 논리가 어머니 주장의 근거라면 지지하기 힘들다. 어린 아이가 얕은 인공 연못에 빠져 허우적대는 것을 본다. 이것은 내가 만든 상황이 아니다. 자발적으로 그 아이를 보호해야 한다는 책임을 진 적도 없다. 사실 이 아이를 본 적도 없다. 그러나 주변에 도와줄 이도 없는 상황에서 내게 아이를 구할 도덕적 의무가 없다는 주장이 과연 성립하는가? 아이를 구하기로 하는 나의 결정이 도덕적 의무가 아니라 친절이나 자비 같은 도덕적 선택 사항인가? 그냥 무시하고 가던 길을 가도 비난받지 않아야 하는가? 그럴 것 같지는 않다. 내가 아이를 죽이지는 않았지만 아이를 돕지 않는다면 잘못을 저지르는 것이다. 그러나 아이를 구할 의무가 있다는 것을 인정하면 자발적으로 떠안은 책임만 의무가 된다는 원칙을 부정하는 셈이 된다.

물론 임신은 다른 상황이다. 물에 빠진 아이는 내가 최소한의 수고로움만으로 구할 수 있다. 그러나 임신은 마치 생면부지의 사람이 한 여인에게 건강에 위험을 줄 수 있음에도 불구하고 40주나 되는 긴 시간을 들러붙은 셈이니 그 수고로움이란 이루 말할 수가 없다. 고생이 이만저만이 아닐 테다. 대부분이 그럴 것이라고 생각한다. 신앙심이 투철한 엄한 부모에게 들킬까봐 두려워하는 청소년이나 강간 피해 여성에게 별일 아니라고 말해보라. 그러나 모든 사람에게 다 문제가 되는지는 정확하지 않다. 이후 발생할 수 있는 너무나 많은 문제를 감수하면서까지 여성의 낙태 권리를 제한하자고 주장하지는 않는다. 그러나 정말 순전히 선택의 문제라면 수고로운 일이라는 가능성을 항상 참작해야 한다. 또한 '너무 수고로운 일'이라는 판단 자체가 틀릴 수 있는 가능성도 고려해야 한다. 수고로움에 대한 인식은 사람들마다 격차가 매우 심하다. 유별나게 이타적이고 선한 사람에게는 '너무 수고로운 일은 없다'. 자신밖에 모르고 남을 돕는 일은 '너무 수고로운' 이기적인 사람들보다 그들의 도덕적 의무감은 더 투철할 것이다. 선한 사람들이 뻐딱한 사람들보다 도덕적 의무감이 더 투철하다는 생각도 우습다.

●

그러나 더 타당성 있는 어머니의 또 다른 논점도 있다. 다음은 어머니의 말이다.

"나는 왜 낙태가 문제가 되는지 잘 모르겠다. 그러나 내 방식이 도덕성을 미시킨의 생각보다 훨씬 더 풍부하고 정교하고 복잡하고 역동적이고 복잡한 문제로 만든다는 것은 안다. 미시킨은 자신이 만든 범주를 좋아한다. 그에게 모든 것은 흑백으로 나뉜다. 낙태는 옳거나 그르거나 둘 중 하나이며, 옳은 상황과 그른 상황이 정확히 구분된다. 이것은 매우 앵글로색슨적인 시각이다.

우리 라틴계는 더 미묘하다. 흑과 백이 있지만 그 사이에 무수히 많은 회색이 있다. 인생은 늘 약간은 옳고 약간은 그른 일들의 연속이며 그 옳고 그름의 정도는 셀 수 없이 많고 또 알 수도 없는 상황에 의해 달라진다.

미시킨은 사람에 대한 로크의 이분법적 환상에 사로잡혀 있었다. 사람이 되는 것이 마치 스위치처럼 켜지면 켜지고 꺼지면 꺼진다는 주장 말이다. 그러나 조도 조절 스위치가 있다면 어떨까? 사람이 되는 것이 키가 큰 것과 비슷하다고 가정해보자. 키가 큰 것은 결국 도달하게 될 상황이며, 정확히 그 사이 어느 시점에서 키가 작다가 커졌는지는 정할 수 없다. 정확한 구분선이 없음에도 불구하고 어떤 사람들은 키가 크고 어떤 사람들은 그렇지 않다. 사람이 되는 것은 길고 또 힘든 과정이다. 사람이 되는 정해진 지점은 없다. 그 과정이 길어질수록 도덕적으로 낙태도 더 나빠진다. 그렇다고 해서 약간은 옳고 약간은 그른 일이라는 뜻은 아니다."

나는 이것이 낙태에 대한 정확한 접근법이라고 생각한다. 그러나 나는 공정한 편이 못 되어서 내 판단이 상당히 흐려졌을 수 있다. 꼭 내가 남자라서가 아니다. 어머니에게는 계획이, 그것도 아버지가 모르는 계획이 있었다.

서브퍼스크
생각과 표현의 자유

관용과 믿을 권리[1]
옥스퍼드대학 인문학부에 문학사 학위 취득 요건 중 하나로 제출한 논문

: L. N. 미시킨 :

1. 서론: 밀의 자유론

관용 및 생각과 표현의 자유에 대한 견해는 그 범위와 근거를 존 스튜어트 밀의《자유론》(1859)과 관련해 정의해야 한다. 밀은 소위 '의견의 억압'에 반대하는 네 가지의 주장을 펼친다. 이 주장들은 '언론의 자유' 또는 '표현의 자유'라고 하는 문제에 가장 분명하게 적용되

---

1   아버지의 메모 중에 옥스퍼드대학에 제출한 타자로 친 논문이 있었다. 졸업 논문 같은 것이다. 대부분의 학사 학위 논문처럼 아버지의 논문도 길고 장황하며 역사적 설명과 분석이 대부분인데, 특히 윌리엄 제임스와 W.K. 클리포드의 믿음의 윤리학에 관한 논쟁을 다루고 있다. 아버지는 이 논문을 요약해서 원고에 포함시키려고 매우 애를 썼지만 미처 끝내지 못했다. 그래서 내가 대신 요약하기로 했고 그 결과물이 아버지의 뜻을 충실히 따를 것이라고 믿는다. 학사 학위 논문의 형식과 노인네의 산만함이 묘하면서도 세련되게 뒤섞인 것을 볼 때, 아마 한 번 이상은 다시 수정한 것 같다.

지만 이 표현의 기반이 되는 생각이나 견해에도 적용된다.

첫째, 의견 억압의 위험은 억압된 의견이 사실은 진실일 수 있다는 것이다. 어떤 의견이 직관적으로는 타당해 보이지 않을 수 있지만 그렇다고 해서 거짓이라고 가정한다면 사람은 결코 실수하지 않는다고 가정하는 것이다. 따라서 모든 토론이나 의견의 억압은 오류가 없다는 가정을 포함한다.

둘째, 억압된 의견이 거짓으로 드러나도 반박이 허용되지 않는 대중적인 의견은 밀이 말한 '죽은 교의dead dogma'로 변질된다. 우연히 진실임을 알게 된 것을 믿는 것과 왜 그것이 진실인지를 이해하는 것은 다르다. 믿음이 도전을 받으면 당신은 방어에 나설 수밖에 없다. 그럼 당신은 믿음에 대해, 특히 무엇이 진실인지 이해할 수 있다. 예를 들어 당신은 낙태와 같은 특정한 관행이 옳지 않다고 생각하며, 다른 사람들은 당신의 의견에 반대한다. 반대하는 사람들에게 반박하려면 낙태가 옳지 않다는 주장만 앵무새처럼 되풀이할 수는 없고, 논리적 근거를 제시해야 한다. 형태가 무엇이든 믿음을 옹호하는 행동 자체는 그 믿음에 대한 이해를 높인다. 단순히 진실이라는 것뿐 아니라 왜 그런지 근거에 대한 이해까지 높인다.

셋째, 밀은 의견이 진실이라도 토론의 대상이 되지 않는다면 그 의견의 의미 자체가 사라질 수 있다고 주장한다. 따라서 두 번째 주장이 믿음의 변호에 관한 것이라면 세 번째 주장은 믿음의 의미에 관한 것이다. 우리가 어떤 생각을 지속적으로 토론의 대상으로 삼지 않는 한, 진정한 의미를 잊어버릴 수 있다. 밀은 한때 살아 있었으나 지금은 교의로 굳어져버린, "나는 부활이요, 생명이다"와 같은 종교적인 주장이나 믿음을 예로 들고 있다. 신도들은 예배를 볼 때 이 주장을 의미도 모른 채 읊조릴 것이다.

넷째, 대중적인 의견 하나만이 진실이고 대중적이지 않은 대안은 잘못이라고 보통 생각하지만 그렇지 않은 경우가 제법 있다. 대안에 미미하나마 진실이 있는 경우가 많다. 그렇다면 진정한 진실은 두 의견 모두를 조합한 것이다. 의견의 어떤 요소를 유지하고 어떤 요소를 배제할 것인지는 자유로운 토론을 통해서만 규명되는 경우가 많다.

이 논문에서 나는 밀이 성급하게 중단한 것으로 보이는 주장을 이어가야겠다. 《자유론》의 주장 자체를 반박하는 게 아니라 단지 불완전함을 지적하는 것이다. 밀의 견해는 시민에 대한 정부의 의무에 대한 것이다. 이 경우는 가장 극단적인 환경을 제외하고는 사고, 토론 및 표현의 자유를 허용할 의무가 있다는 것이다. 이 논문의 초점은 다르다. 이 논문에서는 시민이 스스로에게 가지는 의무에 초점을 둔다. 어리석은 믿음이라도 정부가 억압해서는 안 된다고 말하는 것은 별개의 문제다. 나도 동의한다. 그러나 개인은 스스로에 대해 (그리고 남에 대해서도) 어리석은 믿음을 갖지 않을 의무가 있다. 어리석은 믿음도 억압되어서는 안 되지만 어리석은 믿음은 실패로 가는 길이다. 어리석은 믿음을 표현하는 것도 마찬가지이지만, 나의 초점은 표현 여부와는 상관없이 그런 믿음을 갖는 것 자체다. 그렇다고 해서 내가 옹호하는 견해에 정치적 영향이 없다는 뜻은 아니다. 분명 영향이 있고, 그중 일부는 결론에서 자세히 알아볼 것이다. 그러나 나의 주된 초점은 개인이지 국가가 아님을 분명히 해둔다.

2 믿음에 대한 도덕적 권리의 흥미로운 사례

다음 사례를 생각해보자. 약간 미화되었겠지만 실제 사례다. 미국의 한 젊은 철학 교수가 학생들에게 종교철학을 가르치려고 한다. 종교철학 강의의 단골 주제인 신의 존재에 대한 찬반론이 그 내용이다. 학생 중 한 명이 자신의 가장 소중한 믿음이 공격받는 데 대한 불만을 제시한다. "저는 제 믿음에 대한 권리가 있습니다." 대학 측은 그 학생의 의견을 받아들여 종교철학에서 해당 과정을 중단하도록 조치했다.

그 학생은 자신의 믿음에 대한 권리를 주장했다. 그러나 그것이 어떤 종류의 권리인지 분명하지 않다. 가끔은 자신의 믿음에 대해 근거 있는 권리를 가질 수 있다. 그것은 그렇게 주장할 충분한 증거가 있을 때 성립한다. 예를 들어 달이 생 치즈로 만들어졌다는 믿음을 가질 근거 있는 권리는 없다. 증거가 없거나 불충분하거나 아니면 반박할 만한 강력한 증거도 없다면, 근거 있는 권리는 성립하지 않는다. 그러나 그 학생이 주장한 권리는 근거 있는 권리가 될 수 없다. 신의 존재에 대한 다양한 찬반 주장이야말로 정확히 어떤 식으로든 증거가 될 수 있다. 그 학생은 자신의 믿음에 대한 근거 있는 권리를 확립 또는 약화시킬 수 있는 증거를 수집할 수 있는 과정 자체에 반대한 것이다. 대신 그 학생은 믿음에 대한 도덕적 권리만을 주장한 것 같다. 그 학생은 확실한 증거도 없이 자신이 믿음을 가질 도덕적 권리가 마땅히 있다고 생각한다.

특정한 믿음에 대한 특별히 도덕적인 권리라는 생각은 흥미롭다. 특히 그 믿음을 뒷받침하는 근거가 매우 희박하거나 없다면 더욱 그렇다. 그러나 근거가 있어도 흥미롭기는 마찬가지다. 왜 그런지 권리의 개념에 대한 조엘 파인버그의 유명한 분석을 한번 들여다보자. 파인버그(1970)에 따르면 무언가에 대한 도덕적 권리를 갖는 것은 그에 대한 타당한 주장을 하는 것이다. 따라서 교육에 대해 타당한 주장을 한다면 그에 대한 권리도 있다. 꼭 그 주장을 자신이 해야 하는 것은 아니다. 다른 사람들이 대신해줄 수도 있다. 예를 들어 아이들의 경우 이해를 못 하므로 이런 주장을 직접 할 수 없지만 권리를 가질 수는 있다. 정확한 도덕적 이론이나 원칙이 기저에 있거나 수반한다면 그 주장은 타당하다. 그러나 주장은 항상 특정 대상(이 경우는 교육)에 대한 주장이고 반대하는 사람이 있어야 한다. 따라서 어린이가 교육에 대한 권리가 있다는 것은 교육에 대한 자신의 접근을 다른 사람들이 막아서는 안 된다는 주장을 할 근거가 된다. 어떤 사람들은 여기에 권리 이상의 생각을 더한다. 예를 들어 만약 어린이가 교육에 대한 권리가 있다면 단순히 교육에 대한 접근을 막지 않을 소극적 의무만이 아니라, 접근을 촉진할 적극적 의무가 있다고 주장하기도 한다. 그러나 이 논문에서는 논란의 소지가 너무 크기 때문에 파인버그의 기본 주장만을 가정하고자 한다.

파인버그의 분석에서, 만약 당신이 특정 대상(사물, 자유 또는 처우)에 대해 도덕적 권리가 있다면 다른 사람들은 그것을 의도적으로 빼앗지 않을 의무가 있다. 따라서 믿음에 대한 도덕적 권리가 있다면 그것이 아무리 그릇되거나 증거가 전무해도 그 믿음을 의도적으로 빼앗지 않을 의무가 다른 사람들에게는 있는 것이다. 그 믿음을 의도적으로 빼앗는 가장 분명한 방법은 단호하거나 결정적인 증거를 제시해 효과적으로 비판하는 것이다. 따라서 도덕적 권리가 있는 믿음은 비판해서는 안 될 의무가 타인에게 있다.

그러려면 우선 표현의 자유부터 포괄적으로 금지해야 한다. 이런 상황에서는 남의 믿음을 비판할 수 없는 것 뿐 아니라 많은 상황에서 나의 믿음을 옹호할 수 있을지도 의문스럽다. 나와 당신의 믿음이 서로 다르며 양립할 수 없다고 해보자. 내가 진실이면 당신은 거짓이고 그 역도 성립한다. 따라서 내가 근거를 들어가며 내 믿음을 옹호하면 동시에 당신을 공격하는 결과가 된다. 따라서 한 사람의 믿음이 항상 특정한 다른 사람들의 믿음과 양립하지 않는다고 가정한다면, 자신의 믿음을 주장할 권리가 있는 사람은 아무도 없다.

도덕적 권리에 대해 파인버그의 주장을 더 확장한다면 상황은 더 우습게 된다. 이런 견해에 따르면 나는 누군가의 믿음을 의도적으로 빼앗지 않을 의무는 물론이고 그 믿음에 대한 접근을 유도할 적극적인 의무도 가진다. 따라서 만약 내 믿음이 당신의 믿음과 양립할 수 없다면 내 믿음을 비판해 당신의 믿음을 지원할 의무도 있다. 범위를 넓혀 분석하는 것은 사실상 믿음에 대한 도덕적 권리가 있다는 견해의 귀류법reductio ad absurdum(증명하려는 명제의 결론이 부정이라는 것을 가정했을 때 모순되는 가정이 나온다는 것을 보여줌으로써 원래 명제가 참인 것을 증명하는 방법-옮긴이)이 된다. 그러나 파인버그의 기본 주장만을 가정한다고 해도, 표현의 자유에 대한 포괄적인 금지는 그 희생이 너무 크다.

믿음에 대한 도덕적 권리를 설명하는 다른 방법도 허술하기는 마찬가지다. 권리의 소유는 종종 존중과 개념적으로 연결된다. 무언가에 대한 권리가 있으면 타인에게는 그것을 존중할 의무가 있다. 그러나 존중의 개념은 믿음에 대한 권리를 이야기할 때에는 전혀 맞지 않다. 어리석고 끔찍한 믿음까지 내가 존중할 필요는 당연히 없다. 예를 들어 나치주의자의 믿음을 내가 존중할 의무는 없다. 결코 행동으로 표현되지 않는 타인의 믿음이라도 마음속으로 경멸할 수 있다. 마찬가지 이유로 타인의 믿음에 관심을 갖거나 지지할 이유도 없다. 따라서 믿음에 대한 권리 개념을 이런 종류의 익숙한 방식으로는 설명할 수 없다. 이런 이유로 믿음에 대한 도덕적 권리는 흥미롭고 심지어 미스터리하기까지 하다.

3. 믿음에 대한 도덕적 권리의 분석

두 가지 가능성이 있다. 첫째, 믿음에 대한 도덕적 권리라는 생각 자
체가 오도된 것이다. 그런 권리 같은 것은 없다. 둘째, 우리가 아직
고려하지 않은 이 권리에 대한 주장이 있다. 이후에 계속 두 번째 주
장을 옹호하기로 하겠다. 믿음에 대한 권리가 있다는 생각을 이해
하는 방식은 한결같다. 그러나 이 방식은 종교철학 수업을 거부한
학생에게는 불편할 것이다. 믿음에 대한 권리는 더 익숙한 형태의
또 다른 권리인 자율권과 같다.

　누군가 이상한 믿음을 가지고 있다고 생각해보자. 그녀의 이름
은 올가다. 세상을 창조한 '날아다니는 스파게티 괴물FSM, Flying Spaghetti
Monster' 파스타파리(우아한 면 가락에 경배하라!)를 올가가 믿는다고 하
자.[2] 이상하지만 이 믿음을 가진다고 해서 누구를 해치지는 않는다.
올가는 종교 박해는커녕 남을 개종시키려고 애쓰지 않는다. 학교에
서 FSM교의 창조론을 가르치도록 강요하지도 않는다. 오히려 자신
의 믿음을 가능한 한 숨기려고 한다. 거짓말을 하지는 않지만 온통
광고하고 다니지도 않는다.

2　세상을 창조한 날아다니는 스파게티 괴물 FSM교는 2005년에 교주 바비 헨더슨이 지적 설계
론이라는 이름으로 창조론을 진화론과 함께 학교에서 가르치도록 한 미국 캔자스주 교육위
원회의 결정에 반대하는 공개서한을 보내면서 세상에 알려졌다. 분명히 이 글을 썼을 당시에
는 일어날 수 없는 시대적으로는 맞지 않는 일이고 아버지의 논문 원문에는 없지만 요약본에
는 등장하기 때문에 여기에 포함시켰다.

올가의 친구인 당신은 이 이상한 믿음이 걱정스러워 그녀가 믿지 않기를 바란다고 해보자. 가벼운 설득부터 전두엽 절제술까지 방법은 다양하다. 강제 전두엽 절제술을 받아서 자신의 믿음을 잃지 않을 권리가 올가에게는 분명히 있다. 그 방식은 올가의 자율권을 앗아간다. 세뇌나 최면 같은 더 약한 방법도 마찬가지다.

윌프레드 셀라스(1956)는 '원인의 공간'과 '이유의 공간' 사이에 유용한 경계선을 그었다. 올가의 믿음을 변화시키려는 행위들이 자율권 박탈이 되는 이유는 그런 행위들이 변화의 이유가 아니라 순전히 원인이기 때문이다. 이 맥락에서 '순전한' 원인은 당신에게 일어나는 일이나 가해진 행위다. 전두엽 절제술, 세뇌, 최면은 모두 이 범주에 속한다. 그러나 믿음의 변화는 이유에 의해서도 일어날 수 있다. 이유는 외부적인 것이 아니라 내부적인 것이다. 그 차이는 건강을 위해 달리는 것과 강제로 차에 묶였기 때문에 달려야만 하는 것과의 차이와 같다. 올가의 믿음을 이유를 통해 바꾸는 것은 원인을 가해 바꾸는 것과 매우 다르다. 그녀의 믿음이 보편적인 증거와 다르다고 설득할 수 있다. 화석 기록과 관련된 사실, 버제스 셰일 화석군, 다윈의 진화론에 대한 대안적인 주장 등을 들면서 말이다. 물론 올가의 믿음을 바꾸는 데 성공하지 못할 수 있다(오히려 파스타파리가 자신의 믿음을 시험하는 것으로 생각할 수 있다). 그러나 만약 성공한다면 그녀에게 "나는 이런 이유로 FSM교를 믿지 않고 그래서 너도 마찬가지일 거라고 생각해"라는 이유를 들어 믿음을 변화킬 것이다.

올가에게 원인을 제공해 믿음을 앗아가는 것은 자율권을 뺏는 일이다. 그래서 잘못된 것이다. 이유를 제공해 믿음을 바꾸는 것은 자율권을 해치지 않는다. 그래서 도덕적으로 정당하다. 누군가로부터 믿음을 빼앗는 것의 도덕성은 행동 자체보다 방식의 문제다.

이 논리는 부분적으로 믿음에 대한 도덕적 권리를 가진다는 것의 의미를 설명하는 데 이용될 수 있다. 원인의 공간에 속하는 방식으로 믿음을 빼앗기지 않고 이유의 공간에 속하는 방식으로만 믿음을 바꿀 권리가 있다는 측면에서 우리는 믿음에 대한 도덕적 권리를 가지고 있다. 이것은 아무리 우습고 도덕적으로 끔찍한 믿음이라고 해도 마찬가지다. 끔찍한 믿음에 따라 행동하지 않도록 막는 것이 합당하겠지만(최소한 그 행동이 남에게 해를 입힌다는 전제하에) 그 방법이 원인의 공간에 속한다면 믿음 자체를 갖지 못하게 막을 수는 없다.

그러나 아직 절반밖에 이야기하지 않았다. 특정 대상(사물, 자유 또는 처우)에 대해 도덕적 권리를 갖는 것은 다른 사람들이 그것을 의도적으로 빼앗지 못하게 할 권리를 갖는 것이다. 그러나 파인버그의 분석에서도 분명히 드러나듯, 도덕적 권리를 갖는 것은 그 대상에 대해 타당한 권리를 갖는 것이기도 하다. 파인버그 주장의 요소들을 모두 이해하기 위해 올가의 도덕적 권리에 관해 좀 더 이야기해보자. 가장 좋은 방법은 다른 주장을 거울삼아 올가의 주장을 비춰보는 방법이다.

올가는 이런 측면에서 자신의 믿음에 대한 권리가 있다. 그녀는 믿음을 옹호할 수 있지만 방법에는 제한이 있다. 자신의 믿음을 옹호할 권리가 있지만 이교도 박해, 전두엽 절제술, 최면 같은 방법을 동원해서는 안 된다. 자신의 믿음을 옹호하되 원인의 공간이 아닌 이성적 설득 같은 이유의 공간에 속하는 방식만을 이용해야 한다. 달리 말해 남들이 그녀가 믿음을 버리게 만들 때 이용할 수 있는 것과 마찬가지로 그녀 자신도 동일한 이성적 설득의 방식을 통해서만 자신의 믿음을 옹호할 수 있다는 뜻이다.

이 두 가지의 생각을 통합해보면, 믿음에 대한 도덕적 권리는 다음 결론으로 귀결된다.

(1) 타인은 당신의 믿음을 이유의 공간 외에 속하는 방법으로 빼앗아가지 않을 의무가 있다.

타인은 설득을 할 수는 있지만 무력을 사용할 수는 없다.

(2) 본인은 자신의 믿음을 공개적으로 옹호할 수 있지만 이유의 공간에 속하는 방법만 쓸 수 있다.

즉 설득을 할 수는 있지만 무력을 사용할 수는 없다. 믿음에 대한 도덕적 권리라는 생각은 이 두 주장의 결합이다.

이것이 왜 중요한지 궁금할 것이다. 그래서 이 문제의 의의를 짚어보면서 논문의 결론에 갈음하고자 한다.

4. 결론: 문제의 의의

결국 핵심은 우리가 살고 있는 사회와 그 구성원이다. 우리 사회는 여러 측면에서 계속 다양해지고 있지만 이 논의에서 가장 중요한 것은 이데올로기의 다양성이다. 이데올로기의 다양성은 지독한 압제 사회가 아닌 한 어느 사회나 추구하는 것이다. 따라서 대부분의 사회가 던져야 할 질문은 상충하는 다양한 믿음의 체계가 공존하는 사회 속에서 이데올로기의 다양성을 어떻게 다룰 것인가이다.

특정인의 믿음을 비판하는 것이 그 사람을 존중하지 않아서라고 믿는 경우가 많다. 나는 사실 그 반대라고 생각한다. 타인의 믿음이 잘못되었고 왜 그런지도 알면서 비판하지 않는 것이야말로 그 사람을 존중하지 않는 것이다. 왜냐하면 그 사람을 이유의 공간에 민감하고 그 속에 사는 이성적 존재, 즉 새로운 증거에 근거해 자신의 믿음을 수정할 능력이 있는 존재로서 존중하지 않는 것이기 때문이다.

서서히 퍼지고 있는 인종차별주의와 신념의 혼동은 매우 심각한 문제다. 인종차별주의는 인종이 그 사람의 도덕적 가치를 결정한다는 믿음이다. 근거도 없고 사회적 파장은 끔찍한 인종차별주의는 어리석고 혐오스러운 이데올로기다. 반면에 신념은 개인의 믿음에 대한 비판이지 최소한 믿는 사람 자체에 대한 직접적인 비판은 아니다. 비판의 대상이 되는 믿음을 가진 개인의 피부색이 다를 수 있지만 그것은 비판의 과정에서 우연히 발생하는 특징일 뿐이다. 피부색 때문에 비판을 하는 것이 아니라 (그러면 인종차별주의자가 된다) 믿음 자체를 비판하는 것이다. 그리고 피부색 때문에 비판을 하지 않는다 해도 역시 인종차별이다. 오직 내용 때문에 믿음을 비판해야지 피부색이나 그 밖의 관련 없는 특징 때문에 비판해서는 안 된다. 그리고 다양성이 존중받는 사회는 신념을 핵심 통치 가치에 포함시켜야 한다.

비판과 관용은 상충하는 개념이 아니다. 그렇게 생각하면 일종의 편견이 된다.[3] 타인의 믿음을 비판하는 것이 그 사람을 존중하지 않기 때문이라고 말하는 사람들이 있다. 나는 그 반대를 주장했다. 다양한 이데올로기가 공존하는 사회에서 믿음의 비판은 허용되어서는 안 된다고 가정한다면, 사회 구성원들이 이성적인 방법으로 자신의 믿음을 옹호할 능력이 없다고 폄하하는 것이다. 결과적

---

3   정확히 '편견'이라는 단어가 아버지의 논문에 등장하지는 않았고, 2000년 조지 W. 부시 전 미국 대통령의 대선 연설에 등장한 '약한 강도의 부드러운 편견'이라는 표현이 연상되는데 이 또한 시점이 맞지 않다. 당시 부시가 이 표현을 쓸 때 그의 관심은 이데올로기의 차이보다 경제적·사회적 약자들을 향해 있었다. 아버지의 명예를 실추시키기는 싫지만, 아버지가 부시의 말을 염두에 둔 것이 틀림없다.

으로 이유의 공간에 살지 않는다는 가정이다. 비판, 주장, 의견 차이, 반대는 다양한 문화와 이데올로기가 공존하는 사회의 핵심 가치가 되어야 한다.

참고 문헌

J. 파인버그(1970) 〈권리의 특징과 가치〉, J. 내버슨 편집, 《권리, 정의 및 자유의 경계: 사회철학 에세이》(프린스턴대학 출판부)

존 스튜어트 밀(1859) 《자유론》(롱맨, 로버츠 앤 그린)

W. 셀라스(1956) 〈경험론과 심리철학〉, H. 파이글과 M. 스크리븐 공동 편집, 《미네소타 과학철학 연구》 1권(미네소타대학 출판부)

니콜라이 β +?+ⓔ 그냥 농담이다. 하지만 누군가의 아버지가 이처럼 유치한 낙관주의에 지배되는 것을 보는 것은 놀라운 일이다. 아버지가 묘사하거나 가정하는 세상은 얼마나 아름다운가? 아마도 당시의 분위기 때문이었으리라. 당시는 프랜시스 후쿠야마 교수가 서구의 자유주의가 완벽한 형태의 정부로서 승리함으로써 이데올로기 대결의 역사가 끝났다고 주장했던 시대였다. 냉전은 종식되었고 베를린 장벽은 무너졌다. 이런 마당에 아버지든 후쿠야마 교수든 근거 없는 편견이라고 비난할 사람은 없을 것이다. 자식이 살아갈 시대는 매우 불친절하리란 것을 당시에 아버지가 어떻게 알 수 있겠는가?

●

아버지는 좀 더 신중해야 했다. 모든 증거가 반대로 나오는 판국에 왜 인간이 이성의 소리를 듣고, 이해하고, 그에 근거해 행동할 능력이 있는 합리적이고 자율적인 존재라고 생각하겠는가? 아버지가 이 믿음에 대해 근거 있는 권리가 없는 것은 확실하다. 아버지가 이 증거를 더 건설적으로 받아들였더라면 비판, 주장, 의견 차이, 반대는 역사의 쓰레기통에 버려지고 그 자리를 정중함, 예절, 조정과 규정 준수라는 현대의 후계자가 대신하는 것을 보았을 것이다. 내가 사는 세상에서는 '도덕적 비열'함과 '매너가 나쁜 것'은 완전히 다른 이야기다. 후자는 훨씬 더 중대하고 훨씬 더 용서할 수 없다. 비판이 믿음 자체가 아닌 사람에 대한 존중을 보여준다는 생각은 이미 오래전에 매장되었다.

이제 우리는 다른 무엇보다도 너무 흥미로운 것을 말하거나 생각하지 않도록 주의해야 한다. 아버지는 점점 더 유치해져가는 시대가 올 줄 몰랐을까? 오늘의 진실은 또 다른 상품이 되고 구매는 전적으로 개인의 결정이 될 줄을? 논리, 증거, 주장 따위는 상관없다. 이제는 남은 믿음도 없다. 아무도 순전히 무언가를 믿지는 않는다. 그저 '좋아할' 뿐이다. 가짜 정보로 가득한 이 세상을 뒤져 우리가 좋아하는 말을 해주는 사람을 찾는다. 이성과는 상관없이 원하는 답은 따로 있고 그 답을 말해주는 사람만을 원한다. 그리고 우리는 같은 말을 하는 곳만을 간다. 물론 아버지도 아셨다. 벌써 50년째 이 지경이니까.

●

그러나 아버지가 쓴 이 말에 모든 단서가 들어 있었다. 어머니의 절반의 라틴 혈통은 인간에게 배타적인 범주란 없으며 단지 다양한 중간 색상들이 있다는 것을 알려주었다. 이성적 자율은 우리가 가진 것은 아니지만, 운이 좋은 날에는 그 근처까지 접근하거나 시늉은 낼 수 있다. 그러나 운이 나쁜 날들이 너무나 많다. 전두엽 절제술과 세뇌의 차이는 얼마나 큰 걸까? TV나 컴퓨터 모니터 앞에서 진실을 팔기에 바쁜, 달리 말해 결정적인 '넛지nudge'(자연스러운 유도나 부드러운 개입을 뜻함-옮긴이)를 제공하기에 바쁜 신문, 잡지, 블로그, 채팅 포럼, 광고를 보며 평생을 보내는 것과 세뇌의 차이는 얼마나 될까? 이성적, 자율적인 주체와 세뇌된 자율 간에 차이가 없다고 주장하려는 게 아니다. 확실하게 구분이 되지 않는다고 해서 구분 자체가 없는 것은 아니다. 그러나 둘 사이에는 다양한 중간색들이 존재한다. 일관되게 이성적, 자율적인 주체는 순전히 계몽주의의 꿈이었고 꿈은 깨어나야 한다.

아버지가 묘사하는 세상은 감각이 중요해진 오늘날에는 너무 가혹하다. 개인의 믿음이 지속적으로 감시나 공격을 받을 수 있고 항상 자신의 믿음을 정교하게 다듬고 재구성할 준비를 해야 하며, 개념이나 근거에 기반을 두고 공격하는 타인에게 항상 응수하고 필요한 경우 반박할 준비가 되어 있어야 하며, 누군가가 자신의 최고 역량에 조금이라도 미치지 못하면 그의 가장 소중한 믿음이 취약해지는 것. 바로 이것이 여기에 묘사된 까다로운 세상의 모습이다. 이런 세상을 참아낼 사람은 이제 없다. 자유 민주주의의 광범위한 물질적 성공이 문을 열어 준 만족의 삶은 몸이든 마음이든 단 한 톨의 불편도 허용치 않는다. 그 결과는 니체가 '러시아식 운명론'이라고 했던 체념이었다. "러시아 병사들은 전투가 너무 고되자 체념하고 눈 속에 그냥 누워버렸다. 더 이상 아무것도 받아들이거나 시도하거나 흡수하지 않고 반응 자체를 모두 멈춘다." 이 병의 결과로 존중은 무기력한 후손인 정중함에 의해 대체되었다.

헤겔은 그의 대작《정신현상학》마지막 문장을 쓰면서 이 순간이 역사의 끝이라고 믿었다. 왜냐하면 역사는 우주가 인간 정신을 통해 스스로를 자각하는 과정이며 헤겔은 겸손하게도 이 과정이 그의 책에서 정점을 이룬다고 믿었기 때문이다. 나의 부끄러운 논문을 마무리하면서 내가 그런 거창한 야망을 가질 수는 없을 것이다. 믿거나 말거나 사실 나도 시도는 했다. 다만 성공하지 못했을 뿐이다. 내가 시도했다 하더라도 헤겔식의 마무리가 주는 만족감은 내 침대 옆의 작은 탁상시계가 약 5시간 후면 알려줄 내일부터 시작하는 기말고사에 밀려 멀어질 것이다.

제복도 미리 챙겨두었다. 청회색 슈트에 검은 신발과 양말, 흰 셔츠와 나비넥타이, 엉덩이를 덮는 기다란 검은색 코트와 검은색 사각모까지. 이것이 옥스퍼드의 제복이다. 이 갑갑한 복장이 옥스퍼드 대학생이 시험을 비롯한 공식 행사에 입는 '서브퍼스크subfusc'다. 3년 전 입학식에 나도 이 제복을 입고 참석했다. 식은 당연히 라턴어로 진행되었다. 그리고 매년 6월에는 기말고사를 위해 먼지를 털어낸다. 이제 이것도 마지막일 것이다.

누군가 문을 노크한다. "미시킨! 전화 받아." 데이브는 콘월 출신인데, 언제부턴가 캘리포니아 남부로 와전되었다. 공용 전화기를 들자 익숙한 목소리가 들려왔다.

"미시킨! 나야, 올가. 잘 지내지?"

"올가! 막 자기 생각을 했는데."

"오, 이거 영광인데? 그건 그렇고, 곧 졸업이지? 나 인도에 가는데, 같이 갈래?

로토파고스족
마약과 쾌락주의

삶을 예술과 같이 살라.

: 프리드리히 니체 《권력에의 의지》 :

"해시시(농축 대마초-옮긴이) 좀 살 거요?"

늘 듣는 소리였다. 잠무 카슈미르와 히마찰프라데시 사이 국경 지방의 무시할 수 없는 주요 경제 활동 중 하나가 외국인 여행객에게 해시시를 판매하는 것이다. 늘 듣는 그 소리에 특이한 점이 있다면, 이 말을 한 사람이 올가와 나를 강제로 초대한 시골 경찰서의 서장이라는 것이었다.

우리는 '달'이라는 지역의 호수에 있는 하우스보트를 2주간 빌릴 예정으로 버스를 타고 스리나가르로 가는 중이었다. 그런데 잠무카슈미르 경계에서 갑자기 버스가 멈췄다. 두 명의 현지 경찰이 올라타더니 버스에서 외국인들을 내리게 했는데 우리 둘밖에 없었다. 경찰차의 뒷좌석에 배낭을 깔고 앉아 몇 마일 떨어진, 흰 페인트의 경찰서 건물로 끌려갔다. 4개의 유치장이 있는 구역을 지나 경찰서 안으로 들어가 보니, 감방 하나에는 수감된 사람들이 바닥에 앉아 우리를 향해 애처로운 눈빛을 보내고 있었다. 우리가 안내된 작은 방에는 중앙에 테이블이 놓여 있고 그 건너편에 서장이 앉아 있었다. 유쾌하고 약간 살집이 있는 체격에 머리에는 포마드를 바르고 연필로 그린 듯 가느다란 콧수염이 있는 40대의 남자였다. 누가 봐도 위협적인 분위기는 전혀 없는 가운데 "어디에서 왔나요?", "어디로 가는 중이죠?"처럼 뻔한 질문과 답이 가볍게 오간 뒤, 전혀 예상치 못한 상황이 펼쳐졌다. 서장은 웃으며 따라오라고 손짓했다. 경찰서는 생각한 것보다 컸다. 마치 로마식 빌라처럼 중앙에 사각의 뜰이 있었는데 이곳은 다름 아닌 마리화나 밭이었다.

전반적으로 나는 서장과의 대화에서 몇 가지 원칙으로 대응했는데 그 방향은 하나였다. 나는 한 달 전 인도에 도착한 이래로 거의 매일 해시시를 피웠다.[1] 해시시는 나를 과대망상에 안절부절 못하게 만들었다. 머나먼 타국에서 버스에서 쫓겨나 경찰서까지 끌려가는데 마음이 편안할 리가 없다. 결정타는 내가 깔고 앉은 배낭 바닥에 주먹만 한 해시시 덩어리가 있다는 것이었다. 얼마 전까지만 해도 주먹보다 컸지만, 올가와 내가 지난 한 달간 야금야금 해치웠다.

---

[1]   위선적인 노인네!

나는 평정을 잃었다. '다 알고 있구나! 내가 해시시 하는 걸 다 아는 거야!' 내 머릿속에서 후렴구처럼 반복되면서 쩍쩍대던 작은 목소리가 경찰서로 가는 길에 내게 속삭였다. 그리고 유치장을 보자 더 이상 의심할 여지없이 확실해졌다. 영화〈미드나잇 익스프레스〉주인공이 내가 되는 순간이 다가온다. 그 유치장에 앉아 자신의 미래가 이렇게 될지도 모른 채 지나가는 관광객들을 향해 애처로운 눈길을 보내는 늙은 내 모습이 그려졌다. 그것은 그래도 잔인한 간수나 거대한 동료 죄수의 괴롭힘보다는 나은 시나리오였다.

해시시를 사겠냐는 서장의 말을 듣는 순간 내 긴장은 완전히 풀렸다. 그러나 아주 잠시 동안이지만 과대망상은 나를 순순히 놔주지 않았다. '이거 미끼 아닌가? 유치장에 갇혔는데 경찰 간부한테서 마약을 산다고? 미친 짓이지. 아마 마약 소지는 괜찮지만 구입하면 불법인 게 아닐까? 그런 곳도 있을 거야. 마리화나 밭의 유일한 목적이 그게 아닐까? 내가 거절하면 어떻게 되지? 서양 여행자들에게 해시시를 팔아 공무원의 박봉을 메울 짭짤한 부수입을 얻을 기회를 놓친데 화가 난 서장이 내 가방이라도 뒤지면?' 온갖 고초를 다 겪고 불법 소지죄로 투옥되어〈미드나잇 익스프레스〉꼴이 되고야 말 것이다.

삼척동자도 알 일이었다. 내 배낭 속의 물건을 생각할 때 선택은 단 하나였다. 그래, 산다고 하자. 우선 사고 희망을 걸어보자. 그러나 어깨에 딱 달라붙은 과대망상 녀석은 내 머릿속을 조종해 뒤

틀린 대안을 호기롭게 선택하도록 만든다. 다행히 과대망상의 손은 배꼽 근처까지는 닿지 않았고 몇 번의 끔찍한 망설임의 순간을 지나 서장의 제안을 정중하게 받아들이기로 했다. 놀랍게도 서장은 나를 유치장에 처넣지도 않았고 해시시를 떼먹지도 않았다. 나는 합리적인 시장가에 해시시 한 덩이를 더 구입했다. 결국 서장은 좋은 사람으로 드러났다. 그게 전부였다.

배낭은 좀 더 무거워졌고 마음은 좀 더 가벼워졌다. 버스에서 우리를 끌어내렸던 두 경찰관이 이제는 근처 마을에 우리를 데려다주면서 저녁에 버스가 올 거라고 했다.

올가가 내게 인도에 함께 가자고 했을 때, 나는 우연히 내가 만져본 적도 없는 큰돈을 손에 얻게 되었다. 운이 좋아서였는지 나이 많은 고모님이 돌아가시면서 내게 유산을 남겼기 때문이다. 희미한 내 어렸을 적 기억을 더듬어 볼 때, 친절하게도 내게 남겨주신 거금으로 인도에 가서 내 몸무게만큼의 해시시를 피워대는 것보다는 더 '가치 있는' 일에 쓰기를 원하셨을 것이다. 고모가 옳았을지 모른다. 내 유산을 탕진한 방식에는 특히 평범한 것을 포함해 많은 의문점이 있었다.

기억도 희미한 고모의 유산 덕분에 재정 상태가 격상되면서 나도 잠시나마 껴본 중산층 젊은이들 사이에서는 '인도에서 해시시를 하며 나 자신을 발견하기'가 유행이었다. 젊은 시절의 나를 변호해보자면, 나는 인도에 섹스를 하러 갔고 옥스퍼드에서 공부하던 지난 2년간 계속 사랑했던 여인을 따라 간 것이었다. 마약은 언제든 할 수도 끊을 수도 있는 것이었다. 거부감은 없어서 가끔은 탐닉하기도 했지만 안 하면 괴롭지는 않았다. 특히 해시시는 내게 큰 영향이 없었다. 질이 좋은 해시시는 효과가 있는 듯했지만 사실 복불복이었다. 하지만 올가를 포함해 많은 사람들이 해시시의 품질과 중요성을 과대평가하는 경향이 있었다.

평범함의 문제를 한쪽으로 밀어놓고 유산 사용 방법에 대한 나의 선택을 비난할 다른 이유가 있는가? 어떤 사람들은 마약은 어떤 상황에서도 해서는 안 되는 악한 것이라고 생각한다. 아마 고모도 그랬을 것이다. 물론 말년에는 분명히 누그러지기는 했지만(그것도 놀랍도록!) 고모가 젊었을 때 술은 입에도 대지 않겠다는 맹세를 했다고 들었다. 보통 마약이 나쁘다고 생각하는 사람들은 '마약'에 대한 특정한 관념을 가지고 있는 것 같다. 그들의 주장은 비트겐슈타인의 말처럼 사례의 편식에 의해 형성된 것이다. 크리스천사이언스와 같은 이단 종파를 믿지 않는 한, 치료용 약물까지 포함하지는 않을 것이다. 보통은 치료용이 아닌 쾌락을 위해 사용되는 합법적인 마약인 술, 비아그라 등도 포함되지 않는다. 그들의 관점은 쾌락을 위해 사용되는 모든 불법 마약을 포함한다. 나는 이것들을 '마약'으로 통칭하지만 불법 및 쾌락을 위한 약물로 보면 될 것이다.

노동 이외의 모든 것을 옳지 않은 것으로 보는 가장 케케묵은 개신교가 아닌 이상, 쾌락 추구 자체를 도덕적으로 비난할 수는 없다. 그러나 불법적이라고 해서 그 자체로 도덕적으로 옳지 않은 것도 아니다. 도덕성과 합법성 사이의 연관 관계는 종종 빈약하고 불편하다. 부도덕한 많은 일들이 완벽히 합법적이다. 법은 도덕성의 많은 부분을 사적인 영역으로 이관한다. 반대로 많은 사회에는 명백히 부도덕한 법이 있을 수 있다. 따라서 범죄 행위와 도덕성의 문제는 분리해서 평가해야 한다.

강제성이 없는 법은 법이 아니다. 약물 관련법을 시행하는 가장 분명한 방법은 기소하는 것이다. 마약을 불법화해야 한다는 주장에 따르면, 마약의 사용(사실 현행범으로 잡히지 않는 한 규명하기가 어렵겠지만) 또는 소지를 형사 처분으로 다루어야 한다.

마약 논쟁의 기본 가정은 현재로서는 범죄화 대상이기 때문에 비범죄화하려면 확실한 증거가 필요하다. 논리적 타당성을 입증하지 못하면 마약을 범죄로 보는 사람들을 반박할 수 없다. 논쟁은 어디에서든 일단 시작해야 하고, 현재의 위치는 그렇게 비합리적인 시작점 같지는 않다. 그러나 다른 관점에서는 이처럼 증거 요구에 너무 엄격한 것은 좀 지나치다. 일반적으로 범죄화는 최후의 수단이 되어야 한다. 따라서 엄격한 증거는 범죄화를 주장하는 측이 제시해야 한다. 그 이유는 모든 자유 사회의 기본 개념에 있다. 밀은 "어느 문명사회나 그 구성원의 의지에 반하는 힘을 정당하게

가하는 것은 다른 구성원에게 해를 가하지 못하도록 막는 목적에서만 허용된다"고 했다.[2]

　마약 사용자들은 자신을 해치는 경우가 많다. '해'의 정도는 선택하는 마약의 종류에 따라 다르기 때문에 일반화하기는 어렵다. 그러나 쾌락을 위해 불법 마약을 사용하면 장기 손상, 사망 등 여러 문제가 일어나며, 인생이 영원히 꼬여버릴 수 있다. 하지만 밀의 주장대로라면 마약의 범죄화에 대해서는 논리가 성립되지 않는다. 중독자들은 쌍수를 들어 이 주장을 환영하겠지만, 그들의 즐거운 놀이를 처벌하려는 사람들은 그렇지 않을 것이다. 범죄화가 적법한 선택이 되려면 피해가 타인에게 가해져야 하며 자기 자신에게만 국한되어서는 안 된다. 그리고 이 피해는 상상 속 피해의 그림자, 즉 피해의 가능성 이상이라야 한다. 어떤 활동이나 누군가에게 피해를 줄 가능성은 있다. 피해의 가능성만으로 범죄화가 정당화되는 행위는 마약 외에는 없다. 확실하지는 않더라도 일어날 것이 예상되는 수준이라야 범죄화가 성립한다.

　물론 살인, 세력 다툼, 밀수, 폭력, 무고한 구경꾼들이 입는 피해 등 불법 마약 산업이 사람들에게 미치는 악영향은 어마어마하다. 이러한 악영향은 마약 산업이 불법이기 때문에 발생한다. 제약

2　존 스튜어트 밀 《자유론》 | John Stuart Mill, *On Liberty*, 1859.

회사에서 마약을 생산하고 정부 기관의 규제하에 합법화한다면, 관련 폭력은 사라질 것이다. 물론 저가형을 생산하고 판매하는 불법 업자는 있을지 모른다. 그러나 이들은 밀주업자처럼 예외적인 경우다. 그렇다고 마약의 불법성에 수반하는 폭력과 악영향을 합법화에 반대하는 근거로 들 수는 없다. 그것은 논점을 회피하는 것이다.[3]

이보다 더욱 설득력 있는 주장은 비사용자들이 대부분 부담하는 마약 중독자 치료비라는 재무적 측면에 초점을 맞춘다. 여기에는 마약 사용자의 가족과 친구의 감정적 비용도 포함될 수 있다. 또한 마약의 비범죄화는 다수의 사람들이 타인에게 재무적 또는 감정적 비용을 부담시킨다는 논쟁을 불러일으킨다. 따라서 타인에 대한 피해가 일어날 것으로 예상된다는 조건이 충족된다. 비범죄화는 사용자는 물론 타인에게도 피해를 줄 것이 예상된다.

이 주장은 마약의 범죄화가 효과적인 제지 수단이었다면 성립할 것이다. 그러나 현재까지 이를 뒷받침하는 증거는 없다. 미국에서는 불법 마약을 평생 한 번 이상 써본 사람들의 수는 거의 1억 명에 가깝고, 직전 12개월 동안 사용한 경험이 있는 사람들도 약 1,500만 명에 달했다. 범죄화 조치로 제지하지 못한 사람들의 수가 바로 그 1억 명이다. 그들의 대다수는 중독자가 되지 않는다. 술

3 　논점을 회피하는 것의 기술적 정의는 4장의 각주 7을 참조하라.

을 마시는 사람들의 대다수가 알코올 중독자가 되지 않는 것과 마찬가지다. 그럼에도 불구하고 사람들은 비범죄화를 하면 2억 명 이상이 마약을 시도할 거라 주장한다. 그러나 이 주장은 근거가 희박하다. 유럽에서는 마약 소지자가 현행범으로 붙잡혀도 형사 처분으로 이어지는 경우는 매우 드물지만 미국보다 마약 사용이 실제로 더 낮다. 게다가 수많은 조사 결과들도 마찬가지의 결론을 내놓고 있다. 일단 마약을 시작할 때 체포나 기소될 가능성은 거의 고려되지 못한다. 마약을 끊는 계기도 체포나 기소에 대한 두려움이 아니라, 구직 또는 가족 구성원의 변화 등 새로운 책임에 대한 걱정이다.

마약의 범죄화가 마약 사용에 대한 직접적인 저지력은 없어도 가격 인상 요인을 제공해 간접적인 억제 역할을 한다는 주장도 있다. 마약 독점상이 비행기, 잠수함을 구입하고 공무원을 매수하는 등의 비용은 고스란히 소비자의 부담이 된다. 이 주장은 설득력이 없다. 만약 제약 회사에서 만든 합법적인 마약이라면 정부에서 세금을 부과할 것이며(헤로인을 처음 판매하고 LSD를 처음 개발한 것도 제약 회사다), 그 액수는 마약 구매를 억제할 수준으로 책정될 것이다.

어떤 활동의 범죄화는 최후의 수단이며 그 활동이 전혀 무관한 타인에게 심각한 피해를 줄 것이 예상되는 경우에 국한해야 한다. 쾌락을 위한 불법 마약은 이 조건에 부합하지 않는다. 주된 피해라고 해봤자 자기 자신에 대한 것이고 범죄화한다고 해서 타인에 대한 피해가 줄어든다는 증거도 없다. 따라서 비범죄화 옹호론

은 강력하다.[4]

마약 사용의 합법성과 도덕성은 별개의 문제다. 마약을 사용해서는 안 된다는 주장은 애매하다. 도덕성의 문제 또는 신중함의 문제일 수도 있다. 신중함의 관점에서는 최소한 조금의 마약이라도 왜 사용해서는 안 되는지에 대해 분명한 이유가 있다. 지금까지 설명한 것처럼 마약은 사람을 심각하게 망쳐놓을 수 있기 때문이다. 신중하게 말하자면 나는 실제로 마약을 매우 반대하는 입장이다. 마리화나의 완벽한 안전성에 대한 주장도 많지만, 마리화나를 장기간 사용한 결과 이 주장을 의심하게 된 사람들을 충분히 많이 알고 있다. 그러나 신중함의 관점에서 마약 사용을 금지한다면 이것은 마약 설계의 문제로 귀결될 것이다. 흔한 부작용이 거의 없는 새로운 마약이 개발되었다고 가정해보자. 중독성이 없고, 건강에 유해하지도 않다. 직장 생활에도 전혀 지장을 주지 않고, 숙취도 없다.

---

[4]　이 장은 더글러스 후삭의 《합법화하라! *Legalize This*》(Verso, 2002)에서 많은 부분 영향을 받았다. 20세기 초반, 전 세계적인 마약 합법화와 비범죄화 추세를 볼 때 마리화나 사용에 대해 아버지가 이렇게까지 걱정한 것은 다소 별나고 모순적이다. 마리화나에 관한 한, 합법화 옹호론자들은 반대론자들에게 완승을 거두었다. 이 움직임을 주도한 것이 노년층이라는 것도 모순적이다. 거의 평생 해시시를 피운 사람이 은퇴자 협회의 가입 축하 편지를 받는다고 하루아침에 반대론자가 되지 않는다는 뜻이다. 그러나 더 흥미로운 것은 아버지가 책의 다른 부분에서는 이 일을 전혀 언급하지 않는다는 것이다. 모든 면에서 아버지는 시점의 문제를 전혀 모르는 것 같다. 아버지의 글에서 이 증상은 점점 더 심해지고 있다. 아버지는 생애의 특정한 기간에 대해 쓰고 있기 때문에, 당시 가능했던 주장과 증거에만 근거할 수 있다. 그러나 범죄화에 대한 찬반 주장은 이런 방식에만 국한되는 것은 아니다. 시점의 문제가 분명히 있다. 글을 쓰는 시점의 사실들이 글의 내용 속에 계속 겹치고 있다.

다만 강렬한 쾌락의 기분을 줄 뿐이다. 그렇다면 신중함의 측면에서 마약 사용을 금지하는 주장은 설득력을 잃게 된다.

그럼에도 불구하고 마약과 도덕성의 문제는 중요하다. 마약을 복용하면 도덕적으로 잘못된 행동을 하게 될까? 인간의 최고선은 행복이라는 쾌락주의에 따르면 그렇지 않다. 오히려 매우 도덕적으로 옳은 행동을 하게 될 것이다. 쾌락주의의 논리적 근거는 이해하기 쉽다. 돈으로 행복을 살 수 있다고 생각하기 때문에 돈을 원할 수 있다. 행복하려면 우선 건강해야 하니 건강을 원할 수 있다. 다른 이유로 행복을 원하지 않으며, 그저 행복하기 위해 행복을 원한다. 목적을 위한 수단으로서 무언가를 원하고, 그렇게 달성된 목적은 또 다른 수단이 되는 쳇바퀴의 최종 목적은 행복이다. 따라서 대부분 사람들은 행복은 본질적으로 가치 있는 것, 즉 수단이 아닌 그 자체로 가치 있는 것이라고 믿는다. 그래서 행복은 인간이 얻으려고 애쓸 수 있는 가장 중요한 것이다.

그렇다면 행복이란 무엇인가? 정의를 내리기란 쉽지 않다. 쾌락주의는 에피쿠로스학파를 필두로 한 다양한 그리스 철학의 학파에서 시작되었다. 그러나 고대에서 행복의 개념은 지금과는 사뭇 달랐다. 그리스어에서 행복은 'eudaimonia 유다이모니아'로 '좋은 귀신이 들린'이라는 뜻이다. 유다이모니아는 좋은 기분과는 거의 상관이 없었고 도덕, 지성, 아름다움, 운동 등 특정한 종류의 탁월함과 훨씬 더 큰 관련이 있었다. 오늘날 우리가 생각하는 행복과는 전혀 다르며, 쾌락주의를 창시한 고대인들은 쾌락을 언급조차 하지 않았다.

오늘날 우리는 행복을 쾌락과 비슷하지만 딱 꼬집어 말하기는 어려운 '심오하고 의미 있는' 감정으로 본다. 이러한 현대의 쾌락주의적 행복 개념이 역사에 등장한 것은 불과 300여 년 전이다.

쾌락주의적 관점에서는 행복과 쾌락의 분명한 차이를 지적하기가 어렵다. 올가와 내가 인도에서 경험한 쾌락의 즐거운 발작[5]은 일반적으로 행복의 수준까지는 미치지 못한다. 이것이 정당화될지는 모르겠다. 만약 행복이라는 장교의 지위가 아닌 쾌락이라는 일개 병사의 수준으로 감정을 강등시킨다면, 오래 지속되는 오르가슴이나 단 한 번의 사용으로 평생 지속되는 쾌락을 주는 새롭고 놀라운 마약을 쉽게 떠올릴 것이다. 아니면 행복이 쾌락이라고 주장하는 사람은 행복은 오직 순간 속에 있다고 고집할 수 있다. 행복은 항상 즐거운 발작이거나 순간적인 분출이라고.

쾌락주의적 관점의 행복이 18세기의 공리주의 움직임과 함께 태동할 때 일반적인 합의는 행복이 일종의 쾌락이라는 것이었다. 옹호론자들은 즉시 선택을 해야 했다. 어떤 쾌락이든 다 되는가? 공리주의의 아버지 제러미 벤담은 '그렇다'라고 답했다. 쾌락은 쾌락이다. 종류가 무엇인지, 어디서 생기는지는 중요하지 않다. 그러나

---

5   머릿속에 표백제를 들이부어서라도 내 기억에서 지우고픈 이미지다.

제자인 밀의 생각은 달랐다. 쾌락은 형태가 다를 수 있고 그중 일부만이 행복이 될 자격이 있다고 주장했다. "배부른 돼지보다는 배고픈 인간이 낫고, 만족한 바보보다는 불만족스러운 소크라테스가 낫다. 그리고 그 바보나 돼지는 의견이 다를 수도 있는데 그건 그들이 질문을 자신의 관점에서만 보기 때문이다."[6] 물론 이것은 몇 가지 문제를 야기한다. '왜 밀이 돼지가 되는 기분이 어떤 것인지 안다고 가정하는 것일까?' 또는 '왜 밀이 소크라테스가 되는 기분이 어떤 것인지 안다고 가정하는 것일까?'

올가와 내 경우 위험은 높았다. 그리고 나는 그 서투른 말장난이 다소 의도한 것이라고 생각한다. 만약 벤담의 주장이 옳고 쾌락이 질과 상관없이 모두 행복이라면 우리는 여행 중에 보낸 몇 개월의 시간 동안 부정할 수 없이 행복했다. 만약 행복이 최고선이라면 덧없는 쾌락 발작에서 우리는 스물한 살, 스물두 살의 나이에 모든 합당한 정의에 따른 인생의 의미인 최고선을 이미 얻었던 것이다.

불행하게도 밀은 우리의 쾌락주의적 여행에 대해 다소 부정적인 입장을 취했을 것이다. 마약에 취해 만족한 히피나 테스토스테론이 솟구쳐서 일시적으로 만족한 원숭이보다 불만족스러운 소크

---

6   존 스튜어트 밀 《공리주의》 | John Stuart Mill, *Utilitarianism*, 1863, p. 260.

라테스가 낫다는 것이다. 그리고 만약 그 히피나 원숭이가 의견이 다르다면, 결과는 뻔하다. 쾌락은 높낮이가 다른 다양한 형태로 온다. 쇼팽의 녹턴을 듣거나 소포클레스의 비극을 읽어서 얻는 쾌락은 더 높다. 섹스나 해시시를 통해 얻는 쾌락은 낮다. 포괄적으로 말해 정신적 쾌락은 수준이 높고 육체적 쾌락은 수준이 낮다. 밀이 어떤 관념을 가지고 있는지 또 왜 그런 관념을 가지게 되었는지 추론하기는 쉽다. 예를 들어 깨어 있는 시간 중 많은 부분을 자위를 하며 보내는 사람이 최고선을 얻었다고 말하지는 않을 것이다.

그럼에도 불구하고 밀의 관점은 표리부동한 것 같다. 사실상 밀은 행복이 절대 선이라는 생각을 암묵적으로 부정하고 있다. 내가 여행 중에 자세히 읽었으며 옥스퍼드에서는 절대 읽도록 허용하지 않을 유럽의 헛소리를 집대성한 마르틴 하이데거의《존재와 시간》, 사르트르의《존재와 무》, 에드문트 후설의《순수현상학과 현상학적 철학의 이념들(1권)》을 통해 설명할 수 있다. 이 책들을 들고 온 인도를 돌아다녔는데 얼마나 무거운지 입이 딱 벌어질 지경이었다. 특히 후설의 책은 장난이 아니었다. 사실 잘 이해되지는 않는다. 사용하는 언어가 낯설고 논증 과정 자체도 내가 학위를 취득한 곳에서는 인정하지 않을 방식이었다. 그러나 나는 핵심을 파악했고 마리화나 물담배를 피울 때마다 올가에게 일장연설을 늘어놓곤 했다. 여기서 큰 쾌락을 얻었음을 나는 인정해야겠다. 그렇다면 올가는? 그건 확실치는 않지만 못 하게 막지는 않았다는 정도만 말해둔다.

약에 취하는 것은 자위와는 다르다. 매우 지적인 활동은 아니지만 취하는 사람 입장에서는 그렇게 볼 수도 있다. 바로 이것이 밀이 당면한 딜레마다. 사실 이 책들을 나는 전혀 이해하지 못했음을 뒤늦게 깨달았다. 해시시를 하고 생각을 하면 즐거웠지만 지적 능력은 없었다. 지적 능력의 적절한 기준을 충족하지 못했기 때문에 지적 쾌락이 아니었다. 지적 활동처럼 보이는 것들이 모두 지적 활동은 아니다. 약에 취해본 사람들은 누구나 알고 최소한 냉철하게 생각한다. 따라서 수준 높은 쾌락처럼 보이는 일들이 다 그런 것은 아니다.

사실 나는 만족한 바보였지, 소크라테스라고 생각한 바보가 아니었다. 벤담에게는 높든 낮든 쾌락은 다 같은 쾌락이므로, 그는 약에 취했든 《존재와 시간》을 완벽히 이해했든 개의치 않을 것이다. 그러나 밀은 달랐을 것이다. 그래서 비록 수준 높은 형태일지라도 쾌락이 최고선이 될 수 있다는 밀의 주장이 일관될 수 없는 것이다. 그 이유를 살펴보기 위해 자기를 소크라테스라고 생각한 바보와 진짜 소크라테스, 최소한 진짜 소크라테스 버전과 비교해보자. 이 버전은 진실, 정의, 지식, 현실 등의 난제에 대해 결점을 찾기 어렵고 모든 현실적인 탁월성의 수준을 확실히 충족하는 완전무결한 추론을 했던 이상하리 만큼 냉정한 버전의 소크라테스다. 그러나 이 소크라테스는 여기서 아무 쾌락도 얻지 못한다. 대신 자신의 지식의 한계를 너무나 잘 알고 있기에 생각을 깊이 할수록 쾌락보다 불만족을 얻을 뿐이다. 어떤 것이 더 나은가? 불만족한 소크라테스인가 만족한 바보인가? 익히 예상할 수 있듯이 밀은 전자를 선택할 것이다.

그럼 아무리 수준 높은 쾌락이더라도 그 자체가 최고선이라는 생각 자체를 버려야 한다. 밀에게는 탁월성의 기준이 가장 중요했다. 밀의 공리주의에서 핵심은 바로 이것이다. 쾌락은 사족에 불과하다. 불만족스러운 소크라테스가 만족한 바보보다 낫다는 말은 항상 기분 좋은 쾌락보다 수준 높은 쾌락을 만드는 탁월성의 기준을 선택하겠다는 뜻이다. 기분 좋은 느낌 자체는 결코 최고선이 될 수 없다. 그 공은 이 느낌이 따라야 하는 탁월성의 기준에게 돌려야 한다.

밀의 관점은 사실, 적어도 최소한 현대적 의미에서의 쾌락주의가 아니다. 쾌락주의의 탈을 쓴 다른 것이다. 밀이 쾌락의 수준을 구분하는 것은 불필요하게 논점을 흐린다. 쾌락주의자는 행복이 쾌락이라고 믿으며, 쾌락은 그냥 쾌락이다.

혼란을 주는 밀의 주장을 일단 없애버리면 어떤 쾌락이든 삶의 최고선이 될 수 있다는 벤담의 생각이 얼마나 실현 가능성이 없는지 단박에 드러난다. 올가와 내가 잠시 즐기는 쾌락의 순간을 불쾌하게 여기려면 고의적으로 괴팍해야 한다. 그러나 순간적인 쾌락과 지배적인 쾌락은 다르다. 그 쾌락이 평생 지속된다고 생각해보자. 우리는 아마 인도를 떠나지 않고 평생을 히말라야 산맥에 살면서 계속 섹스를 하고 해시시를 피우며 여생을 보냈을 것이다.

그리스 신화에 '연꽃의 열매를 먹는 사람들'이라는 뜻의 로토파고스Lotophagos 부족이 나온다. 아프리카 북쪽 연안의 섬에 사는 부족이 부족은 강력한 환각 효과가 있는 연꽃의 열매를 주식으로 삼기에 생애 대부분을 축복받은 반의식 상태로 보내고 있었다. 만약 쾌락주의가 옳고 행복은 그저 쾌락일 뿐이라면 로토파고스족이야말로 인간 존재의 가장 높고 가장 이상적인 형태가 아닐 수 없다. 그러나 오디세우스는 그렇지 않았다. 그는 우연히 도착한 이 땅에서 떠나지 않으려는 부하들을 강제로 끌고 나왔다. 오디세우스가 인간의 선이라는 질문에 대해 벤담의 의견에 동의하지 않으리란 것을 여실히 보여주는 대목이었다.

나는 오디세우스의 편을 들 것이다. 고통 아니면 쾌락을 느끼는 단 두 가지밖에 허락되지 않은 생명체를 상상해보라. 할 수 있는 일은 그 두 가지 뿐이며, 움직일 수도, 볼 수도, 생각할 수도 없다. 이 생명체의 행복을 향상시키기 위해 할 수 있는 일은 고통은 최소화하고 쾌락은 최대화할 수 있는 곳에 데려다놓는 것뿐이다. 우리의 상상 속 생명체가 될 수 있는 최고의 상태는 아이들의 입장에서는 삶의 비참한 낭비다. 왜냐하면 아이는 그 생명체보다 훨씬 더 많은 것을 할 수 있기 때문이다. 걷고 달리고 생각하고 추론하고 말하고 글 쓰고 주장하고 공감하고 동정하고 놀고 그림을 그리고 사랑하고 등등.[7] 그 아이의 고통과 쾌락의 상대적인 크기에만 집중한다면 아이가 가진 모든 실제적·잠재적 능력과 역량을 계발하지 않게 된다. 그 결과로 나타나는 삶은 엉터리다.

올가와 내가 로토파고스족이 된다면 우리 삶도 마찬가지였을 것이다. 해시시는 우리를 망쳐놓았을 것이다. 해시시가 해가 없다고 해도, 이런 식으로 사는 삶은 인간의 최선의 삶과는 매우 거리가 있다. 《존재와 시간》《존재와 무》《순수현상학과 현상학적 철학의 이념들(1권)》과 주먹 크기의 해시시 덩이로 꽉 찬 배낭 속에는 훨씬 작은 책이기는 하지만 니체의 《비극의 탄생》도 있었다. 이 책을 이해하지 못하기는 마찬가지였다. 니체는 "세계와 실존은 오직 미적 현상으로서만 영원히 정당화된다"고 했는데, 나는 아직 더 살아보지 못했기 때문에 이 말을 이해하지 못했다. 삶을 총체적으로 보기 위한 필수 요건 중 가장 어려운 것은 머릿속으로 가능성을 그려보는 것이 아니라 삶을 끝까지 다 경험해보고 한 점 의심 없이 이해하는 것이다. 삶에서 꿈꿔보지 못했던 높은 수준까지 올랐다가 깊이를 알 수 없는 나락으로 곤두박질치는 것. 니체의 생전에는 출간된 적이 없었던 메모 중에 "삶을 예술과 같이 살아라"는 말이 있다. 위

---

7   이 주장의 많은 부분은 《정의의 한계: 장애, 국적, 종을 중심으로 Frontiers of Justice: Disability, Nationality, Species Membership》(Belknap Press, 2006)를 비롯한 마사 누스바움의 저술을 참고한 것 같다.

대한 예술이란 모름지기 허용이 아닌 절제이며, 체념이 아닌 균형이다. 아름다운 삶은 움직이고 영감을 주며 역동적이고 다채롭다. 긴장, 갈등, 위기, 용기가 있고 해결책도 있다. 인생에는 승리와 패배, 성취와 고난이 공존한다. 최선의 삶은 잊을 수 없는 삶이다. 추한 삶은 서투르고 영감을 주지 않으며 쉽게 잊히는 삶이다. 로토파고스족의 비극은 그것이 근본적으로 추한 삶이라는 것이다.

부자

부의 분배

악이 마을 가득 빠르게 퍼진다.
부가 쌓일수록 사람은 피폐한 법.
: 올리버 골드스미스 《황폐한 마을》 :

나는 마술사다. 미래의 특정 시점에 특정 가격으로 상품 C를 사기로 합의한다. 계약 상대방은 이 상품을 해당 날짜에 해당 가격으로 제공해야 한다. 그러나 양 당사자 간에는 어떤 상품도 이동하지 않는다. 만약 상품의 이동이 있다면, 최소한 둘 중 하나는 심각하게 계산을 잘못한 것이다. 나는 애초에 그 상품을 원한 적이 없다. 상대방 역시 구입 당시 그렇지 않았다. 나는 미래에 상품 가격을 완불하기 전에 (물론 이익도 남기면서) 다른 사람에게 팔 것이다. 그들도 그 상품을 원치 않기 때문에 나와 똑같이 할 것이다. 이런 식으로 계속 반복되면 판매도 구매도 이루어지지 않는다. 그리고 모든 사람이 돈을 번다.

때는 초저녁이고 나는 사교 모임 '블랙스클럽'에 와 있다. '우리 클럽', 이 말은 내 머릿속에서 여전히 낯설지만 그래서 자꾸 더 말하고 싶다. ("우리 클럽에 와볼래?" 내 입은 근질대는데 말할 기회가 아직 오지 않았다.) 요즘에는 클럽 하나쯤 속하지 않은 사람이 없다. 런던에 오자마자 그렇게 들었다. 그리고 며칠간 웨스트엔드의 바를 전전해본 결과 그 말은 진실로 드러났다. 시크하다고 하기에는 좀 초라하지만 그래도 고전미가 남아 있어 나쁘지만은 않았다. 언론 계통이거나 좌파 성향의 기자라면 블랙스야말로 최고의 클럽이다. 그러나 주니어 파생상품 트레이더인 나로서는 좀 특이한 선택이었다. 보통은 옥스퍼드앤캠브리지클럽의 놀랍도록 합리적인 회비를 선택하겠지만, 솔직히 너무 고리타분해서 싫었다. 시티오브런던클럽은 회비는 비싸지만 재무적 이유보다 실존적 이유에서 거절했다. 세계 최고의 작가와 시인들을 한 방에 가둬놓고 작품을 내놓기 전까지 한 발짝도 나오지 못하게 해서 그들의 작품을 모두 합쳐도 내가 내 직업을 얼마나 싫어하는지 담아내지는 못할 것이다.

　나의 일과는 새벽 5시 기상으로 시작된다. 집 건물에는 헬스클럽이 있고, 나는 거의 매일 아침 그곳에서 간단히 운동하기를 좋아한다. 사무실에 도착하는 시간은 아침 7시. 5개의 모니터를 켜고 10개가 넘는 프로그램에 접속한다. 내가 거래하는 상품과 관련 시장에 대한 최신 데이터는 즉시 자동으로 들어오도록 해두었다. 모든 관련 거래에 대한 연결이 잘 작동하는지 점검한다. 헤지 한도를 산출하고 주문을 입력한다. 이 모든 작업이 오전 8시 45분이면 끝난다. 장은 오전 9시에 개장하고 그날 가장 수익률이 높은 거래는 9시 1분이면 마감된다. 9시 2분부터는 마우스를 클릭하고 코드 업데이트를 하며 시간을 보낸다. 점심…… 따위는 없다. 휴식? 당연히 없다. 그런 호사를 누리고 오면 1억 달러 구멍이 나 있을지 모른다. 점심은 전적으로 우뇌가 담당하는 일이다. 왼손에 컵 수프 한 잔, 오른손에는 마우스를 쥐고 때우는 것이 내 점심이다. 보통 퇴근은 저녁 7시. 스트레스가 많을 것 같은가? 스트레스가 없는 사람도 있고 많은 사람도 있는데, 불행히 나는 후자다. 너무 편안하게 하루 일과를 보내는 동료들도 있다. 만약 이것이 연극이라면 나는 형편없는 배우다. 또한 그것이 습득하는 기술이라면 나는 아직 덜 배웠다. 내가 다룰 수 있는 변수들은 분명한 알고리듬으로 처리하면 된다. 나는 기초상품의 가격을 정하고, 행사가격, 계약기간, 시장이자율, 대주비용과 예상수익을 산출한다. 여기서 피를 말리는 것은 변동성이다. 그러나 그 때문에 내가 오늘날 이 자리에 와 있는 것이다. 사람들은 우리를 '변동성' 트레이더라고도 한다. 기계적인 알고리듬은 훈련을 받으면 원숭이도 할 수 있는 일이다. 변동성이야말로 모든 활동의 중심이다. 스프레드를 최대한 크게 하고 싶지만 폭을 너무 넓게 호가하면 가격경쟁력이 떨어져 아무도 거래하지 않고, 너무 좁게 호가하면 원하지 않는 방향으로 시장이 쏠릴 경우 손실을 볼 것이다. 위험대비수익률을 극대화하기 위해서는 정확한 판단이 필요하다. 최소한 그들은 이것을 판단이라고 부른다. 나는 이것을 용납

할 수 없는 괴물 같은 위험이라고 생각하지만 말이다. 스트레스가 말도 못하게 커서, 스물 두 살의 나는 위궤양을 얻었다.

정말 잠깐만이라고 나는 나 자신을 반복해서 타일렀다. 2년만, 최대 2년만이다. 바짝 일하고 한몫 건지고 나가는 거다. 나는 잘못된 확신에 근거한 인생을 그려보기를 좋아한다. 감옥에서 한 2년 썩고 죽도록 고생한 다음 엄청난 돈을 챙긴다. 블랙스는 당시 현업에서 손을 뗄 때까지 참석하려던 클럽이다. 한 번 가 보고는 시티오브런던클럽으로 가서 또 이 짓을 할 수는 없으리란 것을 알았다. 내 경력에 도움이 되는 것은 말할 것도 없고, 동료들이 내가 사회성이 부족해서 가입되지 않을 거라 생각하리란 것도 알았다. 하지만 나는 내 직업을 경력으로 여기지 않았다. 블랙스는 마치 G8을 연상시키는 지도자급이 모인 시티오브런던에 대한 반발심으로 가입한 클럽이었다. 첫 번째 이유는 그랬고, 두 번째 이유는 원래 소호클럽에 들어가려고 했는데 도시 출신이라 거절당했기 때문이다.

예상치 못했던 보너스도 있었다. 블랙스 회원들은 내가 누구인지, 뭘 하는 사람인지 몰랐다. 그래서 재미있는 이야기를 많이 엿들을 수 있었다. 내 직업에 대한 성토였고 더 나아가서는 그 업에 종사하는 나에 대한 성토이기도 했다. 위험을 무릅쓰고 거래하는 무책임한 은행가들을 규제하고 잡아 가둬야 한다. 그렇다. 검은 월요일에 검은 수요일까지 겪었으니 그럴 만도 하다. 그들은 아직 모른다. 누가 이렇게 살고 싶겠는가? 보상도 없이 이런 일을 제정신이 아닌 한 누가 하겠는가? 평생 먹고살 만큼 큰돈을 단기간에 벌 승산이 없다면 말이다.

나는 마술사다. 이제 더 이상 마술이 먹히지 않는 세상에서는 돈이 마술이기 때문이다. 마술은 쉽게 사라지지 않는다. 마술처럼 돈은 세상의 법칙을 따를 필요가 없다. 최소한 돈을 다루고 부의 흑마술에 능통한 우리 같은 사람들은 왜 그래야 하는지 정확한 이유를 모른다. 블랙스로 가는 길에 나는 '예수 재림하셨도다!'라고 쓰인 피켓을 든 남자를 보았다. 그리고 사무실로 돌아와 만일 예수가 (또는 대행업자가) 투자를 잘했다면 재림했을 때 가치가 얼마나 될지 재빨리 계산해보았다. 유다가 예수를 팔고 죄의식을 느껴 예수 재림을 위해 은 30세켈을 따로 떼어놨다고 가정해보자. 금리는 복리 5퍼센트에 최초 환율은 1세켈을 40파운드로 할 경우 2000년 후 재림한 예수가 받을 원리금 총액은 약 1옥틸리언 파운드로 동그라미가 44개나 되는 천문학적 액수다. 만약 이 시기에 인류가 전 우주를 식민지로 만들 수 있다 해도 현재의 산출법으로는 예수가 받을 금액을 충당할 수 없다. 1파운드 지폐로 지불한다면 그 부피가 태양계 전체와 맞먹을 것이다. 예수가 받은 돈을 예치하려면 꽤 규모가 큰 은행이 필요할 것이다.

돈은 자연과 우주의 법칙을 따르지 않는다. 돈 이외의 모든 것들이 열역학 제 1, 2 법칙을 따른다(에너지는 하나의 형태에서 다른 형태로 단순히 전환할 뿐 생성도 소멸도 할 수 없고, 폐쇄 체계는 시간이 흐르면 최대한 무질서하게 된다). 이 두 법칙은 아주 분명한 피할 수 없는 결과를 낳는데, 모든 것은 나빠지고 스러지며 작아진다는 사실이다. 우주에 속한 다른 모든 것들처럼 인간도 이익을 보기는커녕 장기적으로는 본전도 찾을 수 없다.[1]

그러나 오직 돈만 이 법칙을 따르지 않는다. 우주의 기존 법칙을 따르지 않는 것은 실재가 아니다. 따라서 돈도 실재가 아닌 마술이다. 그래서 강력하다.

나는 대화를 엿듣고 있다. 블랙스의 회원들은 해외 원조에 대한 주제로 선진국이 분발해야 한다고 개탄하는 중이다. 몇 년 전, 내가 옥스퍼드에서 처음 들었던 주장이 떠오른다.[2]

하루는 출근길에 어린아이가 얕은 인공 연못에 빠져 허우적대는 것을 본다.[3] 주위에 도와줄 사람은 아무도 없다. 최소한의 수고로움만으로 그 아이를 구할 수 있다. 연못은 너무 얕아서 빠질 염려

---

1   이 표현은 앤드루 심스의 《묵시록을 취소하라Cancel the Apocalypse》(Little, Brown, 2013)에서 가져온 것이다.
2   피터 싱어 〈기근, 풍요 그리고 윤리〉《철학과 사회 문제》 | Peter Singer, 'Famine, affluence and morality', *Philosophy and Public Affairs*, Vol. 1, No. 1, 1972, pp. 229–43.
3   어머니의 낙태 옹호론에 대한 의문을 제기할 때 똑같은 질문을 던졌던 것이 기억날 것이다. 이 시나리오를 처음 이야기한 사람은 싱어였고, 앞의 각주에 언급된 논문의 138쪽에 인용되어 있다.

는 전혀 없다. 피해라고 해봐야 옷이 젖고 회사에 좀 늦을 뿐이다. 그렇다면 내게는 이 아이를 구할 도덕적 의무가 있는가? 깊은 생각을 요하는 문제도 아니다. 그냥 지나쳤을 때 앞으로 얼마나 후회할지 생각해보라. 기본적인 도덕 원칙은 이렇다. 상대적으로 적은 희생만으로 정말 끔찍한 일이 벌어지는 것을 막을 수 있다면 마땅히 그래야 한다.

절대빈곤에 처한 사람들이 있다. 영국에서 보는 정도의 가난이 아니다. 나는 영국에서도 상대적으로 낙후한, 어쩌면 거지 소굴처럼 보일 수 있는 지역에서 자랐다. 어린 시절 내가 자랐던 집은 방 네 칸, 조그마한 욕실과 화장실이 있는 노동자 연립주택이었다. 아주 기본적인 생활공간이었다. 비록 나 자신은 그렇게 느껴본 적이 한 번도 없었지만 동료들은 내가 가난한 집안에서 자랐다고 생각할지 모른다. 그렇다면 이 가난은 절대적인 것이 아닌 상대적인 것이다. 우리 집은 바람이 불어도 무너지지 않았고, 비가 와도 쓸려 내려가지 않았다. 먹을거리가 충분했고, 배가 고픈 채 잠자리에 든 적이 없었다. 약간 출출한 적은 있지만 굶지 않았고, 깨끗한 수돗물도 마실 수 있었다. 할아버지처럼 가족을 부양하기 위해 아버지와 함께 갱에 들어가 일할 필요도 없었다. 아프면 의원에 가고 더 아프면 큰 병원에 갔다.

절대빈곤 인구는 훨씬 더 끔찍한 환경 속에 살고 있다. 태풍이 오면 다시 지어야 하는 판자촌에 살며, 굶주림은 일상이다. 먹을거리가 부족한 탓에 사람들은 자신이 먹을지 아이들을 먹일지 선택해야 한다. 저축은 꿈도 못 꾸고 급전이 필요하면 사채업자에게 갈 수밖에 없다. 학교가 있어도 아이들은 등교 대신 일을 선택한다. 깨끗한 물이 나오는 수도 시설이 없어서 몇 마일이나 되는 거리를 걸어서 물을 길어 와야 한다. 제때 제대로 된 의료 서비스를 받을 가능성은 희박하다. 나 같은 선진국 사람들의 평균 수명이 약 78세인데 비해 이들은 약 50세다.

나의 가난과 일반적인 선진국에서 말하는 가난은 상대적 빈곤이며, 개발도상국의 빈곤은 대부분 절대적 빈곤이다. 세계은행의 추정에 따르면 전 세계 절대빈곤 인구는 약 14억 명이다.[4] 도덕적으로 말하자면, 그들은 연못에 빠진 어린아이보다 100만 마일이나 멀리 떨어진 곳에 사는 사람들이 아니다. 그들을 도와야 한다는 주장은 연못에 빠진 어린아이의 목숨을 구해야 한다는 주장과 맥을 같이한다.

첫째, 상대적으로 그만큼 중요한 무언가를 희생시키지 않고 나쁜 일이 벌어지지 않게 막을 수 있다면 그래야 한다는 기본 원칙이 있다. 둘째, 절대빈곤은 나쁜 것이라는 부정하기 힘든 도덕적 주장

4 지금은 이보다 훨씬 더 인구가 늘어서 전 세계 총 인구 90억 중 25억 명 가까이 된다. 절대빈곤은 개발도상국에만 국한된 이야기가 아니며 선진국에서도 서서히 퍼지고 있는 추세다. 아버지가 인용한 숫자와 전반적인 그림은 전 세계 인구가 약 70억 명이었던 21세기 초반부터 2015년까지 적용되었을 것이다. 아마 그때쯤 아버지가 이 장을 쓰기 시작했던 것 같다.

이 있다. 셋째, 상대적으로 그만큼 중요한 무언가를 희생시키지 않고 막을 수 있는 절대빈곤이 있다는 사실에 근거한 주장이다.

무엇을 해야 한다는 '의무'는 가끔 냉혹하게 들린다. 누군가를 죽이는 것과 구하지 못한 것의 도덕적 차이는 무엇인가? 아이가 물에 빠져 죽도록 놔두는 대신 물속으로 들어가 내 손으로 아이를 죽인다면? 대부분은 행동하는 것과 행동하지 못한 것 사이에 엄청난 도덕적 차이가 있다고 생각한다. 작위와 부작위 원칙에 따르면, 행동하는 것과 행동하지 못한 것 사이에는 본질적인 도덕적 차이가 있다. 작위와 부작위 원칙이 진실이라면 매우 편리하겠지만, 그게 아니라면 도덕적 의무의 범위는 갑자기 너무 넓어진다. 우리가 행동하는 것뿐만 아니라 행동하지 못한 것에 대해서도 책임이 생기기 때문이다. 그런데 우리가 하지 못 할 가능성이 있는 행동은 매우 많다. 나는 사람이기 때문에 주어진 시간 동안 한두 가지 일, 사실 하나밖에 못 한다. 반면 하지 못할 행동의 수는 무한하다. 우리 삶의 대부분은 아무것도 하지 못한 채 흘러간다. 작위와 부작위 원칙이 진실이라면 얼마나 좋을까? 불행하게도 그렇지 않다.

누군가를 죽이는 것과 구하지 못한 것 사이에는 엄청난 도덕적 차이가 있다. 어찌되든 그 사람이 죽는다면, 그 차이는 결과가 아닌 의도 때문에 생긴다. 누군가를 죽이려면 사악한 의도를 가져야 한다. 그러나 피해자를 구하지 못한 것은 여러 상황의 결과일 뿐이다. 살인이 일어난 것조차 몰랐을 수 있다. 살인 현장을 목격했다 하더라도 너무 겁에 질리고 당황한 나머지 몸이 얼어붙었을 수도 있다. 또는 고민 끝에 구하려고 섣불리 덤비다가 내가 다치겠다는 냉정한 판단을 내렸을 수도 있다. 물론 모든 이유가 썩 합당하게 들리지는 않는다. 그래도 의도적으로 누군가를 죽이려는 것보다 나쁘지 않다. 따라서 이런 사례에서는 행동하는 것과 행동하지 못한 것 사이에 도덕적 차이가 있다.

그러나 이런 생각이 작위와 부작위 원칙을 뒷받침하지는 못한다. 이 원칙은 행동하는 것과 하지 않는 것 사이에 단순히 도덕적 차이가 있다고 주장하는 원칙이 아니다. 그 정도는 누구나 안다. 오히려 훨씬 더 강한 주장을 하고 있다. 작위와 부작위 사이에는 본질적인 도덕적 차이가 있다. '본질적'이라는 단어가 핵심인데, 그 뜻은 의도나 결과의 차이에서 추적할 수 없는 도덕적 차이를 말한다(결과의 차이는 전적으로 '비본질적' 차이다). 누군가를 죽이든 구하지 못하든, 피해자의 죽음이라는 결과는 분명히 같다. 그러나 의도는 다르다. 따라서 행동하는 것과 행동하지 못한 것 사이에는 비본질적 차이가 있다. 작위와 부작위 원칙을 제대로 평가하려면 의도와 결과 둘 다 같은 사례를 강구해야 한다. 행동한 사람과 행동하지 못은 사람의 의도 역시 같아야 한다.

연못에 빠져 죽어가는 아이의 사례에 약간의 살을 더 붙여 상상해보자. 만일 그 아이가 막대한 유산을 놓고 경쟁 관계에 있어서 죽이려 하던 내 조카라면? 나는 사람 없는 연못에서 놀기를 좋아하는 조카를 따라가 물에 빠뜨리기로 한다. 이 생각이 이제 두 가지 가능한 시나리오로 나타난다. 첫째, 계획대로 된다. 나는 연못에 가서 계획대로 아이를 익사시킨다. 둘째, 조카가 연못에서 미끄러지면서 바위에 머리를 찧고 의식을 잃는 바람에 물속에 고개를 박은 채 기절해 있는 것을 본다. 물에서 건져내어도 살 수 없는 것은 당연하다. 어쨌든 그냥 익사하도록 방치해둔다.[5]

두 번째 시나리오의 행동이 좀 더 나은가? 죄가 좀 더 가벼운가? 그렇지는 않다. 앞의 이야기에서 내 작위와 부작위의 영향은 조카의 죽음이라는 결과 때문에 같다. 두 시나리오는 죽은 조카를 보기 위해 연못에 가는 의도마저 같다. 작위와 부작위의 영향과 의도 모두 같을 때, 시사하는 바는 분명하다. 작위와 부작위 모두 도덕적 지위가 같다는 것이다. 두 번째 시나리오에서 조카를 살해하지는 않지만 그만큼 나쁜 짓을 했다. 따라서 두 시나리오 모두 조카를 살해했다고 말할 수도 있다. 하나는 행동을 함으로써, 다른 하나는 행동을 하지 않음으로써 말이다. 만약 '살해'라는 정확한 용어를 사용하는 대신 얼버무린다고 해도 죽은 조카에게는 아무 차이가 없다는 점을 기억해야 한다.

---

5   이 고전적인 사유 실험을 최초로 개발한 사람은 제임스 레이첼즈다.

절대빈곤 속에 사는 사람들을 우리가 살해하는 것은 아니다. 우리는 의도에 의해 '구원'받는다. 우리의 부작위에 나쁜 의도는 없다. TV나 컴퓨터 화면에 매일 나오는 죽어가는 사람들은 우리가 그들이 죽기를 원하거나 그들이 죽도록 구체적인 행동을 취했기 때문이 아니다. 오히려 그들에게 신경을 끌 수 없고, 좀 더 자비심을 발휘한다면 그들을 도와줄 수 없어 무력감을 느낀다. 우리는 마치 아이가 물에 빠져 죽어가는데 무언가를 하기에는 문제가 많거나 구할 능력이 없다고 생각해 가만 서서 지켜보는 것과 같다. 무지를 핑계로 댈 수는 없다. 타국에 있는 우리가 보는 앞에서 많은 사람들이 죽어가고 있다. 우리가 할 수 있는 일은 냉정한 무관심이나 휘청대는 무능력에 기대는 것뿐이다. 우리가 살인자는 아니겠지만, 그다지 멀지도 않다. 궁핍한 환경에서 수명을 다하지 못하고 죽어가는 사람들 입장에서는 다 똑같다.

선행을 하는 것이 도덕적이라는 것은 불변의 진리다. 행복, 쾌락, 만족된 선호나 그 반대, 불행의 부재 등 어떤 기준으로 선을 측정하든, 내 돈은 나보다 절대빈곤 인구를 위해 훨씬 더 선하게 사용될 수 있다는 기본적인 진실은 피할 수 없다. 건실한 구호 단체라면 400~800파운드 정도로 한 생명을 구할 수 있다. 한 사람의 목숨을 말이다. 160파운드면 선천성 구개열 아동에게 수술을 실시해 새 삶을 찾아줄 수 있다. 160파운드는 내가 어느 바에서 2시간 동안 술

잔에 날려버린지도 모르고 쓴 돈이다. 또는 지금 이런 문제들을 생각해보는 나의 클럽 회비를 생각해보자. 1년에 1,835파운드면 영국 기준으로는 무난하다. 그러나 이 돈을 절대빈곤 지역으로 보낸다면 어떨까? 4.5명의 생명을 구하고 11.5명의 구개열 아동을 수술할 수 있다. 하루 일과를 끝내고 휴식할 나름 괜찮은 공간이 사라지겠지만, 그따위가 사람의 목숨을 살리고 삶을 되찾아주는 데 비하면 무엇이란 말인가?

거기서 끝이 아니다. 나는 1,835파운드보다 더 많은 돈을 낼 여력이 있다. 내 월급의 반을 기부한다 해도 살아가는 데 어려움이 없을 것이다. 모든 것은 물론 상대적이다. 한창 뜨고 있는 캐나다워터 신도시에 위치한 작지만 세련된 나의 아파트를 팔아야겠지만, 런던 교외의 좀 덜 세련된 곳으로 이사 가면 된다.[6] 크로이던도 제3세계의 판자촌보다 괜찮다. 내 월급을 뚝 떼어준다 해도 나는 여전히 절

---

[6] 이 경향은 한동안 지속되었다. 캐나다워터는 아버지의 글이 쓰인 시기인 1990년대 초 이후로는 새로운 것이 없었다. 그러나 아버지가 몇 페이지 앞에서 언급한 세계은행 수치는 21세기 초반 10~15년 정도는 사실일 것이고 그렇다면 아버지가 글을 쓰던 당시에도 사실이었을 것이다. 앞서 아버지가 시점의 문제를 보인다고 10장의 각주 4에 언급한 적이 있었다. 이제 이 문제는 더 뚜렷해지는 것 같다. 아버지는 글을 쓰는 시점과 글 속의 시점 사이에 머무르는 경향이 있다. 더 나쁜 것은, 글을 쓰는 시점이 언제인지 정확하지 않다는 것이다. 반면 이 책이 여러 해 동안 쓰였으리라는 증거들은 충분하다. 특정 시점에 글을 쓴 것이 아니라 오랜 기간에 걸쳐 글을 썼다. 또는 아버지가 의도적으로 시점을 흐리는 기법을 사용했을 수도 있다. 그러나 내 생각에는 의도보다는 시간이 가면서 시점이 흐려진 것 같다. 아버지는 서서히 시점을 잃어갔다. 이런 아버지의 경향의 중요성과 영향에 대해 곧 해결하고 정리하겠다.

대빈곤보다 훨씬 더 높은 수준의 삶을 살 수 있다.

결론은 분명하다. 기부로 인해 내가 입는 손해가 기부를 받는 사람들의 혜택보다 커지지 않는, 최소한의 공리성이라는 루비콘 강에 도달하기 직전까지는 계속 기부해야 한다. 어디인지 모르겠지만 내가 돈을 너무 많이 기부해서 일어난 불행이 내 돈의 수혜자가 얻는 행복보다 더 커지는 지점이 있을 테고, 언젠가는 거기에 도달할 것이다. 그러나 내가 이 지점에 도달하기 훨씬 전에 멈춘다고 해도 교훈은 분명하다. 지금보다 훨씬 더 많은 돈을 기부해야 한다는 것이다.

. . .

이 주장은 논리적으로 강력하다. 불행하게도 또는 다행스럽게도 이 문제를 어떤 관점에서 보느냐에 따라 이 주장은 논리가 아닌 마술, 그것도 검디검은 흑마술에 의해 돌아가는 세상에서 성립된다. 돈은 항상 선을 위해 사용하려는 진실한 최선의 노력을 완강히 거부한다. 내가 10만 파운드를 번다고 가정해보자. 또한 영국 등지의 상대적인 평균 생활수준에 대한 연구 결과를 볼 때 9만 파운드를 절대빈곤 인구에게 기부해도 최소한의 공리성에 안전하게 도달하지 않는 것으로 판단된다. 이 숫자가 맞는지 안 맞는지는 중요하지 않다. 중요한 것은 원칙이다. 이 돈을 기부한다면 내 삶의 질은 상당히 하락하겠지만 기부를 받는 사람들의 삶의 질은 말도 못하게 높아져 내 삶의 질이 하락한 폭보다 훨씬 더 클 것이다. 9만 파운드를 합리적으로 배분하면 개발도상국의 수많은 사람들의 삶이 엄청나게 달라질 것이다. 10만 파운드를 버니까 9만 파운드를 기부할 수 있다면, 내 노력의 대가로 이 금액을 주는 사회에서 살고 또 일하기 때문이다. 그러나 불행하게도 내가 항상 미래를 통제할 수 있는 것은 아니다. 직장을 잃을 수 있고, 나처럼 잘 알지도 못하면서 나대는 사람들 때문에 세계적인 경제 위기가 닥쳐 대량 해고와 감봉 사태가 확산될 수도 있다.[7] 그러나 절대빈곤층에게 또다시 나쁜 소식이 있다. 나를 포함해 성향과 소득이 나와 비슷한 사람들로부터 예전에는 9만 파운드를 받을 수 있었다면 이제는 4만 파운드밖에 받을 수 없다고 하자.

세계 금융 위기보다는 강도가 약한 사건으로 같은 영향이 있을 수 있다. 1,835파운드의 내 클럽 회원비를 도어맨 프랭크와 바텐더 해리의 월급을 주는 데 사용한다고 해보자. 그들은 월급을 못 받으

---

7 2008년 세계 금융위기에서 실제로 그랬다. 아버지가 이 문제를 언급하지 않은 것은 앞의 각주와 10장의 각주 4에서 내가 언급한 문제를 보여주는 증상이다. 이 경우, 아버지는 당신이 경험한 삶에 대해서만 기술하기 때문에 내 계산에 따르면 1990년대인데(이 장의 서두에서 검은 수요일을 언급했으므로 당연히 1992년 이후다), 이 주장을 전개하는 시점이 이 시기에만 국한되지 않음에도 불구하고 아버지는 이후의 사건들에 대해서는 언급할 수 없다고 느끼고 있으며 따라서 주장 역시 그에 따라 특정 시점을 표방하지 않는다.

면 아무것도 살 수 없다. 월급이 줄어들면 구매력도 줄어든다. 그러면 프랭크와 해리의 구매를 통해 생계를 이어갈 다른 사람들의 생계 역시 힘들어진다. 그리고 이들 중 일부가 해외 원조를 하는 성향이라면 기부금 역시 줄어들 것이다.

바로 이것이 일반적 원칙이다. 부자와 빈자의 두 가지 사회가 있다고 가정해보자. 부자 사회는 선진국으로 다수가 절대풍요의 상태에서 살고 있다. 빈자 사회는 개발도상국으로 대부분 인구가 절대빈곤층이다. 부자 사회에서 더 많은 돈이 빈자 사회로 이동하고, 부자 사회에 남은 돈이 적어진다. 그럼 부자 사회의 구매력이 줄어들고 임금도 하락하는데, 미래에는 부자 사회에서 빈자 사회로 이동하는 돈 역시 줄어들게 된다. 물론 부자 사회의 임금이 하락하면 생활비도 떨어지므로(비록 불행하게도 임금 하락폭만큼 떨어져주지는 않지만) 부자 사회에서 빈자 사회로 보내는 음식과 기타 원조의 비용도 줄어들 것이다. 그러나 그 부분은 큰 도움이 되지 못한다. 기껏해야 막다른 궁지에 몰린 꼴밖에 되지 않는다. 수입의 일정 부분을 빈자 사회에 기부하는 정책으로 얻는 것은 아무것도 없다. 사실상 그 정책은 자충수다. 만약 모든 사람이 그렇게 한다면, 곧 어느 누구도 할 수 없게 된다. 부자 사회에서 빈자 사회로 더 많이 기부할수록 부자 사회가 줄 수 있는 금액은 줄어든다.

만약 빈자 사회가 직면한 문제가 일시적이지 않고 만성적이라면 이 걱정은 현실이 된다. 문제가 일시적이라면 분명 신속한 해결

도 가능하다. 돈을 퍼부어서 될 문제라면 그렇게 하면 된다. 이것
은 작은 필요조건에 불과하다. 빈자 사회의 문제는 일시적인 경우
가 드물다. 선천성 구개열 아동은 많다. 일시적 문제라면 '160파운
드면 이 아이의 삶을 영원히 바꿀 수 있겠지'라고 생각할 것이다. 그
러나 다른 아이가 구개열을 가진 채 태어나고 이전에 내가 했던 재
분배 행위는 새로 태어난 아이를 돕는 내 능력에 영향을 미친다. 일
시적 문제는 대부분 만성적 문제가 눈앞에 드러난 것에 불과하다.
이런 식으로, 부자가 더 많이 줄수록 향후 그의 능력은 줄어든다는
하나의 거역할 수 없는 원칙에 종속된다.[8]

최소한의 공리성 원칙은 이 원칙의 첫 번째 희생양이 될 것이
다. 빈자의 혜택이 부자의 손해보다 클 때까지 기부한다는 부자 사
회의 정책은 성립되지 못하는데, 부자가 동의하지 않아서가 아니
라(비록 가능성은 매우 높지만) 그 자체가 자충수이기 때문이다. 보다
현실적인 원칙은, 부자가 내일 또 줄 수 있을 만큼만 오늘 주는 것
이다.
비록 이 생각을 하는 어제의 나는 도덕적으로 타락한 파생상

---

8   이것은 1980년대부터 1990년대까지 유행했던 일종의 자유시장과 낙수효과의 경제학 이론
     이다. 아버지가 지금 믿는 것 또는 당시 믿었던 것 중에서 어떤 것을 기술하고 있는지는 모르
     겠다. 실제로, '지금'과 '당시'라고 썼지만, 나도 그게 언제인지 혼란스럽다.

품 트레이더였지만 이 결론이 얼마나 비인간적인지 충격받지 않을 수 없다.[9] 나의 계산은 사실상 세상의 빈자들을 위한 사냥감 관리 전략, 더 정확히는 역[원] 사냥감 관리 전략을 도출하게 만들었다. 사냥감 관리 전략의 핵심은 지속 가능한 최대의 산출량이다. 사슴 사냥을 좋아한다면, 이듬해 사냥할 사슴을 남겨두어야지 씨를 말려서는 안 된다. 그래야 남은 사슴이 새끼를 낳고 개체수를 늘려 사냥을 계속할 지속 가능성이 확보된다. 이듬해 사냥할 수 있을 만큼의 숫자를 올해 사냥한다. 장기적으로는 그런 식으로 최대 수의 사슴을 사냥할 수 있는 것이다.

세상의 빈자들에 대해서 나는 역 사냥감 관리 전략에 도달한 것 같다. 목표는 장기적으로 최대한의 빈자들을 구할 수 있을 만큼의 빈자들을 오늘 구하는 것이다. 그리고 그 방법은 내일 줄 수 있는 만큼만 오늘 주는 것이다. 오늘 너무 많이 주면 내일 사람들을 구할 수 없고, 오늘 너무 적게 주면 지금 당장 사람들을 구하지 못한다. 물론 예외는 있다. 만약 문제가 순전히 일시적이라 오늘 기부해서 해결된다면 다 줘버리면 된다. 그러나 우리가 기부를 통해 해결하려는 문제가 대부분 그렇듯 지속적이거나 영원하다면 우리의 노력은 지속 가능한 최대의 기부액이라는 원칙을 충족해야 한

---

9 어떻게 시점을 건너뛰는지 이제 알 것이다. 2008년 경제위기를 언급하지 않은 것은 그럴 수 없어서였으리라.

다. 흑마술도 나름의 논리가 있다. 허점이 없는 그 논리가 도달한 결론은 이랬다.

니콜라이 최근 너무 많은 각주를 쏟아냈는데 이제는 뭔가 조치를 취해야겠다. 돈이 마술이라는 아버지의 반복된 주장을 믿지 않는다고 지적하는 것은 중요하지 않다. 아버지는 매번 돈이 우리를 방해하는 사악하고 전능한 힘이라는 식으로 묘사하고 있다. 나는 그 점을 납득할 수 없다. 만약 우리가 세상의 빈자들을 위해 뭔가 해주고 싶다면 할 수 있다고 믿는다. 그 주장의 의의는 내용 그 자체나 결론에 있는 것이 아니다. 정말 중요한 것은 주장 뒤에 숨은 의미다.

●

그 주장은 분명히 아버지가 런던에서 일하던 당시 유행하던 생각에 근거하고 있다. 여기에는 아서 래퍼와 밀턴 프리드먼 같은 사람들이 지지한 조악한 형태는 아니지만 낙수효과의 경제학 요소가 포함되어 있다. 우리는 부자 사회의 부가 가장 효과적이고 지속 가능한 방식으로 빈자 사회로 낙수처럼 흘러내릴 수 있도록 높게 유지해야 한다. 부의 불평등은 최약자가 수혜를 받는 한 정당화된다고 주장한 롤스의 암묵적인 영향을 발견할 수도 있다. 빈자와 부자 간 부의 불평등은 빈자에게 지속적인 이익을 줄 수 있을 때에만 허용된다. 따라서 돈에 대한 집착의 신자본주의적 방어인 이 주장에는 늘 그렇듯 개념상의 책략과 의심이 포함되어 있다. 앞서 말한 것처럼, 나는 이 주장을 믿지 않는다. 그러나 내 믿음은 중요하지 않다. 중요한 건 내가 아는 한 아버지도 이 주장을 믿지 않았다는 점이다. 내가 아는 아버지가 이 주장에 동의했으리라고 믿을 단서는 전혀 없고 오히려 그 반대였다. 그렇다면 이것은 수수께끼다. 왜 갑자기 이 주장을 지지하는 것처럼 보이는가?

물론 아버지가 이 주장을 항상 믿었는데 내 앞에서 표현하지 않았을 수도 있다. 가능성이 더 높은 추측은 이 주장이 아버지의 글에 이미 여러 번 스며든 현상인 기시착오를 가장 솔직하고 의도하지 않게 드러낸 표현이라는 것이다. 이 생각들은 아버지가 런던에서 근무하던 당시에는 유행이었다. 아버지가 당시에 그 가능성을 믿었거나 믿게 되었을 가능성은 충분하다. 그러나 아버지의 글은 특정 시기에 당신이 가진 믿음의 기록이 아니다. 수년간 한두 가지의 깨달음을 얻는 사람의 관점으로서 시점에 구애받지 않고 쓴 글이며, 이것들의 과거 모습에 대해 더 늦기 전에 설명하려 애쓰고 있다. 따라서 왜 아버지 생애의 특정 시점을 풍미했던 생각이 시간에 구애받지 않는 분석으로 나타나는가? 그 주장이 여기에 제기된다는 것 자체가 이상한 종류의 기시착오로서, 구체적인 특정 시점의 일이 시간에 구애받지 않는 형태로 삽입되어 혼란을 초래하고 있는 것이다.

●

아버지의 시간 인식에는 문제가 있었다. 다른 시점을 슬쩍 끼워넣는 것이 아버지 스스로 혼란스러워서 그런 것일 수도 있다. 그러나 아버지의 의도는 적절하지 못하다. 나는 기시착오가 모든 것의 핵심이라는 생각이 들기 시작한다. 여기서 내가 좀 나서야겠다. 원래 원고에는 글의 후반부 19장에 나타나는데, 당신이 알고 있었는지는 모르겠으나 아버지의 논지를 이해하는 데 매우 핵심적이기 때문에 미리 짚고 넘어가는 것이 좋겠다. 그러나 아버지가 이 부분을 하나의 장으로 독립시켜 기록하지는 않았기 때문에 나도 그러지 않고 다음에 기록하고자 하니 먼저 읽고 가면 도움이 될 것이다.

• • •

무하마드 알리에 대한 내 첫 번째 기억은 코피였다. 그러나 코피는 내가 흘린 것이었고 감정이입의 원격작용(만약 질량을 가진 새로운 물체가 한 지점에 갑자기 생긴다면 이미 다른 지점에 있던 다른 물체에 중력이 순간적으로 도달한다는 뉴턴의 주장-옮긴이)을 기꺼이 배제한다는 가정하에서 알리는 아무 상관이 없었다. 이미 퇴물이 된 알리와 물오른 핵주먹 조지 포먼과의 역사적 매치가 있던 밤, 아마 나는 두 살쯤 되었던 것 같다. 1974년 10월 30일 이른 아침, 내가 긴 의자에 일어나 앉아서 뭘 하던 중이었는지 모르겠다. 어렸을 때 나는 잠이 별로 없었다고 들었다. 아버지가 경기를 같이 볼 사람이 필요해서 나를 앉혀 두었을 확률이 매우 높다. 어머니는 관심이 없으셨을 테고, 동생은 아직 태어나기 몇 년 전이었으니까. 이제야 알게 된 것이지만 아버지는 놀랍게도 알리의 열혈 팬이었다. 알리가 언론인 데이비드 프로스트와 했던 인터뷰가 기억난다. 알리는 워터게이트와 관련해 닉슨의 대국민 사과를 이끌어낸 장본인 프로스트에게 닉슨 전 대통령 사임으로 세계가 놀랐다면 자신이 포먼의 엉덩이를 때려줄 때까지 기다리라며 두둑한 배짱을 드러냈다. 당시 나는 너무 어려서 워터게이트니, 닉슨 전 대통령과의 인터뷰니 하는 뒷이야기를 전혀 몰랐지만, 다 알고 계셨던 아버지는 안락의자에 앉아 텔레비전을 보며 미친 듯이 웃어대던 기억이 난다.

잠시 딴 이야기를 했다. 알리는 '댄스'라고 부른 아웃복싱(상대와 거리를 두고, 풋워크로 공격을 피하면서 교묘하게 공략하는 전법-옮긴이)으로 시작해 로프에 몸을 기대고 스스로를 고립시키며 7라운드 내내 포먼의 펀치를 맞았다. 아버지는 화가 나서 계속 "로프에 붙어서 뭐하는 거야, 나와!"라며 화면에 대고 고래고래 소리를 질렀다. 8라운드 시작과 함께 내 코피가 터졌다. 뭔가 감정이입의 신경계가 작용한 듯했다. 아버지는 휴지를 가지러 달려갔고 바로 그 순간 알리가 지친 포먼의 안면에 회심의 훅을 날려 케이오승을 거두었다. 아버지는 손에 휴지를 들고 부리나케 TV 앞으로 달려왔다. 마치 내가 신통력이라도 발휘해 뭔가를 한 것처럼 화면과 나를 번갈아보며 알 수 없다는 표정을 짓던 아버지의 얼굴이 기억난다. 아버지의 얼굴은 알 수 없음에서 믿을 수 없음으로, 믿을 수 없음에서 공포로(그 장면을 놓치다니!), 공포에서 체념으로, 결국 체념에서 환희로 바뀌었다.

이것은 나의 가장 생생한 기억 중 하나다. 다른 모든 기억이 지워져도 남을 그런 기억이다. 그리고 그럴 수가 없다. 알리가 포먼을 녹아웃 시켰을 때 아버지는 서른을 조금 넘은 나이였다. 그리고 내가 기억하는 화면과 나를 번갈아보며 알 수 없다는 표정을 짓던 아버지의 얼굴은 말년의 나이 든 얼굴이었다.

니콜라이 우리는 시간의 아이들이라고 말하기도 한다. 하이데거는 인간은 진정으로 시간 속에 사는 유일한 존재라고 생각했다. 그러나 진실은 시간과 우리가 그다지 관계가 좋지 못하다는 것이다. 기시착오의 가능성은 우리의 모든 기억을 괴롭힌다. 이것이 무슨 뜻인가? 많은 철학자들은 기억이 존재를 만든다는 데 동의한다. 굳이 철학자가 아니어도 이 주장의 타당성을 인정하기는 쉽다. 테네시 윌리엄스는 《우유 기차는 이제 여기 멈추지 않는다》에서 "너무나 빨리 스쳐가기 때문에 인지조차 하지 못하는 현재의 순간을 제외한 모든 기억이 인생이라는 생각은 해보지 않았는가?"라고 말했다. 기억이 우리를 만드는 것이라면, 기시착오의 가능성이 우리를 괴롭히는 것에 대해서는 뭐라고 말할까? 피츠제럴드는 그의 시 〈오마르 카얌의 루바이야트〉에서 이렇게 쓰고 있다.

> 움직이는 손가락이 쓴 글.
>
> 기도와 지혜로도
>
> 단 한 줄 못 고치고
>
> 눈물로도 못 지우네.

　　기시착오의 가능성이 우리의 모든 순간을 괴롭힌다면 피츠제럴드의
주장은 틀렸다. 만약 시간이 우리에게 쓴 글이 기억이라면, 기시착오의 가
능성은 실제로 써진 것은 아무것도 없다는 뜻이 된다. 기억은 고정되거나
과거의 불변하는 기록이 아니다. 다시 쓰거나 고치거나 재작업하고 재구
성할 수 있도록 쓰인 것 자체가 없다.

　　아버지는 이것을 몰랐지만 기시착오의 미덕도 발견했다고 생각한다.
부자의 의무에 대한 아버지의 아마추어적인 논리 전개에 대해서는 잊고 용
서해주기를 바란다. 아버지는 곧 재구성될 것이므로.

빈자

올가_ 부자에 대한 생각

미시킨과 인도를 여행할 때, 우리는 끔찍한 광경들을 보았는데, 가장 심했던 것은 나병 환자들이었다. 내게로 뻗은 손들은 손가락이 몇 개 없거나 아예 뭉툭한 팔 끝만 있었다. 그 어느 끝에 돈을 쥐어 주면 그 숫자는 점점 더 많아지고 더 집요해진다. 그중 한 소녀가 있었다. 나병에 걸린 자그마한 소녀는 나이를 가늠하기 힘들었고 열 살부터 마흔 살 중 어딘가에 속할 것이다. 소녀가 안고 있는 플라스틱으로 된 인형은 이마가 크고 툭 튀어나와 있었으며 갓난아기처럼 포대기에 싸여 있었다.

잠무에서 만난 이후로 그 소녀는 계속 미시킨의 꿈자리를 뒤숭숭하게 만들었다. 몇 달 후 우리는 잠무로 돌아왔는데, 미시킨은 소녀에 대한 꿈이 어떤 계시 같다며 그 소녀를 찾아보자고 했다. 소

녀는 똑같은 인형을 안고 손가락은 여전히 뭉그러진 채 처음 만났
던 그 광장에 그대로 있었다. 사실 달리 어디로 가겠는가? 지난번에
는 소녀에게 동전을 주었지만 이번에는 미시킨이 지폐 한 장을 주
었다. 얼마짜리인지 정확히 기억나지 않지만 20파운드쯤, 그 돈이
면 소녀는 최소 1년은 먹고살 수 있었다. 소녀는 순간 믿을 수 없다
는 듯 눈을 끔뻑이다가 불에 덴 고양이처럼 쏜살같이 광장에서 도
망갔다. 그리고 다시는 소녀를 볼 수 없었지만, 아마도 미시킨은 여
전히 꿈속에서 그 소녀를 볼 것이다.

나는 미시킨에게 이런 식으로 그들의 삶에 개입하지 않겠다고
말했다. 진심이었다. 그러나 미시킨과 그의 변화에 대해서는 다소
유감이다. 최근에는 그를 통 못 만났는데 빈자에 대해 사냥감 관리
전략을 구사하는 냉혈한 트레이더와 사랑에 빠지기는 힘들 것 같
다. 내가 알고 또 사랑한 미시킨은 인형을 안고 잠무의 거리를 떠도
는, 나병에 걸린 소녀를 보고 괴로운 꿈을 꾸던 사람이었다. 하지만
두 사람은 같은 미시킨이다.

누군가는, 아마 이후의 미시킨이라면 그가 광장으로 돌아가서
그 소녀를 찾은 동기가 이기적이라 비난할 것이다. 밤마다 등장하
는 소녀의 악몽에 시달린 나머지 그 원인을 해소하기 위해 소녀를
찾았기 때문이다. 사람은 누구나 이기적이라고들 한다. 아무리 이
타적인 방식으로 행동하는 것처럼 보이더라도 그렇다. 가진 돈 전

부를 빈자에게 기부하거나 자신을 희생해 남의 목숨을 구하는 사람이 있다고 해도, 결국 그 사람은 자신이 원해서 하는 일이거나 다른 대안보다 그 방법이 좋아서 선택한 것이다. 결국 모든 사람은 언제나 자신이 가장 원하는 일을 한다. 그리고 언제나 자신이 하고 싶은 일을 하는 것은 이기심의 정의다. 따라서 모든 사람은 이기적이다.

생각 자체는 평범하지만 약간 혼란스럽다. 왜 소녀에 대한 기억은 미시킨을 그토록 괴롭힌 걸까? 소녀는 변해버린 미시킨의 꿈에도 계속 나타났을까? 그렇게 믿고 싶지만, 솔직히 잘 모르겠다. 어떤 사람이 이기적인지 아닌지는 그가 항상 자신이 원하는 대로 하는지의 문제가 아니다. 누구든 가장 하고 싶은 일을 한다는 점은 인정하자. 그러나 그것도 중요하지 않다. 중요한 건 하고 싶은 일이 '무엇'인가다. 그 사람이 이기적인지 아닌지를 결정하는 건 그가 원하는 대로 하는지 안 하는지가 아니라, 그가 원하는 것이 무엇인지다. 만약 미시킨이 이기적이라면 나병 소녀의 고통에 아무 느낌이 없었을 것이다. 그가 무덤덤했다면, 소녀가 꿈에 나타날 일도 없었을 것이다. 악몽에서 오는 스트레스는 당시 미시킨이 얼마나 이기적이지 않은가를 잘 드러낸다. 당시 미시킨에 대한 나의 가장 정확하고 고정된 기억은 그의 얼굴이 아니라, 미시킨이 건넨 지폐를 바라보던 소녀의 얼굴이다.

미시킨 인생의 그 시기에 급진적인 부의 불평등에 대한 자본

주의적 방어에 끌리는 것은 매우 자연스러운 일이다. 그럼에도 불구하고 그의 주장에서 망설임과 조건은 금세 드러난다. 한 가지 조건은 두 번 반복된다. 빈자의 문제는 일시적이기보다 만성적이라야 한다. 일시적이라면 지속 가능한 최대의 기부 원칙에서 벗어나는 허가를 임시로 받는다. 그렇다면 바로 그것이 문제 아닌가? 미시킨은 빈자가 당면하는 문제는 만성적이며, 이는 사소한 조건이라고 한다. 그러나 이러한 비관론적 가정에 대한 증거라도 있는가? 부의 재분배 목적이 빈자의 만성적인 문제를 부자가 매일 직면하는 순전히 일시적인 문제로 바꾸는 것뿐이라고 주장하지 않을 수 있는가? 비관론은 절대빈곤층을 돕는 데 반대하는 회의론의 핵심 요소다. 타락한 제3세계 정부가 지원금을 착복하지 않는다고 확신할 수 있는가? 범죄자나 테러리스트가 지원금을 가로챌 수도 있지 않을까? 그리고 우리가 애써 번 돈을 그냥 준다는 게 너무 비현실적인 요구가 아닌가? 이런 걱정은 일부는 합당하고 일부는 그렇지 못하다. 그러나 우리가 잊어서는 안 될 것은 의도적이든 아니든 비관론은 거의 언제나 현재의 상황으로 귀결된다는 것이다.

나는 다른 것에 훨씬 더 관심이 많기 때문에 이런 문제들에 계속 머물러 있고 싶지 않다. 미시킨의 도덕적 계산에서 놀라운 것 중 하나는 비효율성이다. 도덕성에 따라 최소한의 공리성에 도달한다고 계산하든지 지속 가능한 최대의 기부액이라는 그의 생각에 동조하든지 상관없이, 최종 결과는 마찬가지다. 아무것도 없다. 부자가 빈자에게 줄 수 있는 지속 가능한 최대 금액이 도대체 얼마인가? 정확히 아는 사람은 아무도 없다. 그 계산은 놀라울 만큼 복잡하고 민감한 문제라서 기부하는 사람은 물론, 그의 임금 수준을 결정하는 사회의 영향까지 고려해야 한다. 이런 계산은 아무도 할 수 없기 때문에 우리가 할 수 있는 일은 신의 성실에 따른 추측뿐이다. 그리고 만약 내가 현실적인 추정을 해야 한다면, 나는 유엔총회가 추천하는 국가총수입GNI의 0.7퍼센트보다 훨씬 높다는 데에 내기를 건다. 미국과 일본이 실제로 기부한 GNI의 0.19퍼센트보다 훨씬 더 높고, 호주와 캐나다가 기부한 0.32퍼센트 또는 서유럽 국가 대부분의 0.38~0.43퍼센트보다 훨씬 높을 것이다. 이건 어쨌든 내 계산이다.

　도덕적 계산의 가장 큰 단점은 철저한 타성이다. 도덕적 계산은 수식으로 가득한 책 위로 등을 구부린 수염 난 노인이다. 그의 판단은 옳을 수도 있다. 그의 결정과 평가는 오류 없이 보편적으로 인정받을 수 있다. 그렇지만 아무도 노인의 말을 들으려 하지 않는다. 노인이 계산에 포함하지 않은 것은 왜 사람들이 그의 말을 들어야 하는지 그 이유다.

　나병 소녀에게 돈을 준 미시킨은 유리젠Urizen(영국의 시인이자 화가인 윌리엄 블레이크가 주장한 사악한 신-옮긴이)보다 로스Los(유리젠과 대립 관계에 있는 상상력의 신-옮긴이)의 영향을 받은 존재다. 비용-편익 계산은 미시킨의 마음에서 가장 멀리 떨어져 있는 생각이었다. 그에게 동기유발을 시킨 것은 감정이었다. 충격, 죄의식, 공포와 아주

작지는 않은 자신의 이익이 뒤섞여 알 수 없는 불편함을 주었던 것
이다. 그러나 이 모든 요소들을 한데 묶어 꿈속까지 쫓아와 행동하
게 만든 결정적인 요소는 바로 동정심이었다.

동정심의 위험은 아무리 강조해도 지나치지 않다. 동정하는
사람은 물론 그 대상이 된 사람에게도 위험하다. 동정심에 지배되
는 삶은 힘겹다. 일단 나병에 걸린 작은 손가락이 눈앞에 뻗쳐오면,
이 세상의 고통이 한꺼번에 밀려온다.[1] 고통은 상처가 되고 상처는
단단해지는데 가끔은 가죽처럼 단단해진다. 냉정한 트레이더가 된
미시킨의 인생에는 아마 한동안 동정심이 스며들지 못할 것이다.
동정의 대상에게 미치는 영향은 더 위험하고 심지어 치명적일
수 있다. 동정심이 부의 재분배의 설계 전략이나 보다 일반적인 정
책 결정의 근거로서 형편없다는 것은 두말할 나위가 없다. 테레사
수녀는 "대중을 보면 나는 결코 행동하지 않을 것이다. 그러나 단
한 사람을 본다면 행동할 것이다"라고 말했다.[2] 얼굴 없는 대중을
향해 동정심을 갖기란 어렵다. 동정심은 항상 하나의 얼굴 또는 최

---

[1] "환경교육의 대가 중 하나는 고통의 세상 속에서 홀로 살아야 한다는 것이다"라는 알도 레오폴드의 말과 비교해보라. 알도 레오폴드 《샌드카운티 연감》 | Aldo Leopold, *A Sand County*, Oxford University Press, 1949.

[2] 3장의 각주 12와 비교해보라. 나는 엉클 조Uncle Joe(스탈린의 별명—옮긴이)를 인용하기를 더 좋아하지만 핵심은 기본적으로 같다.

소한 관리할 수 있는 숫자의 얼굴을 향해 발휘된다. 얼굴이 보이는 개인을 위해 동정심이 발휘될 때, 똑같거나 더 많은 동정심이 필요한 얼굴 없는 대중은 어쩔 수 없이 간과된다.

그러나 우리가 다수의 얼굴 없는 대중이 아닌 얼굴을 아는 한 명에게 집중하면 규율 없는 동정심인 무작위 친절은 재앙을 초래할 수 있다. 나병 소녀의 얼굴은 미시킨과 내가 모두 볼 수 있었기에 동정심의 대상이 되었다. 그러나 미시킨처럼 소녀에게 돈을 주면 잠무의 빈민가에서는 소녀가 살해당할 수도 있다. 이 생각은 몇 년이 지나서야 나를 괴롭혔다. 그리고 나는 미시킨은 모른 채 넘어가기를 바랐다. 그러나 그것은 나로서도, 미시킨으로서도 지적으로 허술한 생각이었다. 나는 당시 우리 행동을 아무도 보지 않았기를 바랐다. 소녀가 우리가 준 돈을 비밀로 하거나 이목을 끌지 않고 조용히 쓰기를 바랐다. 그러나 그건 어디까지나 나의 바람일 뿐, 결과를 알 길은 없었다. 우리의 어쭙잖은 동정심 때문에 소녀가 죽었을지도 모른다.

여기서 미시킨의 결론이 정확히 왜 황당한지 짚고 넘어가자. 최소한의 공리성의 한계까지 기부한다는 생각 자체는 물론 놀랍다. 미시킨은 결국 그 생각을 거부했지만 최소한의 공리성은 지속 가능한 최대의 기부를 저해하기 때문에 비효율적이라는 실용적 이유에서였다. 최소한의 공리성의 한계까지 기부하는 정책을 버리고 지속 가능한 최대의 기부 정책을 택하면 결국 더 많은 선이 행해진다. 그러나 이 김빠진 후자의 정책도 그 자체로는 유별나서 우리가 살아가는 방식에 많은 변화를 요구한다. 따라서 우리는 대부분이 고수하기 힘들 지속 가능한 최대의 기부라는 도덕적 이상을 가지고 있는 것 같다. 아무도 옳은 일을 하는 것이 쉬울 거라고 말하지는 않았다. 문제는 이 이상이 너무 버겁다는 게 아니다. 이것을 이상이라고 부를 수 있는지, 그것이 진짜 문제다.

도덕적 이상에 따라 사는 사람을 도덕적 성인이라고 한다. 그의 삶은 덕성이 요구하는 일을 하려는 노력만으로 가득하다. 이것이 우리 모두가 열망해야 하는 이상인가? 이상은 원래 일반인에게는 너무 벅찬 게 아닌가는 문제가 아니다. 이상은 본질적으로 가치가 높아서 지키지 못하는 자가 무능력하다는 전제가 이런 생각에 깔려 있다. 진짜 문제는 이것이 가치 있는 이상인가 하는 점이다.[3]

도덕적 계산에서 미시킨이 놓친 건 소녀에 대한 의무는 '돈'뿐만이 아니라는 점이다. 도덕적 희생은 금전적 개념만이 아니다. 예를 들어 최소한의 공리성으로 말해보자면 주는 고통이 받는 즐거움보다 커지기 전까지 주어야 하지만, 주는 대상이 무엇인지는 언급하지 않는다. 지속 가능한 최대의 기부는 이듬해에도 같은 금액을

---

3   수전 울프 〈도덕적 성인〉《철학 저널》| Susan Wolf, 'Moral saints', *Journal of Philosophy*, Vol. 79, No. 8, 1982, pp. 419-39.

줄 수 있을 만큼을 올해 주도록 규정하지만, 주는 것의 특징을 구체적으로 말하지 않는다. 미시킨도 언급했듯 적게 벌수록 줄 수 있는 것도 적어진다. 그의 돈을 받을 수 있는 사람들의 삶은 그가 급여를 많이 받는 직장을 가질수록 더 개선된다. 그는 2년 후에 트레이더를 그만둘 계획이지만, 그의 도덕적 의무를 최소한의 공리성으로 보든 지속 가능한 최대의 기부로 보든 결과는 그가 자신의 자리에 머물러야 한다는 것으로 동일하다. 미시킨이 자기 직업을 싫어할 수 있지만, 꿈에 나타나는 나병 거지 소녀의 삶보다는 훨씬 낫다. 자신이 더 좋아하는 방식으로 자신의 삶을 바꾸는 것은 궁핍한 자들을 위한 지속 가능한 최대의 기부와는 양립하지 않는다.

경력만이 아니다. 그의 삶의 다른 측면에도 모두 적용된다. 가정을 꾸리고 싶고 언젠가 그렇게 하겠지만, 모든 일에는 돈이 든다! 가정을 꾸릴 돈을 절대빈곤층에게 기부해서 그들의 삶이 어떻게 바뀔지 생각해보라. 불행하겠지만 자신의 삶의 질이 저하되는 것은 그가 바꿔놓을 불쌍한 사람들의 삶의 질로 보상받고도 남는다. 미시킨은 취미를 갖고 싶어 할지도 모른다. 그러나 이 역시 절대빈곤층에게 줄 혜택을 위한 그의 시간과 자원을 뺏는 일이다. 가족, 취미, 휴가 등은 도덕성의 요구에 직접 연관되지는 않지만 한 가지 근거에서 정당화될 수 있다. 바로 절대빈곤층을 돕는 중요한 일에 더 효율적으로 집중할 수 있게 돕는다는 것이다. 예를 들어 미시킨이 취미, 휴가, 가족을 통해 정신 건강을 유지하고 일의 능률도 높아진다면 간접적으로 정당화된다. 그러나 결국 정당화의 근거가 된 것은 미시킨이 아닌 다른 사람들이 누리는 효과다.

그가 이 경로를 따른다면, 그의 삶은 도덕적 성인의 삶이 될 것이다. 그 얼마나 따분할지 쉽게 예상할 수 있다. 삶에 가치를 부여한다고 알려진 일반적인 모든 것들이 빼앗긴 삶이다. 궁극적으로 소중히 여길 애착물이 하나도 없다. 모든 것은 도덕적 선의 부속물일 뿐이다. 이 삶에는 사랑이나 가족, 취미 등에 대한 여지가 없다. 도덕적 성인의 삶은 도구의 삶이다. 그리고 가족, 친구 등 주변의 모든 이들의 삶 역시 더 큰 선을 위한 도구에 불과하다. 정확히 이 논리적 공간에서 처음으로 도덕적 계산의 한계가 드러난다. 계산이 계산할 수 없는 것을 만나는 바로 그 지점이기 때문이다. 도덕적 성인의 면전에서 우리가 느끼는 불편함은 자신과 자신이 사랑하는 사람들의 삶의 무한함을 기꺼이 내던질 수 있는 사람들이 주는 불편함과 정확히 일치한다.

돈은 별개의 문제다. 그것은 재분배 문제가 거의 언제나 논의되는 방식이다. 그 문제는 정확히 부의 재분배 문제로 틀이 정해져 있고, 부는 전적으로 재무적 현상으로 이해된다. 돈은 본질적으로 계산이 가능하다. 물론 그것이 돈의 본질이다. 그러나 우리의 삶과 삶을 가치 있게 만드는 것들은 계산할 수 없다. 삶은 내가 가진 모든 것이다. 사랑하는 이들의 삶은 그들이 가진 모든 것이다. 도덕적 계산이라는 생각을 충분히 확장시켜보면 결국 계산할 수 없는 것과 마주한다. 동정심은 본질적으로 항상 계산할 수 없고 한계도 없다. 계산이 없는 동정심은 맹목적일 수 있다. 그러나 동정심이 없는 계산은 공허하다.

미시킨은 어린 소녀에게서 메아리치는 자신의 무한함을 보았다. 그래서 그 소녀가 그의 꿈속에 나타났던 것이다.

규칙
공감, 동정심, 실용적 지혜

이 시점에서 내가 할 일을 규칙으로 어떻게 안단 말인가?

: 루트비히 비트겐슈타인 《철학적 탐구》 :

"내가 죽으면 엄마, 아빠를 다시 만날 수 있어요?" 게임이 끝난다고 해서 거짓말도 끝나는 것은 아니다. 진실과 현실은 껄끄러운 관계다.

내 인생이 영원히 바뀌어버린 그날은 위험한 국제금융의 세계에서 여느 날처럼 시작되었다. 그렇다. 나는 2년만 눈 딱 감고 일한 다음 그만두기로 했던 우라질 내 직장을 5년이 넘게 떠나지 못했다. 한판 크게 따고 감옥에 들어갔다가 나온다는 것도 모두 진심이었다. 그러나 자기기만의 효과는 매우 크기에 나는 결국 게임에서 패배할 운명이었다. 지난 5년은 배반의 나날들이었다. 금융계가 그렇지 않은가.

나는 이것이 게임이라는 것을 알았지만, 정말 게임을 잘하려면 게임이 아닌 척할 줄 알아야 한다. 실제로 '척'하는 수준보다 훨씬 더 깊이 들어간다. 확신을 가져야 한다. 이게 '척'이라는 것을 아는 정도로는 안 된다. 소설을 즐기기 위해 필요한 일종의 불신의 유예(픽션을 수용하기 위해서 현실에서라면 절대로 받아들이지 않을 전제를 수용하는 태도-옮긴이)보다 더 깊이 들어간다. 허구에 몰입하는 순간, 등장인물들의 현실성을 의심할 생각은 들지 않는다. 물론 책을 내려놓자마자 그들이 허구의 인물임을 깨닫는다. 그러나 결코 내려놓을 수 없는 책이 있다고 해보자. 단 한순간도 등장인물의 허구성을 의심할 정도의 거리조차 둘 수 없는 책 말이다. 그것이 금융업에 종사하던 시절에 내가 가졌던 태도다. 시늉만으로는 부족하며 책을 내려놓으면 사라지는 불신의 유예로도 안 된다. 자유의지의 경계선 너머 예측할 수 없는 변화의 영역 밖에 있는 불신의 유예를 표현하는 단어가 있다. 바로 확신이다.

확신은 흥미로운 개념이다. 순전한 거짓말쟁이는 진실을 자신만이 독차지하고 남들에게 보여주려 하지 않는다. 자기기만은 훨씬 더 흥미롭다. 자기기만의 역설은, 거짓말을 하는 사람과 그 대상이 되는 사람이 같다는 데 있다. 따라서 자기기만은 자신에게 진실을 숨기려 한다. 그러나 이를 위해서는 이미 진실을 소유하고 있어야 한다. 하지만 같은 역설이 확신에도 적용된다는 점은 잘 인식하지 못한다. 확신은 자기기만과 같은 기본 구조를 가진다. 나는 금융업에 종사한다는 확신을 가짐으로써 내가 금융업자가 아니라는 것을 보여주었다.¹ 확신을 가지는 사람은 확신의 대상일 수 없다. 따라서 확신은 완성하기 힘든 복잡한 기술이다. 거짓말인지 알면서 아닌 것처럼 숨긴다. 진실과 거짓의 공을 끊임없이 공중에 던져가며 보는 사람의 혼을 빼놓는 저글링이다.

프로이트의 영향을 받았다면 이것을 기묘한 자아의 구획화로 설명하고 싶을 것이다. 그러나 나에게는 별 도움이 되지 않을 듯하다. 내가 게임 중이라는 것을 알기 위해 노련한 분석가까지 필요하지는 않았다. 나는 이미 알고 있었으니까. 매번 거짓말이 내 손을 빠져나가 하늘을 향해 튀어오를 때마다 나는 알았다. 확신이 무너지게 하려면 저글링만 멈추면 된다. 그래서 알람이 울리면 얼른 침대에서 뛰쳐나와야 했던 것이다. 일어나. 움직여. 계속 움직여. 멈추지 마, 생각은 너의 적이다. 내가 금융업자라는 확신을 너무 오랫동안 가진 나머지 내가 무엇을 하고 있는지조차 잊어버렸다. 고로 나는 금융업자가 되었다. 사르트르는 내가 배신의 고통을 겪고 있다고 말할 것이다. 또 그러면 어떤가. 따라서 국제금융이라는 거창한 업계에 종사한 날은 이제 1,685일이나 되고 끝날 기미조차 보이지 않는다.

---

1 이 논리는 아버지가 뒤에서 언급하듯이 《존재와 무》에서 사용된 사르트르의 논리다. 사르트르는 인식의 행위는 인식의 대상과 같아질 수 없다고 주장했다. 볼 수 있는 사람은 결코 보이는 대상일 수 없으며, 생각하는 사람은 결코 그 생각되는 대상일 수 없다. 일단 사르트르의 논리가 이해되기 시작하면 큰일 난 것이다.

이런 확신은 나 자신은 물론 타인에 대한 나의 태도도 지배했다. 최소한 확신은 원형을 제공했지만 한 가지 결정적 차이가 있었다. 수많은 여자 친구들과 아직 거기에는 이르지는 못한 후보자들이 캐나다워터에 있는 내 아파트를 찾았다. 나는 내가 그녀들을 좋아한다는 확신을 가짐으로써 그들이 나를 좋아하게 만들었다. 시늉만 해서는 안 된다. 여자의 육감은 예리하니까. 필요한 것은 절대 확신이다. 그러나 이 경우 매번 거짓말이 일시적으로 내 손 안으로 떨어지는 바람에 좀 더 길게 손에 머물게 되면서 그 느낌이 내 손의 감각과 머릿속 기억을 되살린다. 이 확신은 계속 달리도록 허용되지 않는다. 우리 모두는 그 끝이 어디인지 알고 있다.

그렇게 우리는 진실을 마주한다. 나는 쓰레기다. 사르트르에게 크게 도움을 받아 개념의 껍데기를 곱게 차려입은 진실이다. 그렇지만 사르트르도 쓰레기였다.

가끔 빠르게 지나가는 무서운 환상을 제외하고 어떤 이들은 이런 확신 게임에서 결코 깨어날 필요가 없다. 또 다른 이들은 굉음과 함께 상처를 남기며 게임을 끝내야 한다. 만약 확신이 불신의 유예라면, 실제는 불신의 유예의 유예라야 한다. 불신의 유예의 유예는 시티오브런던클럽으로 가는 길에 받은 전화 한 통으로 나타났다. 블랙스클럽에서 여인들과 시시덕거리던 기억은 이제 과거의 일이 되었다. "올가, 정말 미안." 나는 이렇게 말했다. 나의 옛 인생에서 내가 했던 마지막 말이었다. 나의 새 인생을 열어준 말은 올가의 말이었지, 내 말이 아니었다. "미시킨, 우리 얘기 좀 해."

그것은 시간 그 자체만큼이나 오래된 이야기다. 남자가 여자를 만나고, 남자의 아이를 가진 여자는 미국의 아이비리그 대학으로 복학한다. 몇 주 후면 미국으로 돌아갈 여자는 아이 문제는 자신이 알아서 한다고 잘라 말한다. 남자는 단순한 사람이어서 두 번 생각하지 않는다. 여자에게는 아이를 가질 수 없는 언니가 있다. 일단 아이를 낳고 40주가 되기 전에 언니에게 아이를 넘겨준다. 그리고 언니와 형부, 아기는 업스테이트뉴욕에서 행복하게 산다. 그러나 이것은 영원한 해피엔딩이 아니다. 그들에게 허락된 것은 단 몇 년 만의 행복이다. 언니네 부부가 교통사고로 사망한다. 그리고 아이가 태어난 지 7년 만에 남자는 스물일곱이라는 성숙한 나이에 진짜 아버지가 된다.

따라서 아버지가 되는 평범한 일이 내게는 우울한 사건이었다. 상상 속에서는 즐겁고 기쁜 것이었던 아버지가 되는 일이 현실에서는 귓속말, 눈물과 장송곡 속에서 치러지는 장례식 같았다. 그러나 실망과 기만의 기분은 부모가 되는 것의 첫 번째 규칙을 위반했다. 이제 세상의 중심은 더 이상 내가 아니다(그리고 영원히 그럴 것이다).

그러나 이와 관련된 일부 현상은 전적으로 전형적이다. 시간이 늘어지는 현상은 신참 부모들 사이에서 널리 퍼진 현상이다. 누군가가 내 인생의 TV 리모컨을 가지고 노는 것 같다. 먼저 되감기 버튼을 누른다. 나는 다시 스무 살의 풋풋한 청년이 되어 내일 일은 내일 걱정하자며 해맑은 나날을 보낸다. 이것은 아마 나를 놀라게 해서 이전의 모습으로 되돌려놓으려는 충격 요법인 것 같다. 내가 서 있는 곳은 단단한 현재이며 그 속에는 내가 사랑한 여인이 있었다. 내 앞에 펼쳐져 있는 것은 불안한 미래였다. 그 문제, 가능성, 뒤바뀐 순서, 낭설. 무슨 생각을 하는지 다 안다. 분명 나는 다른 사람의 비극을 이용해 목적을 채우는 것에 반대하지 않는 사람이었다. 그러나 동시에 옳은 일을 하려는 생각에 동기부여를 받는 나의 또 다른 측면도 있었다. 진실. 가끔은 나의 이런 측면이 내가 여전히 게임, 즉 하늘이 무너져도 옳은 일을 한다는 고귀함의 게임을 하고 있다는 느낌을 떨치지 못하게 했다. 하지만 게임은 아주 오랫동안 나의 일부였기 때문에 놀라운 일도 아니었다. 그럼에도 불구하고 다양한 행동을 하게 만드는 나의 이런 다양한 측면들이 같은 장소에 도착했다. 나는 청혼을 했고 이번에는 올가가 받아들였다. 이것 역시 충격 요법인 것은 의심의 여지가 없었다.

. . .

되감기 버튼의 즐거움도 잠시, 이제부터는 빨리감기다. 앞으로 몇 해 동안은 계속 빨리감기의 나날만 이어진다. 나는 런던에 살고 올가는 뉴욕에 산다. 우리 중 하나, 또는 둘 다 이사를 해야 한다. 올가

204

는 출판업계, 나는 금융업계에 각각 종사하고 있다. 내가 버는 돈이 훨씬 많고 내 직장이 좀 더 안정적이다. 그래서 우리는 런던에서 합치기로 했다. 즉 니콜라이(아들 이름을 이제야 말하다니!)가 모국을 떠나오게 한 것이었다.[2] 어쩔 수 없는 결정이라는 데에는 이견이 없었다. 그래서 내게는 아내와 아들, 그리고 새 삶이 생겼다. 그것도 단 몇 주 만에. 업스테이트뉴욕의 군청에서 서둘러 식을 올리고 어리둥절하고 또 아마 겁에 질렸을 니콜라이를 데리고 런던으로 날아갔다.[3] 나는 런던 생활이 예전 같지 않으리란 것을 알았다. 여자 친구들은 이제 모두 안녕이다. 시티오브런던클럽으로 출근 도장을 찍는 일도 굿바이다. 아침에 출근할 때면 올가와 니콜라이는 아직 꿈나라에 있을 것이다. 깨어 있는 이들의 얼굴을 보려면 주말을 빼고는 일이 끝나자마자 집으로 곧장 달려와야 할 것이다. 이 모든 것을 나는 알았다. 그럼에도 불구하고 나는 도클랜즈의 내 아파트에 계속 머물 수 있으리라는 착각을 버리지 못했다. 그러나 실제 우리의 삶은 좀 비좁았다. 런던 부동산업자가 말하는 침실은 미국 기준으로는 벽장 수준에 불과했다. 몇 달 후, 나는 불가항력에 굴복했다. 아파트를 세놓고 윔블던빌리지의 조그마한 전셋집으로 옮겨왔다.

어느 토요일 아침, 올가는 집에 없고 니콜라이와 나는 동키콩

(1981년 닌텐도에서 발매된 아케이드 게임-옮긴이)을 하며 놀고 있었다.[4] 니콜라이가 나를 보고 물었다.

"내가 죽으면 엄마, 아빠를 다시 만날 수 있어요?" 모든 것은 항상 오직 게임일 뿐이라고 믿던 내게 딱 붙어 다니던 의심, 내가 게임을 한다는 느낌이 일순간에 사라졌다. 이것은 차갑고 냉정한 현실이었다. 그러나 현실과 진실은 원래 껄끄러운 사이였다.

어떤 사람들은 아무리 힘들어도 항상 진실만을 말해야 한다고 주장한다. 그 이유는 진실이 누군가의 마음을 아프게 하는 것보다 더 큰 가치가 있기 때문이다. 그들은 진실의 가치를 잘못 이해한 감정적인 어린아이와 같다. 거짓말쟁이는 진실을 중요하게 여기지 않는다. 실제로 이것은 악이요, 성격상의 결점이다. 그러나 진실만을 너무 중시하는 것도 악이다. 아마 이런 악을 지칭하는 단어가 있을 것이다. 만약 있다면 그게 무엇인지 나는 모르고, 만약 없다면 누군가는 만들어야 한다. '퉁명스러운', '솔직한', '직설적인'과 같은 단어들은 구체성이 떨어진다. 일반적으로 진실을 숨겨봤자 좋은 일이 없다고 믿고 특수한 상황에서 필요하다면 거짓말도 해야 한다고 믿기에 퉁명스러워지는 것이다. 진실의 초월적인 가치를 열광적으로

---

4   말도 안 된다. 분명히 슈퍼마리오 카트였는데!

믿는 사람은 그런 예외를 허용치 않는다.

유용함과 혜택의 개념은 진실의 가치를 이해하는 데 핵심적이다. "내가 죽으면 엄마, 아빠를 다시 만날 수 있어요?" 진실의 가치가 다른 모든 가치를 초월한다고 믿는 사람들은 내가 "아니"라고 대답해야 한다고 말한다. 그것이 진실일 테니까. 그리고 내가 확실히 알 수는 없다고 인정한다면 "아마 안 그럴 거야"라고 말해야 할 것이다. 그들은 진실이 본질적으로 가치가 있다고 생각한다. 게다가 이 본질적 가치는 너무나 거대해서 다른 모든 것 위에 군림해야 한다고 말이다. 이는 두 가지 측면에서 잘못된 생각이다. 진실의 가치는 도구적 가치다. 진실은 돈이나 약의 가치와 같아서 그 자체로 가치가 있는 것이 아니라, 그것을 수단으로 뭔가를 얻기 때문에 가치가 있는 것이다. 진실은 우리가 더 좋고 행복하고 풍요로운 삶을 살게 해주는 만큼의 가치가 있다.[5]

진실을 아는 것이 (일반적으로) 좋은 이유는 거짓말에 기반을 둔 삶은 불행한 인생 또는 잘못 산 인생이 될 수 있기 때문이다(이 두 가지 인생은 같지 않다). 어려서부터 우리는 사람마다 적성이 다르고 교

---

5   흥미로운 사실 하나. 만약 내가 바늘로 찔러도 피 한 방울 안 나는 인간이라면 교장실에서 거짓말을 했던 어린 소년이 자라서 타고난 거짓말쟁이 성격을 합리화·정당화하는 어른이 되었다고 생각할 것이다. 그러나 다행히도 나는 그렇게 냉정한 성격은 못 된다.

육과 삶의 선택 등에서 그 방향에 맞춰 노력하면 능력을 계발할 수 있다는 말을 반복적으로 들어왔다. 그러나 그 말은 틀렸다. 모든 노력은 결국 차가운 현실의 벽에 부딪혀 산산조각이 난다. 다른 길을 선택해야 했으며 진실을 알았더라면 아마 그랬을 것이다. 이는 어쩌면 평생 지속될 후회와 불행의 근원일지도 모른다. 그러나 행복한 삶도 잘못 산 인생이 되기는 마찬가지다. 특정 종교의 교리를 믿고 공동체에 가입하고 더욱 특별한 자기계발, 경력계발, 인간관계 등을 추구하는 것이다. 그 교리는 명백한 헛소리이지만 결코 그 사실을 알아차리지 못한다. 그런 삶은 행복하거나 최소한 중간은 간다. 그러나 여전히 무의미하고 헛산 인생일 것이다. 진실을 아는 것은 보통 좋은 일이다. 진실은 불행과 무의미함이라는 두 가지 악으로부터 우리를 보호해준다. 그렇다고 진실이 항상 좋다는 뜻은 아니다. 진실은 우리를 엉망으로 만들 수도 있다.

진실은 매우 불편할 때가 많다. 너무나 불편해서 의문스러운 추론을 이끌거나 성급한 결론을 내리기도 한다. 톨스토이가 자신을 포함해 모든 사람은 언젠가 죽는다는 것을 처음 진정으로 이해했을 때, 그는 '모두 헛되다'는 성급한 결론을 내렸다.[6] 삶이 엿 같다는 것, 사람은 모두 죽는다는 것은 냉혹한 진실이며 여기서 모호

6　나는 아버지가 톨스토이의 《참회록My Confession》을 말하는 줄 알았다. 결국 톨스토이는 신에서 위안을 찾았다.

한 결론을 이끌어내기란 쉽다. 이런 결론에 근거한 삶은 헛소리에 사로잡힌 사람의 인생처럼 불행하고 무의미할 수 있다. 불행과 무의미함은 끔찍한 일의 결과로서 일어나며, 진실은 종종 끔찍하다.

인생은 규칙으로 규정하기에는 너무나 모호하다. '언제나 진실만을 말하라'는 일단 가능하지도 않을뿐더러, 너무나 많은 예외를 달게 될 규칙이다. 도끼 살인마가 다가와 도끼가 어디 있냐고 물어보는 중이 아니라면. 항암 치료 중인 어머니가 어쩔 수 없이 써야 하는 가발이 '자연스러운지' 물을 때 대답해야 할 상황이 아니라면. 돌아가신 부모님을 그리워하는 아이가 부모님을 다시 볼 수 있는지 묻는 게 아니라면. 진실을 말하는 것이 옳은 일이 아닌 상황과 이유는 많다. 가끔은 다른 사람을 위해, 가끔은 자기 자신을 위해, 또 가끔은 모두를 위해.

선의의 거짓말이라는 뜻의 '하얀 거짓말'은 진실을 말하는 것의 궁색함을 인정하는 셈이다. 그러나 '누군가의 감정을 상하게 하지 않는다면 항상 진실만을 말하라'처럼 더 구체적인 규칙을 수립한다 해도 규칙이 급증하는 것을 피할 수는 없다. 가끔은 '감정을 상하게' 하고 심지어 상대를 피폐하게 만들지라도 꼭 들어야 한다면 진실을 말해야 할 때가 있다.

돌아가신 부모님을 다시 볼 수 있느냐고 슬픔에 빠진 아이가 내게 물었다. 다시 볼 수 없다고 나는 확신한다. 그러나 그건 너무 잔인하다. 그럼에도 불구하고 확신은 신중하고 사려 깊은 판단과 떼려야 뗄 수 없는 관계에 있다. 만약 내가 "물론이지. 천국에 가면 당연히 볼 수 있단다"라고 말한다면, 아이가 부모님을 얼른 다시 보고 싶어서 삶을 끝낼 거라 생각하는가?[7] 그 정도로 극단적이지는 않지만, 아이가 살아갈 의욕을 잃지는 않을까? 이승의 삶을 실존의 세계인 저승으로 가기 전에 거치는 불편한 전편으로만 보게 되진 않을까? 만약 그렇다면 이 효과는 일시적인 것 이상이 될 것인가? 만약 이 질문들에 대한 확실한 대답이 있다고 의심한다면, 나는 처음에 내가 가졌던 둘러대고 싶은 충동을 다시 고려해야 할 것이다. 필요한 것은 신중한 판단이다. 둘러대는 것과 진실을 말하는 것의 단점을 비교해봐야 한다. 감정이 아닌 지성을 바탕으로 결과를 평가해야 한다.

이 모든 것에서 규칙은 차후의 문제다. 규칙을 중시한다면 내 결정을 규칙의 관점에서 생각할 것이다. 부모가 죽고 남겨진 아이는 큰 슬픔에 빠져 천국에 가면 부모님을 다시 만날 수 있느냐고 묻는데, 그때 다음 중 해당되는 것이 하나라도 있지 않는 한 그럴 것이라고 답한다. (1) 아이가 자살할지 모른다. (2) 삶의 의욕을 잃을지 모른다. (3) 삶의 의욕을 잃을 가능성이 어느 정도 확실하다. (4)

---

7   물론 그런 일은 일어나지 않을 것이지만.

그 가능성이 받아들일 수 없을 정도로 심각하다. (5) 그 가능성이 일시적이지 않고 영구적이다. 기타 등등. 그래도 아직 가능한 예외와 조건의 극소수만을 건드렸을 뿐이다. (6) 내가 하는 거짓말이 앞으로 더 많은 진실을 잃게 만들 것인가? 아니면 (7) 니콜라이가 논리적 근거를 이해할 수 있게 될 것인가? (8) 그럴 가능성은 얼마나 되는가? (9) 나의 거짓말이 신뢰 상실로 이어진다 해도 잠시라도 니콜라이의 마음을 아프지 않게 할 수 있다면 받아들일 수준인가? (10) 신뢰 상실이 만약 실제라면 (11) 순전히 나에 대한 신뢰 상실인가 아니면 (12) 일반적인 인류 전체에 대한 편견이 될 것인가? 등등. 이것은 빙산의 일각에 불과하다. 모든 가능한 복잡함, 조건 및 예외를 다 고려해 규칙을 세울 수 있다고 해도 결국은 무의미할 것이다. 규칙을 이해하려면 도덕적이어야 하기 때문에 규칙은 도덕성의 근간이 될 수 없다.

예전에는 도덕적 사상가들이 대부분 공감하고 추구했던 꿈이 있었다. 이것은 일련의 규칙으로서 도덕적 결정 과정의 근간이 되었다. 이들 규칙은 어떤 상황에서도 바른 길을 보여주는 등대 같았다. 게다가 이 규칙들은 선하지 않고 규칙을 따를 의사가 없는 사람이라 할지라도 정상적인 성인 남녀라면 누구나 이해하고 적용할 수 있는 방식으로 수립되었다.

이 꿈 또는 최소한 이런 종류의 꿈은 도덕론자에게는 유별난 것이 아니었다. 인지과학자들도 규칙의 그물로 지성을 잡는 꿈을 꾸었다. 이 규칙들은 그들이 말하는 소위 '인지적 체계'인 사람이 특정 상황에서 어떻게 행동하는지 설명해준다. 그 꿈의 문제는 어떤 상황이든 예측할 수 없을 만큼 복잡해질 수 있다는 것이 아니었다. 사실 그것은 별로 도움이 되지 않았지만 이 문제가 엄청난 수로 규칙을 확장하면 극복될 수 있기를 바랐다. 아니, 진정한 문제는 규칙 자체가 아닌 적용의 문제였다. 규칙이 제대로 적용되지 못하는 경우들이 있다. 가끔은 어리석고 생각이 없으며 멍청하기 짝이 없다. 치명적 결점은 이제 드러났다. 특정 상황에서 규칙을 적용하는 것은 지성적이거나 아니거나 둘 중 하나다. 이 문제는 규칙 적용에 대한 또 다른 규칙을 계속 세운다고 해결되지 않는다. 따라서 냉정한 진실은 서서히 수면 위로 드러난다. 규칙은 지성을 전제로 하기 때문에 설명할 수 없다.[8]

　도덕성을 규칙으로 설명할 수 있다는 생각은 같은 문제에 봉착한다. 비록 도움은 안 되지만, 문제는 현실 상황의 도덕적 복잡성이 아니라 어떤 도덕적 규칙도 적용이 잘되거나 잘못되거나 둘 중 하나라는 점이다. 예를 들어 상황에 따라 도덕적 규칙의 적용은 거만하거나 잔인하거나 계산적이거나 무감하거나 충직하지 못하거

8　이것은 '사고 범위의 문제'로 알려진 문제 또는 최소한 그 문제의 한 가지 버전이다. 확실하지는 않지만 서서히 그 문제를 드러낸 장본인은 다름 아닌 비트겐슈타인이다.

나 변덕스럽거나 욕심 많거나 가혹하거나 위선적이거나 부주의하거나 사려 깊지 못하거나 경솔하거나 관용이 없거나 무책임하거나 게으르거나 돈밖에 모르거나 근시안적이거나 뻔뻔스럽거나 소심하거나 무모하거나 이기적이거나 눈치 없거나 비협조적이거나 배은망덕하거나 앙심을 품을 수 있다. 이 단어들은 모두 도덕적 결함, 즉 악덕을 뜻한다. 이런 악덕을 피하려면 그에 상응하는 선을 보여주거나 최소한 악덕이 없어야 한다. 따라서 규칙은 그것을 적용하는 사람이 이미 도덕적으로 선하거나 최소한 도덕적으로 악하지 않아야 작동한다. 지성을 규칙으로 파악할 수 없듯 규칙은 도덕성을 전제 조건으로 할 뿐, 규칙을 통해 도덕성을 파악할 수는 없다.[9]

그렇다면 대안은 도덕성을 실용적 기술로 보는 방법이다. 예를 들어 자전거는 규칙을 이해하고 타는 것이 아니라, 그냥 몸으로 부딪쳐서 익힌다. '계속 페달을 밟으라'는 규칙은 매우 불완전하고 예외가 많아서 있으나 마나 하다. 문제는 늘 생길 수밖에 없으며 잘못된 점을 개선하면 된다. 꼭 혼자 해결하지 않아도 된다. 자전거를 능숙하게 타는 사람으로부터 조언을 듣고, 어떻게 타는지 지켜봐도 좋다.

아리스토텔레스는 도덕적일 수 있는 능력을 이렇게 보았다. 진

---

9 이런 종류의 주장은 존 맥도웰과 관련이 있으며, 로절린드 허트하우스도 참고하라.

실을 말할지 유보할지 숨길지의 열쇠는 상황이 쥐고 있으며, 상황은 판단을 필요로 한다. 판단은 기술이다. 아리스토텔레스는 이것을 프로네시스phronesis '실천적 지혜'라고 불렀다. 실천적 지혜는 규칙을 습득한다고 얻어지는 게 아니다. 오히려 여러 상황에 노출되고 헤쳐나가는 과정에서 자연스럽게 습득된다. 가끔은 잘될 때도 있지만 안 될 때가 더 많다. 실천적 지혜에는 일을 제대로 하는 능력도 포함되지만, 일을 잘못했을 때 알아차리는 능력과 남의 도움을 얻어 솔직하고 유연하며 지적인 방식으로 어떻게 개선할지 생각하는 능력도 포함된다. 그렇게 습득한 실천적 지혜는 공평하게 배분되지 않는다. 실천적 지혜가 풍부한 사람이 있는 반면, 전적으로 없는 사람도 있다. 사람들마다 그 양이 다르다.

실천적 지혜는 차갑고 객관적인 태도처럼 보인다. 나는 니콜라이에게 어떻게 말하는 것이 최선일지 알아내야 한다. 해당되는 모든 요소들을 고려하고 가능성을 계산하고 다양한 결과의 상대적인 장단점을 파악해서 말이다. 이는 매우 계산적인 도덕성의 개념이 아닐 수 없다. 비록 아리스토텔레스가 아닌 흄이 강조한 생각이기는 하지만, 도덕적인 경우에 있어서는 객관성에 대해 엄격한 제한이 있다. 내 실제적인 추론은 항상 가장 중요한 하나의 생각을 향해 이루어져야 한다. 방금 부모를 여읜 일곱 살 아이의 상황은 어떨까? 내가 이 아이라면 어떤 기분일까? 공감은 남의 입장이 될 수 있는 능력이다. 남의 입장이 되었을 때 걱정하는 마음을 가질 수 있는 능력을 '동정심'이라 한다. 걱정하는 마음을 실질적인 것으로 구체화할 수 있는 능력이 '실천적 지혜'다.

공감과 동정심은 흔히 혼동되므로 이 둘을 구분해보는 것은 유용하다. '공감'을 뜻하는 영어 'empathy'는 그리스어 'empatheia'에서 기원한다. 'empatheia'는 '안'을 뜻하는 'em'과 '느낌'을 뜻하는 'pathos'로 이루어진 합성어다. 따라서 공감은 '안에서 느끼기'이며, 자신을 다른 사람의 마음과 상황에 투사해 그 느낌을 함께 느끼는 것이다. 그러나 그리스어에서는 공감 'empatheia'를 동정심 'sympatheia'와 구분했다. 'sympatheia'는 '느낌'인 'pathos'에 '함께'를 뜻하는 'syn'이 합쳐진 형태다. 따라서 '함께 느끼기'인 동정심은 '안에서 느끼기'인 공감과는 다르다. 동정심을 뜻하는 영어 'compassion'은 성직자들이 'sympatheia'를 라틴어로 번역한 것이다. 이 단어는 '함께'를 뜻하는 라틴어 'cum'과 'passio'가 합쳐진 것인데, 'passio'는 '고통을 겪다' 또는 '견디다'라는 뜻의 동사 'pati'의 주격명사 형태다. 따라서 'compassion'은 다른 사람과 함께 고통을 겪거나 견디는 것이다.

내가 니콜라이에게 공감의 감정만을 느낀다고 해보자. 그 순수한 형태에서 나는 니콜라이가 느끼는 그대로 느낄 수 있다. 그의 처절한 불행, 무엇으로도 위로할 수 없는 상심은 또한 내 것이 된다. 이 공감은 그 자체로는 별 효과가 없을 뿐만 아니라 우리가 보통 생각하는 도덕적인 태도가 아니다. 내가 지금 느끼는 이 불쾌한 감정에 신경을 쓰겠지만 아이를 위해서가 아닌 내가 불쾌해서 그런 것이다. 적절한 도덕적 태도라면 아이를 위해 신경을 쓰는 행동이라야 한다. 이 끔찍한 느낌이 신경 쓰이고 줄이려 하는 이유가, 내 속에 메아리치는 공감이 싫어서가 아닌 그 아이를 위해서라야 한다.

동정심은 우리를 이 생각에 좀 더 가깝게 해준다. 동정심을 가지면 나는 니콜라이와 함께 고통을 느끼기 때문에 아이가 고통을 느낀다는 것을 인식해야 한다. 게다가 니콜라이와 공감하려면 내 감정이 아이의 감정을 반영해서 아이가 느끼니까 나도 느껴야 하지만, 동정심은 반드시 그럴 필요가 없다. 나의 동정심은 다양한 형태를 띨 수 있다. 아이의 상심에 대해 안쓰럽게 느끼지만 내가 공감해서가 아니라 아이가 어떤 감정일지, 얼마나 끔찍한 경험일지 이해해서 그런 것이다. 가슴 아픈 것은 아이의 몫이지 내 몫이 아니며, 나는 이런 이유로 아이에게 동정심을 느낀다. 나의 동정심은 공감을 기반으로 한다. 공감을 모른다면 아이가 어떤 감정을 겪고 있는지 나는 이해할 수 없을 것이다. 그러나 이것은 타인의 고통에 '적절한' 감정을 가지는 것이지 그 고통 자체를 그대로 복기하는 것은 아니다. 따라서 니콜라이에 대한 나의 동정심은 공감 그 이상을 필요로 한다. 일곱 살 아이의 입장이 되어볼 뿐만 아니라 그때 내가 느낄 감정도 신경 쓰는 것이다. 그리고 나는 정확히 그 고통이 아이의 것이기에 신경을 쓴다. 동정은 그 고통이 타인의 것이기 때문에 신경을 쓰는 마음이다.

그러나 동정심은 그 자체로는 쓸모가 없다. 나의 감정적인 대응은 효과적으로 이용되어야 한다. 내가 최선의 방법을 통해 니콜라이의 고통을 줄이도록 돕는 역할, 바로 이것이 실천적 지혜의 기능이다. 동정심은 도덕성을 위해서는 필요할지 모르지만 차분하고 객관적이며 이성적인 평가와 함께 씨를 뿌려야만 쓸모가 있다. 동정심은 으뜸가는 도덕적 선이며, 지성은 동정심에 효력을 주는 실천적 선이다. 실천적 지혜와 동정심의 결합은 '지적인 동정심'이다.

지적인 동정심은 도덕성의 본질이며, 규칙이 아니다. 동정심도 지성도 규칙으로 파악할 수 없다. 어떤 사람들은 지성이 부족하고, 어떤 사람들은 동정심이 부족하며, 또 어떤 사람들은 둘 다 부족하기 때문에 규칙이 필요할 뿐이다. 이 경우 규칙은 매우 유용할 수 있다. 그러나 그래봤자 불완전한 유사품에 불과하다. 인생은 규칙대로 살기에는 너무 변덕스럽다.

니콜라이는 단 한 가지에서만 행운아였다. 바로 타이밍. 불과 2년 전만 해도 나는 사람들이 진실을 알아야 하고, 아무리 끔찍해도 그 결과를 받아들여야 한다는 멍청한 규칙을 따랐을 것이다. 회반죽을 걷어내고 진실을 마주하라. 얼치기 낭만주의 애송이가 나였다. 그러나 세월이 이미 나를 공격하기 시작했고 나 자신을 약한 존재들이 모인 세상 속에 있는 또 하나의 약한 존재로서 볼 수 있게 되었다. 타인에 대한 동정심은 자신의 나약함을 반영한 거울이기도 하다. 살아온 시간 동안 조금이나마 실천적 지혜를 얻었으리라. 이유야 어찌되었든, 니콜라이가 내게 이 질문을 했을 때 나는 질문의 정확한 상황에 맞게 어떤 대답을 어떻게 할지 알 만큼 충분한 지적인 동정심을 축적한 것을 다행스럽게 여겼다. 이 세상에 속한 작고 여린 존재는 산타클로스가 존재하지 않는다는 사실도 이제 막 알게 된 상황이었다. 게다가 (자신의 친부모라고 알고 있는) 부모를 여읜 지 얼마 되지도 않았다. 이 정도면 아리스토텔레스도 이해할 것이다.

"그럼, 물론이지. 만날 수 있고말고." 아직은 그 아이의 인생에서 꿈과 희망을 앗아가고 싶지 않다. 내가 거짓말을 했다는 것은 삶이 머지않아 알려줄 것이다. 부모를 결코 다시 만날 수 없다는 사실을 커가면서 서서히 깨달을 것이다. 그러나 그때쯤이면 아이는 자라고, 진실만이 전부가 아님을 알 만큼 강해져 있을 것이다. 진실은 가끔 아무것도 아니다.[10]

---

10   내가 나의 친부모에 대해 알게 된 것은 몇 년 전이었다. 그 이야기가 생략된 것은 그럴 만한 이유도 있고 여파도 있기 때문이었을 것이다. 거짓말을 한 것은 비난받을 수 있고 비난받지 않을 수도 있다. 또다시 판단의 문제가 된다. 과연 옳은 일이었나? 아마 그럴 것이다. 나도 모르겠다. 왜냐하면 나 자신과 비교해볼 만한 대상이 없기 때문이다. 실천적 지혜의 불편한 진실이 바로 그것이다. 실천적 지혜를 가지고 있어도 확신할 수 없다. 드러난 자신감은 종종 지혜보다 실질적인 어리석음의 표시인 경우가 많기 때문이다.

사고
동물, 환경, 공감의 진화

이제 널 편안히 볼 수 있어.
더 이상 널 먹지 않으니까.

: 프란츠 카프카 :

사람들은 부모가 되면 세상이 달라진다고 말한다. 아이들을 대하는
방식은 분명 달라진다. '지금은 못생겼지만 자라면서 괜찮아질 거
야.' 나는 이런 말을 입 밖에 낸 적은 없다. 몇 년 전 남동생이 새로
태어난 조카를 데리고 왔을 때 내 머릿속에 떠오른 생각이다. 제수
씨는 내게 "너무 예쁘죠?"라고 물었다. 1년 전쯤 올가가 아이를 내
무릎에 올려주며 우유를 먹이라고 말하기 전까지 나는 아기를 보고
예쁘다고 생각해본 적이 없었다. 우리의 행복한 (두 번째) 사고인 알
렉산더가 세상에서 가장 아름다운 첫 번째 아기가 되었다. 고슴도
치도 제 새끼는 예쁘다고 하는 왜곡된 현실 인식은 자손이 생겨난
이래 부모가 아이를 잘 기를 수 있도록 돕는 생물학적 필요가 낳은
것임은 두말할 나위가 없다. 그 결과 어머니는 아이를 돌보려 하고,

아버지는 가정을 떠나지 않으려 한다.

물론 이는 생물학적 현상에 불과하다. 진화는 사회 집단을 유지할 방법을 필요로 했다. 곤충은 화학 물질을 분비하는 복잡한 언어를 개발했다. 포유류는 그렇게 복잡한 것을 다룰 능력이 없으리라는 점을 간파하고 훨씬 더 간단한 '감정'이라는 방법을 고안했다. 아이를 사랑하면 집단이 안정되고 그럼 나의 빛나는 유전자도 안전하게 집단 속에 자리 잡을 것이라고 생물학은 규정한다. 항상 효과가 있지는 않지만, 여전히 규범이다. 나는 이 모든 것을 알고 있다. 단지 내 알 바는 아니다.

런던 계획은 예견된 실패였다. 우리가 조금이라도 아이에 대해 알았더라면, 아이에 대해 조금이라도 아는 사람의 말을 들었더라면 그것이 니콜라이에게 너무 큰 시련이 될 것임을 알았을 텐데. 이미 모든 것을 잃은 아이에게 완전히 새로운 문화 속에 낯선 억양, 입에 맞지 않는 음식, 이상한 관습과 몇 달간 이어지는 우울한 날씨까지……. 우리는 1년이 안 되는 런던 생활을 청산하고 뉴욕으로 옮겼다. 올가는 출판업계에 (중소 출판사의 주니어 에디터로) 재취업했고, 나는 뉴욕 지사로 발령을 받았다.

그전까지 뉴욕은 잘 알지 못했으나 결코 익숙해지진 않았다. 런던에서 내 일도 힘들었지만 뉴요커들은 좀 더 전투적으로 일하는 것 같았다. 비용도 어마어마했다. 맨해튼이라는 괴물은 돈을 갉아

먹는 거대한 쥐처럼 낮이고 밤이고 내 은행 계좌를 뜯어먹었다. 생활비를 고려해 브루클린이나 저지로 가자고 올가에게 제안했지만 거절당했다. 올가는 일단 다리만 건너면 가는 곳마다 밴조를 연주하는 알비노 아이들이 있을 거라고 주장했다.[1]

어쨌든 올가는 타고난 핏줄에 영향을 받은 자기 나름의 계획이 있었다. 그녀는 라틴 혼혈이다. 돌아가신 아버지가 그녀에게 바깥세상으로 나가서 남들이 할 수 없는 일을 하라고 설득했지만, 귀소본능 또한 남아 있다. 라틴 사람들은 결국 그들의 고향으로 돌아간다. 절반의 라틴계도 마찬가지이며, 단지 좀 더 소심하고 소극적일 뿐이다. 시간이 흐를수록 좋은 선택이 될 거라고 생각하면서, 우리는 마이애미로 갔다.

외할아버지의 이름을 딴 알렉산더는 이제 돌을 넘겼다. 길게 발음하기를 매우 귀찮아하는 라틴 사람들이 이미 '니코'라는 애칭으로 불러버린 니콜라이는 이제 여덟 살이다. 마이애미로 이사를 가는 조건으로 니코에게는 개 한 마리를 키우기로 약속했다. 니코는 한동안 개를 키우고 싶다고 졸라댔지만 도클랜즈나 어퍼웨스트사이드에서는 불가능했다. 그런데 아이에게 견종을 고르도록 선택

---

1 이게 무슨 말인지 나도 전혀 모르겠다.

권을 주는 실수를 저지른 덕분에 올가의 삼촌이 키우는 독일 셰퍼드가 낙찰되었다. 삼촌은 아이의 보디가드로서는 더없이 훌륭하다고 우리를 안심시켰다.

공식적으로 니코의 개이지만, 보스(니코에게 개의 이름을 지을 권한까지 주었다)는 알렉산더와 더 많은 시간을 보냈다. 니코가 학교에 간 사이 둘은 내내 집에서 함께 놀았다. 둘은 주방에서 노는 것을 가장 좋아했다. 알렉산더가 찬장의 문을 열면 둘이 기어들어갔고, 깔깔대는 웃음소리와 흥분한 꼬리가 부딪치는 소리로 둘이 어디에 있는지 금방 알 수 있었다. 관심사가 통하는 것은 물론 둘의 지능도 지난 한 해 동안 막상막하였다. 내가 딱히 지능 검사를 해보지 않았고 지능 측정은 말도 안 되게 까다로운 일이기는 하지만, 간단한 요청에 반응하는 능력이나 문제 해결력을 보면 둘 사이에 큰 차이는 없어 보였다. 차이가 있기를 바랐지만 아직은 없었다.

개는 다른 별의 이상한 생명체 같았다. 나는 개의 언어를 이해할 수 없었고, 많은 시간과 돈을 들여 개를 먹이고 산책시키면서 왜 키우는지 이해할 수 없었다. 그러나 이제는 안다. 개는 기본적으로 우리 인간과 같다. 더 정확히는 삶이 호기심으로 가득해 매일 하나씩 새로움을 발견해가던 시절의 우리 모습을 닮았다. 개는 우리가 살고 있는 집이 모험의 연속이던 시절을, 매일이 새로운 모험이던 시절을 떠오르게 한다. 또한 인생 최고의 즐거움이 새로운 찬장과 옷장을 탐험하고 집 안의 못 보던 구석구석을 뒤지던 일이던 때를 생각나게 한다. 현재의 모습이 아닌 미래의 가능성을 찾아 헤매던 그때를 말이다. 개는 우리가 얻을 수 있는 이득을 위해서가 아니라, 그 자체로 무언가를 하던 때를 생각나게 한다. 개는 우리가 에덴동산에 살던 때를 생각나게 한다.

에덴동산이 선악이 생겨나기 전의 시간이라면, 이제 동산에서 니코가 보내는 시간은 끝나가려 한다. 이동식 페팅주petting zoo(동물을 직접 만지고 먹이를 줄 수 있는 동물원-옮긴이)가 학교로 찾아오고 작은 돼지를 만나고 나면 보스와 돼지 사이에 큰 차이가 없음을 깨달을 것이다. 왜 우리가 개는 사랑하면서 돼지는 먹는지 설명할 수 있을 만큼의 차이는 없다. 이것은 특별한 날 또는 별일 없는 날에도 통돼지 바비큐를 먹는 문화에 최소한 한쪽 발을 담그고 있는 사람이라면 느끼는 불편한 진실이다.

니코와는 다른 계기이는 했지만 나는 이런 생각을 하게 되면서 불편했다. 나의 경우는 실질적인 질문으로부터 시작했다. "오늘 저녁 메뉴는 무엇으로 하지?" 그렇다. 나는 지금 전업 아빠다. 마이애미로 오면서 나는 '프리랜서 투자가'를 선언했다. 하지만 사실은 '뭘 할지 모르겠다. 하지만 걱정하지는 않는다. 감옥-보상 모델이 결국 나에게는 효과가 있었다'는 뜻이었다. 반어적으로, 몇 년 뒤 나는 그 모델을 포기했다. 최소한 서류상으로 나는 부자였다. 그리고 런던 부동산 시장은 버블 붕괴 이후 1990년대 초반 수습 기간이 지나고 추세적인 상승이 있었다. 당시 추세라면 도클랜즈에 양계장만 하나 사도 떼돈을 벌 수 있었다. 관리만 잘하면 오랫동안 일하지 않고도 먹고살 수 있을 만큼 돈은 얼마든지 모을 수 있었다. 일에 완전히 손을 떼지는 않았지만, 이곳 마이애미에서 내 기회는 제한되어 있었다. 여기는 남미로 가는 관문이고 실제로 일부에서는 남미의 수도로 통하지만, 나는 스페인어도 포르투갈어도 못한다. 그리고 여기저기서 조금씩 일을 했지만 모두 취미 정도로만 여겼다. 니코와 알렉산더의 식사 준비가 내게는 더 중요했다. 나는 매일 고민했다. "오늘 저녁 메뉴는 무엇으로 하지?" 이 질문은 시간이 가면서 점점 더 추상적으로 변해 결국 '일반적으로 아이들에게 어떤 음식을 주지?'가 되었다. 불편하게도 한 가지 답은 분명해졌다. '고기는 제외'라는 것이다. 미국식이협회ADA는 '잘 계획된 채식 식단은 삶의 모든 단계에서 임신부, 수유부, 유아동, 청소년, 운동선수 등 모든 개인에게 적합하다'라고 말한다. 이것이 미국 최고의 음식 및 영양 전문가들이 모인 협회에서 나온 말이다. 전 세계 채식 인구가 얼마나 되는지는 아무도 모른다. 그러나 그 숫자가 엄청난 것만은 분명하다. 수억, 어쩌면 수십 억일 것이다.[2] 군이 건강을 위해 고기를 먹을 필요가 없다는 것만이 아니다. 우리가 원하는 것이 건강이라면, 고기를 먹지 않아야 할 이유들은 충분하다. 사실 고기를 통해 얻는 단백질은 다른 곳에서 얼마든지 섭취할 수 있다. ADA에 따르면, 채식 식단은 혈중 콜레스테롤과 혈압을 낮추고 심장병, 고혈압 및 제2

형 당뇨의 위험을 줄이는 유익한 효과가 있다. 채식 인구는 체질량 지수가 낮고 암에 걸릴 위험도 전반적으로 낮다. 심장병과 암은 선진국의 연간 사망 원인의 50퍼센트 이상을 차지한다. 바깥에는 살인자가 돌아다니는데 통계적으로 그는 내 아들 중 한 명을 죽일 것이다. 그러나 이 살인자는 고기를 먹는 사람들을 집중적으로 죽인다. 고기를 먹지 않으면 내 아들이 그 살인자의 관심을 끌 확률은 대폭 줄어든다. 즉 내가 만든 음식이 원인이 된 것을 뻔히 알면서 내 아이가 심장병이나 암으로 죽는 것을 본다면 어떤 기분일까? 그때는 내가 죽고 없어서 볼 수 없다 해도 책임이 줄어들지는 않는다.

그제는 알렉산더를 데리고 소아과에 갔다. 주치의 한 명이 모든 연령을 진료하는 영국과 달리 소아과가 따로 있다는 것이 나는 아직 익숙하지 않다. 하지만 매우 합리적이다. 며칠간 호흡기 바이

---

2   이 추정치는 아마 21세기의 첫 20년간은 맞을 것이다. 예를 들어 2010년에 인도의 채식 인구는 약 5억 명으로 총 12억 인구의 42퍼센트나 되었다. 한편 미국의 채식 인구는 약 3억 1,100만 인구의 2.3~6.7퍼센트였다(채식을 어떻게 정의하느냐에 따라 다른데, 인도에서는 달걀을 먹으면 채식이 아니다). 당시 영국에서는 총 인구의 3~11퍼센트가 완전 채식 인구로 조사되었다. 독일과 이탈리아는 각각 600만 명이 넘는 것으로 조사되었다. 이 숫자들이 의심스럽다고 해도, 하나의 사실은 분명하다. 21세기 초에 전 세계에는 수억 명의 건강한 채식 인구가 있었다는 것이다. 2024년 배양육(가축을 사육하는 과정을 거치지 않고 연구실에서 세포증식을 통해 얻게 되는 식용 고기-옮긴이)의 상업화 성공으로 현재는 숫자들이 조금씩 다르다. 배양육은 내 입맛에 썩 맞지는 않지만 어쨌든 일단 기존 고기를 대체하게 되면 원래 고기 맛이 어떤 건지 앞으로는 사람들이 알 수 없을 것이다. 도축한 고기를 포기한 이유는 도덕적 계몽이 갑자기 이루어져서가 아니라 다른 대안이 없기 때문이었다. 아버지가 이런 것들을 하나도 언급하지 않은 것은 내가 이전에 자세히 언급했던 기시착오의 한 증상일 것이다(특히 10장의 3, 11장의 6과 7번 각주를 참조하라.)

러스로 보이는 이유 때문에 매우 아팠다. 미리 바이러스라고 설레 발을 친 것은, 아마 죽기 직전이 아니라면 병원을 찾아가봤자 그깟 일로 굳이 국가의료제도를 귀찮게 한단 말이냐며 질책을 받는 영국 에서 자란 나의 경험 때문이었을 것이다. 아이의 기침이 멈추지 않 았다. 바이러스성 질환 후 감염이라 짐작하고 만약을 대비해 항생 제가 필요하다고 가정했다. 하지만 사실은 달랐다. 만약을 대비해 항생제를 사용한다는 것은 옛말이었다. 알렉산더가 숨이 넘어갈 지 경이 아니라면 항생제의 'ㅎ' 자도 볼 수 없었다.

　　명확하고 결정적인 상태가 아니라면 처방을 하지 않도록 하는 미국소아과협회APA의 지침이다. 이 지침의 논리적 근거는 박테리아 의 항생제 내성이 커진다는 것이었다. 항생제를 중간에 끊으면 내 성이 생긴다. 사실 중간에 끊지 않으면 대상이 되지 않은 박테리아 의 내성은 더 커질 수 있다. 따라서 APA가 추론한 것은 항생제 처방 을 적게 할수록 박테리아 내성 위험도 낮아진다는 것이었다. 얼마 나 현명한가! 사람에게 투여되는 양보다 거의 여섯 배나 많은 항생 제가 동물에게 투여된다는 것만 빼고는 말이다.[3] 이것은 박테리아 감염이 너무나 분명히 예견되는 끔찍한 동물의 사육 환경 때문이 다. 감염을 아예 차단하기 위해 동물이 아프든 아프지 않든, 축산 농 가에서는 사료에 항생제를 주기적으로 섞어준다. 이런저런 경로를 통해 항생제는 흙과 물로 스며들어 미생물을 만나 내성이 생기게 만든다.[4] 이 일이 일어나리라고 아무도 예상하지 못하지는 않았다.

과학자들은 이런 관행이 일반화된 1960년대부터 이미 경종을 울렸다. 그러나 그 목소리는 축산업계와 제약업계의 탐욕에 묻혀버렸다. 그래서 내 아들은 심하게 아프기 전까지는 충분히 처방받을 수 없는 항생제를, 동물은 만약을 대비해 주기적으로 투여받고 있다.

나는 다행히도 항생제 시대에 태어났다. 아이들을 비롯해 내가 아는 거의 모든 이들은 그렇다. 그러나 우리 부모님은 그렇지 않다. 어머니에게는 얼굴도 모르는 오빠가 있었다. 오빠는 어머니가 태어나기도 전에 디프테리아로 죽었다. 항생제가 발명되기 전의 삶이 얼마나 비참했을지 나로서는 상상할 수도 없다. 항생제가 없다면 실제로 매년 수천만 명이 죽게 될 것이다.[5] 그리고 이제 항생제의 시대는 막을 내리는 것 같다. 이토록 항생제 시대의 종말이 가속화된

3　2012년 미국 농무부의 추정에 따르면, 매년 미국에서 약 8,074톤의 항생제가 동물에게 투여되는 반면 인간에게는 약 1,360톤이 투여된다. 이것은 업계의 주장이고 다른 추정치들은 더 높다. 예를 들어 같은 기간 동안 '걱정하는 과학자들의 모임'에서는 이 수치를 11,158톤으로 추정했다. 일반적인 축산업의 쇠락으로 이 문제의 심각도는 점점 떨어지고 있지만, 널리 퍼진 미생물의 항생제 내성 문제는 이때쯤 유행병이 되어버렸다. 서구 강대국들이(여전히 그렇게 불릴 수 있다면) 새로운 항생제를 생산하는 것은 종종 도덕적 이유보다는 정치적 이유에서다 (일반 약으로 빠르게 대체되고 있는 법 때문에 다국적 기업들은 수익성이 없다고 판단해 여기에 뛰어들지 않는다). 그러나 이것은 매우 무작위하고 지지부진한 일이다.

4　조녀선 사프란 포어의 계산에 따르면, 공장식 축산이 초당 약 40톤의 배설물을 생산한다. 그의 책 《동물을 먹는다는 것에 대하여 *Eating Animals*》(Little, Brown, 2009)를 읽어보라. 이것은 정교한 축산 폐기물 관리 시설을 짓는다고 해결될 문제가 아니다.

5　이는 보수적인 추정이다. 수억 명이 더 정확할 것이다. 항생제의 체계적인 문제가 직접 사인이 되는 것보다 이전에는 늘 하던 수술(무릎과 골반 대체술 등)을 할 수 없게 되는 것처럼 수명이 심각하게 단축된 경우까지 포함한다면 이 수치는 거의 10억에 달할 것이다.

것은 축산업 때문이며 이것은 우리가 미처 몰랐던 육식의 대가다.

나는 마이애미를 사랑한다. 나는 오늘도 니코가 학교 간 사이 알렉산더와 바닷가에 놀러갔다. 우리는 교외 지역에 산다. 어디면 또 어떤가. 나는 가끔 잊어버리기도 한다. 그러나 리캔베커고속도로를 타고 케이비스케인을 향해 달릴 때면, 마이애미 도심의 스카이라인이 한쪽으로 지나가고 반대편에는 반짝이는 푸른 비스케인만의 물결이 펼쳐진다. 항상 같은 사실에 감동한다. 내가 여기 산다니! 바다도 물론 좋지만 압권은 날씨다. 덥고 습하다고 불평들을 하지만 나는 괜찮다. 어떤 사람들은 계절이 없다고도 불평한다. 계절이 대수인가. 내가 사랑하는 것은 예측이 가능한 날씨이다. 반년 동안 비가 오지 않는다. 나머지 반년은 정확히 언제 비가 오는지 알 수 있다. 그래서 어젯밤 알렉산더에게 "내일 바닷가에 놀러가자"라고 말했을 때, 날씨나 보통 한 살짜리 아이가 예상하기 어려운 돌발사태가 없는 확실한 약속을 한 것이다. 이 사실을 알고 언제 갈지도 안다.

반면 마이애미는 자연에 도전하는 도시라는 점도 인정해야겠다. 거대한 대도시를 해수면 위 몇 십 센티미터 높이의 평지에 짓는다는 것은 숨 막히는 낙관주의의 산물이 아닐 수 없다. 언젠가 마이애미는 물에 잠길 것이다. 여기에 집을 사기 전 나는 런던에 있는 환경-위해성 평가 전문가인 옛 동료와 이야기를 나눴다. 그의 의견에 따르면 마이애미가 사라지는 것은 시간문제이며 요즘 그의 업계에서는 현재까지 이것이 주류 의견이라고 했다. 그는 2025년을 사람들이 그 사실을 인식하고 집값이 하락하기 시작하는 시점으로 보았다. 이런 생각이 들 때면 항상 내 속에 이는 슬픔은 기묘하고도 이기적인 특권 의식이다. 나는 마이애미의 마지막 시민이 되는 특권을 누릴 것이다. 마이애미의 마지막 영광을 목도할 것이다. 마치 노아의 대홍수 이전의 아틀란티스 대륙에 살고 있는 기분이다. 언젠가 손주들이 내 무릎에 올라앉아 "할아버지, 예전에 마이애미가 어땠는지 얘기해주세요"라고 묻는 날이 올 것이다.

마이애미는 우리가 지난 200년간 대기 중에 너무 많은 이산화탄소를 내뿜어댄 탓에 물속으로 가라앉을 것이다. 지구는 탄소를 흡수하려고 최선을 다하고 있지만 한계에 봉착했다는 신호들이 나타나고 있다. 주범은 도로 위를 달리는 수많은 자동차가 아니다. 머리 위 푸른 하늘 위로 매일 이 낙원에 사람들을 실어 나르는 수천 대의 반짝이는 제트기도 아니다. 이들도 물론 심각한 문제이기는 하지만, 무엇보다 주된 원인은 알렉산더가 가장 좋아하는 바닷가에서 펼쳐지는 바비큐 파티다. 배, 비행기, 기차, 자동차 등 모든 교통수단을 합친 것보다 온실가스 배출에 더 큰 책임이 있는 것은 축산업이다.[6]

아이들이 어른이 될 때면, 마이애미는 기억 속에만 남은 사라진 땅이 될 것이다. 플로리다 주의 대부분은 후손들의 꿈속에서만

존재할 것이다.[7]

사우스플로리다는 대부분 산호석으로 되어 있다. 이런 땅이 되살아날 가능성은 향후 1만 년 동안은 희박하다. 플로리다 대보초의 살아 있는 산호초는 1996년 관측을 실시한 이래 매년 1~2퍼센트씩 점점 줄어들고 있다. 원인은 다양하지만 어쨌든 모두 인간의 활동 때문이며, 축산업은 늘 그렇듯 그 중심에 있다. 축산업은 해수온도 상승과 그에 따른 산호의 백화 현상에 대한 가장 큰 단일 원인이다. 산호의 병원균은 기온이 올라가면 더 왕성하게 증식하거나 퍼지거나 또는 둘 다이기 때문에 수온이 올라갈수록 각종 산호의 병도 퍼진다. 해수면 상승으로 해양의 염도도 낮아져 산호가 받는 생리학적 스트레스도 높아진다. 농업 폐수 유입으로 인한 해양의 산

---

6   이것은 사실이다. UN이 후원한 퓨위원회의 2008년 연구에서는 기후 변화에 기여하는 가장 큰 단일 원인으로 축산업을 지목했다. 세계적으로 축산업은 온실가스 배출의 18퍼센트를 차지했다. 교통수단은 모두 합쳐도 13퍼센트에 불과했다. 따라서 축산업은 전체 교통수단을 합친 것보다 40퍼센트 더 많은 온실가스를 배출한 셈이다. 퓨위원회에 따르면 축산업은 또한 자외선을 가두는 힘이 이산화탄소보다 23배나 더 강한 인공적인 메탄 배출량의 37퍼센트를 차지하고, 기후에 미치는 영향이 이산화탄소의 298배인 인공적인 아산화질소 배출량의 65퍼센트를 차지한다. 이 비중은 이후 보고서에서는 14퍼센트로 줄어들었지만, 여전히 온실가스 배출에 가장 큰 역할을 하는 단일 산업은 축산업이다.

7   일시를 정확히 명시하지 않았지만, 아버지가 그렇게 많이 틀리지 않았다. 마이애미는 아직 가라앉지 않았지만, 그때쯤에는 사람들이 빠져나갈 것이다. 지금은 계속 줄어드는 것이 21세기 초의 디트로이트 같다. 전체 도시 지역은 이미 텅 비었다. 아직 떠나지 않은 사람들은 갈 곳이 없어서 남은 것뿐이다. 동료가 추정한 2025년의 부동산 가격 폭락은 7년이 더 빨랐다. 편차가 크지 않은 예측이었으며 전체 그림에는 전혀 영향이 없다.

성화도 문제다. 최악의 조합이다. 플로리다 대보초에는 미래가 없고, 이것은 전 세계 모든 산호초들의 공동 운명이다.[8]

　이것은 전 세계적인 문제다. 환경 문제는 국경을 초월한다. 우리는 빌 맥키번이 말한 '자연 이후의 세계'에 살고 있다. 즉 사우스플로리다의 해변에 사는 사람들의 행동 때문에 얼음이 녹아 쉴 곳을 잃은 북극곰이 익사하는 시대다. 인간의 활동으로 인해 대기와 해양이 오염되었기 때문에 이제 지구상에는 인간의 손이 오염시키지 않은 곳이 없다. 나의 아들들이 어디에 살든지 문제가 있을 것이다. 인간들이 마시기보다 대부분 식용으로 키우는 동물에게 주는 물은 21세기 최대 분쟁의 불씨가 되고 있다. 사우스플로리다 같은 지역은 현재는 쾌적한 아열대 기후이지만 곧 사람이 살 수 없을 만큼 뜨거워질 것이다. 이 모든 재앙의 원인은 인간의 탐욕과 어리석

8　21세기 초까지만 해도 플로리다 대보초의 엘크혼 산호와 스태그혼 산호는 흰띠병으로 거의 95퍼센트가 사라졌다. 최초의 플로리다 대보초 대량 멸종이 일어난 것은 2022년이며 이후 매년 진행되었다. 플로리다 대보초는 이제 모두 사라졌다. 아버지는 이 글을 쓸 때 이미 예견했다. 그러나 알렉산더가 아직 아기였던 21세기 초의 미래 시점에서 쓴 것 같다. 이 불편한 기시착오는 책이 진행되면서 점점 더 빈번하고 심해지고 있다. 이제 아버지가 시간 감각에 대해 어려움을 겪고 있음을 확실히 이해하겠다. 이 장의 뒷부분에 나오는 주장도 마찬가지다. 동물권 측면에서는 물론, 환경적 측면에서도 너무 늦은 감이 없지 않은 2024년 배양육의 상업화 성공도 언급하지 않았다. 그러나 이것은 아버지의 결론이 글의 대상이 되고 있는 시기와 맞지 않는 다른 장과는 대조를 이룬다. 앞서도 말했듯이 아버지는 항상 글의 대상이 되는 시기에 한 발만 넣어놓고 있는 것 같다. 하지만 넣어놓은 발과 넣지 않은 발 중 어느 발에 무게중심이 실려 있는지는 정확히 모르겠다.

음이다. 얼마나 어리석으면 기후변화를 부정하는 사람을 상원 환경
공공사업위원회 위원장을 맡겼겠는가?[9]

이것들은 동물을 먹지 않는 신중함에 근거한 이유다. 그 이유
들은 그 자체로는 분명하지만, 그만큼이나 좋은 또 다른 이유를 숨
기는 경향이 분명히 있다. 바로 동물을 먹는 것은 신중함의 측면은
물론 도덕적으로 잘못된 일이라는 것이다. 도덕적인 측면은 이동식
페팅주를 본 니코가 깨달은 사실의 근거이기도 하다. 건강을 위해
육식이 필요하지는 않다. 오히려 육식은 건강을 해치고 지구를 해
친다. 고기를 먹는 유일한 이유는 맛 때문이다. 그리고 그것은 충분
한 이유가 절대 될 수 없다.

거의 대부분 사람들이 동물이 도덕적으로 중요한 존재라는 데
동의할 것이다. 미적인 측면 또는 보다 넓은 환경적 측면에서 안타
까운 일이기는 하지만, 어쨌든 살아 있는 나무에 전기톱을 대는 것
과 살아 있는 개에게 그러는 것은 완전히 다른 일이다. 여기에 누
가 반발할 수 있겠는가? 사이코패스를 제외하고는 아무도 반발하
지 않을 것이다. 이런 이유에서 동물학대금지법이 있는 것이다. 도
덕적으로 중요한 것들만 모아놓은 도덕 클럽이 있다면, 동물도 회

9   기후변화를 부정하고 환경 규제를 반대한 것으로 악명 높은 제임스 인호페가 2014년 중간
     선거에서 공화당이 압승을 거둔 후 상원 환경공공사업위원회의 위원장을 맡은 일을 말하는
     것 같다. 이때는 아마 아버지가 이 장을 처음 쓰기 시작한 즈음이었을 것이다. 험난한 환경보
     호의 길에 공적이 하나 추가되었던 사건이었다.

원에 포함시켜야 한다는 데 대부분 동의하리라고 생각한다. 그러나 동물이 도덕 클럽에 가입한다면 아마 정회원이 되기는 힘들 것이다. 우리는 동물을 대상으로 엄청나게 사악한 일들을 행한다. 우리는 동물을 상상할 수 없을 만큼 비참하게 키우고 가장 끔찍한 공포영화보다 더 잔혹한 방식으로 죽인다. 이 모두는 우리 혀끝의 만족을 위해 자행된다.

필요와 욕망의 차이는 누구나 알고 있다. 이 구분은 어렸을 때 저절로 깨닫는다. 몸에 좋지 않은 과자나 말도 안 되게 비싼 레고 장난감을 갖고 싶겠지만 꼭 필요한 건 아니다. 필요는 만족스러운 행복한 삶을 위해 꼭 충족해야 하는 것이다. 음식, 물, 집 등은 분명 필요하다. 그것이 없으면 죽고, 죽으면 행복한 삶을 살 수 없다. 따라서 우리의 인생과 삶의 조건은 필요의 영역에 속한다. 또한 최소한의 보람된 삶을 살려면 어느 정도의 건강과 신체적 안전 및(또는) 온전함이 필요하다. 반복적인 폭력에 노출되는 삶은 온전할 수 없다. 그리고 노예로서의 삶은 질 좋은 삶이 아니기 때문에 부당한 강압이나 제약을 받지 않고 자신이 원하는 삶의 모습인 행복을 추구할 능력이 필요하다.

반면에 욕망은 가졌으면 좋겠지만 최소한으로 행복하고 만족스러운 삶을 위해 꼭 필요한 것은 아니다. 예를 들어 10억을 벌었다면 10억을 더 벌 필요가 있다고 말할 근거는 찾기 힘들다. 저택, 요트, 페라리 등에도 마찬가지 논리가 적용된다. 이것들이 없어도 만족스럽고 행복한 삶을 살 수 있는데 무엇을 가지려는 마음은 필요보다 욕망이다.

미각의 쾌락은 욕망이며 필요가 아니다. 맛있는 음식은 바람직할 수 있겠지만 만족스러운 삶의 필요조건은 아니다. 이 주장은 반론의 여지가 없어 보인다. 육식 반대 논리의 근거가 여기에 있다.[10]

과거 식물성 단백질의 공급원을 찾기 어려웠던 시기가 있었지만, 그때와 다른 지금 육식을 하는 유일한 이유가 단지 고기의 맛 때문이라면, 동물을 식용으로 키우고 죽이는 것은 우리의 욕망을 위해 그들의 필요를 희생시키는 행위다. 상대적으로 사소한, 인간의 이익이 그들의 가장 중요한 이익에 앞서는 것이다. 이를 한마디로 표현하면 '옳지 않다'. 이는 도덕적으로 옳지 않은 행위 중 가장 두드러진 사례다.

누군가 자신에게 이런 행위를 한다고 상상해보자. 어떤 사람이 나를 납치해 장기를 적출하고 판매하려는 목적이 그가 욕망하는 페라리 458 이탈리아를 사기 위해서라면? 그는 그 차를 욕망하겠지만 나는 신장이 필요하다. 그의 욕망이 내 필요에 우선함으로써 그는

---

10 여기서 아버지는 《동물권: 모든 중요한 것*Animal Rights: All That Matters*》(Hodder & Stoughton, 2013)에 전개된 마크 롤랜즈의 주장을 말하는 것 같다. 육식 반대 주장을 펼치는 방식의 근거가 되는 생각과 시사점은 대부분 같다. 관련서로는 피터 싱어의 《동물 해방*Animal Liberation*》(Thorson, 1975), 톰 리건의 《동물권 옹호*The Case for Animal Rights*》(University of California Press, 1983), 마크 롤랜즈의 《동물의 역습 *Animals Like Us*》(Verso, 2002) 등이 있다.

나를 도덕적으로 중요하지 않은 존재로 여긴다. 도덕적으로 중요한 존재를 도덕적으로 중요하지 않은 존재처럼 대한다면, 정의상 옳지 않은 일이다. 따라서 역시 정의상, 그래서는 안 된다.

육식은 동물의 가장 핵심적인 필요를 파괴한다. 그들의 최종 목적지가 인간의 배속이 되게 함으로써, 동물은 악몽 같은 삶을 살고 끔찍한 죽음을 맞이하게 된다. 육식은 그만큼 핵심적인 인간의 필요도 도모하지 않는다. 최소한 오늘날 우리들이 하는 방식의 육식은 사실 폭넓은 인간의 필수적인 필요와 전혀 양립하지 않는다. 따라서 육식을 하면 나는 그들의 필수적인 필요를 파괴하면서 상대적으로 사소한 내 욕망을 도모하는 셈이 된다. 결국 동물을 도덕적으로 중요하지 않은 존재로 대하게 되는 것이다. 그러나 우리는 이미 동물이 도덕적으로 중요하다는 근거를 확립해두었다. 따라서 그들을 먹는 것은 옳지 않고 그래서는 안 된다.

도덕성은 초정밀 과학이 아니고 정답이 있는 것도 아니다. 수학적 또는 논리적 근거와는 달리 전제와 결론이 정확히 일치하지 않는 경우도 많다. 장르의 기준으로 볼 때, 육식에 반대하는 도덕적 주장은 우리가 원하는 만큼 난공불락일 수 있다. 동물에 대한 의무를 근거로 한 내세의 도덕률에 호소하는 것도 아니다. 단지 우리 문화에 체화되어 있는 도덕적 원칙에 호소할 뿐이다. 첫째, 동물은 도덕적으로 중요하다. 둘째, 욕망을 필요에 우선하는 것은 잘못된 일이다(왜냐하면 필요를 가진 존재를 도덕적으로 중요하지 않은 존재처럼 대하기 때문이다). 이 둘을 취합해볼 때, 육식은 옳지 않다. 나는 이 주장을 이해하고 도덕적 주장이 취할 수 있는 가장 탄탄한 논리라고 받아들이지만, 그럼에도 불구하고 한 가지 의심을 지울 수 없다. 바로 이 주장이 나를 변화시킬 만큼 충분하지 않다는 것이다. 나를 변화시켜서는 안 된다는 주장을 하려는 것이 아니다. 이것이 타당한 도덕적 주장이라면 정의상 나를 변화시켜야 마땅하지만 그러지는 않을 것이다. 논리적으로는 그렇지만 심리적으로는 그렇지 못하다. 마음에 들지는 않지만 내가 구조상 그런 것을 어쩌겠는가. 어쨌든 나는 나다. 나는 그 주장을 온몸으로 공감할 수는 없다. 심리적으로 강력한 주장에는 어떤 느낌이 있다. 최소한, 한 방향으로 끌어당기는 부드러운 물결과 같은 느낌 정도는 필요하다. 그리고 내게는 그런 느낌조차 없다.[11]

부드러운 물결은커녕, 신중함에 근거한 주장은 봄에 대범람하는 인더스강과 같다. 나는 니코와 알렉산더가 비만이 되고 혈관이 막히고 온갖 암에 걸리는 상상을 한다. 기침 한 번, 베인 상처 한 번이면 바로 죽음에 이를 수 있는 그런 세상에서 아이들이 사는 상상을 한다. 아이들이 환경 난민이 되는 상상을 한다. 이런 주장을 거부

---

11 이 부분은 어머니가 앞서 말했던 부의 재분배에 관한 도덕적 주장이 실패했던 것을 생각나게 한다. 이 시점에서 어머니의 말이 아버지의 생각에 직접적인 영향을 주었는지는 알 수 없다.

할 수 없는 이유는 사랑에 근거하고 있기 때문이다. 그러나 도덕성의 기반을 논리가 아닌 사랑에 두면 분명히 문제가 발생한다. 사랑의 근원에 대한 우리의 모든 지식을 고려할 때, 범위가 한정될 수밖에 없음을 인정해야 한다.

물론 사랑은 진화와 양립할 수 없다. 사랑은 진화의 산물이다. 그럼에도 불구하고 사랑에는 진화의 정신을 위협하는 무언가가 있다. 사랑이 있기 전에 삶은 살아남기 위한 끝없는 투쟁의 장이었다. 이것은 개선할 수 있는 것이 아니었지만 근본적인 세상의 열역학법칙을 위한 필요조건이었다. 제1법칙에 따르면 에너지는 하나의 형태에서 다른 형태로 단순히 전환할 뿐 생성도 소멸도 할 수 없다. 제2법칙에 따르면 폐쇄 체계는 시간이 가면서 엔트로피가 증가한다. 엔트로피는 무질서, 복잡성은 질서다. 체계의 복잡성을 유지하려면 다른 존재로부터 에너지를 빼앗아 와야 한다. 그에 따른 살육은 이제1, 2 법칙의 단순한 결과일 뿐이다. 그러나 영겁의 맹목적이고 피비린내 나는 복수가 지나고 사랑이 슬그머니 끼어들어왔다. 도대체 어떻게? 니코와 알렉산더에 대한 내 사랑은 가장 설명하기 쉬운 사랑이다. 자손을 사랑하면 그들이 살아남을 확률은 높아진다. 그들이 살아남으면 그들의 유전자, 즉 내 유전자를 이어갈 확률도 높아진다. 모든 원인은 유전자다. 사랑은 대를 이으려는 유전자의 메커니즘일 뿐이다. 올가도 대리인으로 여기에 참여한다. 유전자는 하나의 성만으로는 이어질 수 없으니까.

만약 이 논리가 맞는다면, 그리고 다소 희화되었지만 이 설명에 따른 유전자의 일반적인 윤곽을 보편적으로 받아들인다면, 사랑이 자기 핏줄(유전자를 이어주는 매개체)에 국한되는 이유는 이해하기 쉽다. 유전자가 있는 곳에 사랑이 있다. 그러나 뭔가 이상하고 놀라운 일이 일어났다. 사고가 터졌다. 놀라운, 우주 역사상 가장 행복하고 고결하지만 어쨌든 사고인 그 일이.

내 유전자는 내가 니코와 알렉산더를 사랑하기를 원한다. 물론 내 유전자는 아무것도 실제로 원할 수 없다. 뭔가를 원하거나 생각하거나 계획 또는 설계할 수 있는 존재가 아니다. 유전자에 대해서는 보통 가정하는 식으로 이렇게 말해도 무해하니 한번 해보자. 그렇다면 어떻게 하면 되는가? 모호하고 투명한 느낌으로는 충분하지 않을 것이다. 내 사랑의 목표는 내 유전자를 최소 50퍼센트가량 다음 세대로 넘겨주는 것이다. 그러려면 내 사랑은 정확하고 목표물이 분명해야 한다. 특히 니코와 알렉산더가 받는 고통에 대해 재빠르고 확실하게 대처해야 한다. 내 유전자가 개발한 전략은 바로 그들이 느끼는 바를 느낄 수 있거나 가장 정교한 형태로 상상할 수 있는 능력인 '공감'이었다. 내 유전자 계통에 대한 위협은 이 유전자 계통이 내 몸속에 있든, 내 자손의 것이든 상관없이 나에게 불쾌한 느낌으로 등록될 것이다. 그것이 내 전략이었다. 그 전략의 실행은 거울신경세포의 형태를 띠었다.

이름에서도 유추할 수 있듯 거울신경세포는 남을 따라 하는 기능을 한다.[12] 기본적인 생각은 자신이 어떤 동작을 실행할 때에나 다른 사람이 그 동작을 실행하는 것을 관찰할 때에나 동일한 신경세포가 활성화된다는 이론이다. 비록 후자의 경우는 보통 행동을 촉발할 정도의 임계 수준까지 도달하지 않는다는 점이 다르지만 말이다. 마찬가지 원칙이 감정을 기반으로 행동할 때에도 적용된다. 예를 들어 화난 사람을 보면 보통 우리를 화나게 하는 체계가 작동한다. 당사자만큼의 강도는 아니지만 보고 있는 우리도 화가 난다.

니코나 알렉산더가 고통받는 것을 보면 내 신경은 이를 흉내내어 내가 고통받을 때의 자극을 일으키고, 결국 아이들의 고통은 내게 전염된다. 따라서 거울신경세포는 내게 가장 원시적인 형태의 공감을 제공한다. 여기에는 동기유발이 이미 내장되어 있기 때문에 놀라운 전략이다. 내가 왜 자손의 고통을 신경 쓰는 걸까? 왜냐하면 그들의 고통을 보면 나도 고통스럽기 때문이다. 생물학적으로 생존을 위해 누구나 기본적으로 자신의 고통에 신경을 쓰게 되어 있다. 비록 타인이 되어 그렇게 하는 것은 아닐지라도 신경 쓰는 것 자체

12　거울 신경세포는 1990년대 초 파르마대학의 지아코모 리졸라티와 그의 동료 비토리오 갈레세, 주세페 디 펠레그리노, 루치아노 파디가 레오나르도 포가시가 처음 발견했다. 이 발견은 도덕성 이해의 분수령을 이루었다고 인정받기도 하고 관련이 없다고 평가되기도 한다. 이러한 의견 차이야말로 아버지 시대 윤리학의 현황에 대해 많은 점을 시사한다. 오늘날도 별반 달라진 것은 없다.

가 이미 공감에 내장되어 있다.

이것의 진화적 가치를 찾기는 쉽다. 그러나 왜 이런 반응이 내 후손을 넘어서까지 확대되는지는 분명하지 않다. 니코와 알렉산더의 고통은 내 고통이 되고 이것은 내 유전자가 손주의 세대까지 이어지는 데 도움이 된다. 그러나 나와 유전자 관계가 전혀 없는 제3자에 대해서는 그렇지 않다. 그럼에도 불구하고 남의 고통을 함께 느끼는 것은 부자연스럽지도 특이하지도 않다. 나와 혈연관계가 전혀 없는 낯선 사람일지라도 피범벅이 되어 고통을 느끼며 바닥을 뒹굴고 있는데 아무 느낌이 없다면 비정상이고, 기분이 좋다면 사이코일 것이다.

유전자와 무관한 동정심의 예는 모든 사회적 포유류에게서 찾을 수 있다. 개가 고속도로에서 차에 치인 다른 개를 구하는 사례, 붉은털원숭이가 먹이를 받으면 동료가 전기충격을 받는다는 것을 알고 12일 동안 음식을 거부한 사례도 있다. 또 6미터 높이에서 떨어져 의식을 잃은 소년을 고릴라가 안고 달랜 경우, 코끼리가 걷지 못하는 다른 코끼리를 도운 사례도 있다.[13] 공감은 우리의 동물적 본

---

13 실증적 증거의 좋은 사례로 마크 베코프와 제시카 피어스의 《야생의 정의: 동물의 도덕적 삶 *Wild Justice: The Moral Lives of Animals*》(University of Chicago, 2011)와 프란스 드 발의 《영장류와 철학자: 도덕성의 진화 *Primates and Philosophers: How Morality Evolved*》(Princeton University Press, 2006)를 참고하라. 철학적 접근으로는 마크 롤랜즈의 《동물도 도덕적일 수 있는가? *Can Animals Be Moral?*》(Oxford University Press, 2012)를 참고하라.

능의 일부이고 유전자에만 국한된 것 같지는 않다.

따라서 이것은 공감의 수수께끼다. 내 유전자에 대한 혜택이라는 측면에서 공감에 대한 진화론적 논리를 설명한다면, 왜 나는 내 유전자와 아무 상관없는 제3자의 고통에 공감한단 말인가? 여기서 우리는 진화의 영광스러운 사고accident를 목도한다.

이 사고는 긍정오류가 부정오류보다 상대적으로 더 신뢰할 만하다는 진화의 근본적인 특성에 기반을 두고 있다. 먹이사슬에 따라 우리는 포식자가 나타나면 촉발되는 감지 메커니즘을 개발했을 것이다. 그러나 이것 역시 다른 모든 진화된 메커니즘처럼 완벽하지 않고 실수가 일어나 포식자가 없는데도 작동할 수 있다. 이것이 긍정오류다. 또는 포식자가 있는데도 작동하지 않는 부정오류가 발생할 수도 있다.

어떤 오류가 가장 큰 대가를 치르게 될지 분명하다. 포식자가 없는데 작동했다면 그 대가는 기껏해야 불필요하게 겁먹고 일어나지 않을 위협을 피해 도망가느라 사용한 에너지다. 그러나 포식자가 있는데도 작동하지 않는다면 잡아먹히고 만다. 만약 2개의 유기체가 있는데 하나는 포식자 감지 메커니즘에 긍정오류가 잘 생기고, 다른 하나는 부정오류에 취약하다면 어떤 유기체가 더 오래 살아남을지는 자명하다. 생존 게임에서 유전자를 이어나가려면 부정오류가 일반적으로 긍정오류보다 더 대가가 크고 위험하다. 따라서 어떤 메커니즘도 완벽할 수 없다면, 자연선택은 긍정오류를 선호하는 방향으로 이루어질 것이다.

마찬가지 원칙이 고통 감지 메커니즘에도 적용된다. 긍정오류가 발생하면 나는 니코나 알렉산더에게 아무 일이 없는데도 불구하고 고통을 느낀다. 그러나 부정오류는 내가 고통을 느끼지 않기 때문에 실제로 문제가 있음에도 불구하고 아이들을 돌보지 않는 결과를 초래한다. 긍정오류의 대가는 내가 느끼는 약간의 불편함뿐이다. 그러나 부정오류가 발생하면 내 유전자 계통이 사라질 수 있다. 각각 첫 번째와 두 번째 실수에 취약한 유기체 둘이 있다면, 어떤 것이 유전자를 차세대로 이어가기에 더 유리한지는 분명하다. 소 잃고 외양간 고칠 일을 막는 것이 진화의 속성이며, 빛나는 사고의 첫 번째 요소다.

두 번째 요소는 대상이 정확한, 공감의 특징이다. 내가 니코나 알렉산더의 고통을 감지한다면 항상 비명이나 신음 소리 또는 기력이 없어 보이는 등 다양한 행동 특성을 통해 감지하게 된다. 고통을 감지하려면 달리 방법이 없기 때문에 내 고통 감지 메커니즘은 항상 이런 종류의 행동을 주시할 것이다. 감지 장치의 목표는 고통을 감지하는 것이지만, 이 메커니즘의 대상은 고통이 나타나는 행동이다. 바로 이것이 사고의 두 번째 요소다.

사고의 마지막 요소는 도덕성 진화의 조건인 사회 집단과 관련이 있다. 공감은 부모와 자손의 관계를 규제하는 핵심 역할을 하며, 이는 해당 동물이 독거성이든 사회적이든 모두 해당된다. 그러나 독거성 동물은 공감 능력이 자신의 유전 계통을 이어갈 이유가 없고 그 증거도 희박하다. 반면에 도덕성은 독거성 동물이 아닌 사회적 동물에서 그 기원이 시작되었다. 사회 집단은 공감이 개체의 유전 계통을 넘어 확장되기 위해 꼭 필요한 조건이다.

내가 사회적 포유류라고 생각해보자. 물론 나는 그렇다. 그러나 내 마음속에는 동정심이 친족의 범위를 넘어 확장되기 시작하던 시대에 사는 더 원시적인 내가 있다. 내게는 내 유전자 계통을 보호하기 위해 진화한 고통 감지 메커니즘이 있다. 그러나 이 메커니즘은 긍정오류를 선호하도록 강하게 편향되어 있고, 고통 자체보다 고통이 나타나는 행동을 주시하는 방식으로 작동한다. 내가 직계 자손과 영원히 직접 접촉하지 않는다고 가정해보자. 예를 들어 사회화에 꼭 필요하므로 아이들이 집단의 범위 내에서만 돌아다닐 수 있게 한다고 가정한다. 또한 이 집단의 일부 구성원은 내 친척이고 나머지는 아니라고 하자. 그러면 인류 역사상 대가족의 범위가 부족에 의해 대체되고 유전적 친족 관계가 느슨해지도록 진화한 시점에 도달한 것이다.

나는 갑자기 확실하고 뚜렷한 고통의 움직임을 감지한다. 이것이 내 후손(또는 다른 유전적으로 연관된 유아)의 고통인가, 아니면 다른 누군가의 고통인가? 긍정오류는 순전히 내 시간과 에너지를 낭비해 내 것이 아닌 유전자를 보호하는 것이다. 그러나 부정오류는 그 영향이 전적으로 더 심각할 수 있다. 따라서 자연선택에 의해 주입된 나의 긍정오류 선호 편향은 그 고통이 내 직계 후손이든 아니든 우선 공감 반응을 일으키는 것으로 나타날 것이다. 소 잃고 외양간 고치면 안 되니까.

어떤 사람들은 공감이 유전적으로 연관된 사람들의 범위를 넘어서 확장되는 것은 실수에 따른 결과라고 한다. 공감을 느끼는 내 능력은 남의 후손이나 다른 유전적 친족과 관련해 진화했다. 내 유전자가 제공하는 경계를 넘어선 확장은 실패이며, 내 공감을 진화적 정당성이 없는 지역으로 불발시킨 것이다. 이것을 '공감의 실수 이론'이라고 부를 수 있다.

나는 이제 실수 이론이 실수임을 인정한다. 어쩌면 그것은 실수가 아니라 공감의 경계를 밖으로 확장시킨 행복한 사고다. 이것을 '공감의 사고 이론'이라고 부를 수 있다. 실수 이론이 간과한 것은 공감의 외적 확장 가능성은 공감 메커니즘이 작동하는 방식 자체에 내재되어 있다는 것이다. 개인의 유전자라는 좁은 범위에 국한되지 않는 공감의 외적 확장은 진화의 근본 특징에 의해 보장된다.

첫째, 긍정오류에 대한 강한 선호 편향이 있다. 둘째, 고통 감지 메커니즘은 고통 자체보다 고통이 나타나는 행동을 대상으로 한다. 셋째, 인간은 사회적 동물이라는 사실이다. 이 세 요소들을 통합해 보면, 공감은 서서히 외적으로 확장되고 부드럽지만 불가피하게 유전적 계류장을 떠나 일반화될 것이다.

이것은 진화가 처음에 생각한 바는 아니다. 물론 진화가 생각 같은 걸 할 리는 없다. 동정심의 범위 확장에는 진화의 압력을 거스르고 진화의 정신에 상반되는 무언가가 있다. 나도 동의한다. 그럼에도 불구하고 그것은 존재한다. 물론 진짜 사고는 아니다. 그럼에도 불구하고 진화의 정신을 매우 거스르는 이 빛나는 사고는 이미 진화의 탄탄한 근본 원칙에 내재되어 있었다. 선의 가능성은 속에 있다. 고대의 사고의 유산이 우리 생물학적 실체의 한가운데에 똬리를 틀고 있다.[14]

---

14 아버지는 여기서 전개하는 주장에 대해서는 출처를 밝히지 않았다. 이 결론을 순전히 세 가지의 널리 받아들여진 가설의 분명한 영향으로 간주하는 것 같다. 그러나 이런 종류의 주장은 내용에 나타난 당시를 풍미했던 사조였던 것도 같다.

사랑

동정심의 윤리학

내 아이들이 다른 아이들보다 더 훌륭해서
사랑하는 게 아니라고 단언할 수 있다.

: 해리 프랑크푸르트 《사랑의 근거》 :

미국 맥주는 끔찍하다. 미국 사람들도 대부분 인정한다. 그러나 미
국 맥주 광고는 정말 세계 최고다(사실 상품의 품질을 생각하면 마땅히
그래야 한다). 출장으로 뉴욕 시를 자주 드나들던 몇 년 전에 본 옛날
광고 하나가 기억난다. 어떤 맛없는 맥주였는지 브랜드는 기억나지
않지만 그건 중요한 게 아니니까. 멋진 풍경의 야외에서 모닥불 가
에 둘러앉아 뭔가 하고 있는 남자들, 그러다가 한 남자가 옆에 있
는 사람들에게 "바로 이 맛이야"라고 말하는 광고였다. 내게도 가
끔 이런 순간이 있다.

　집 뒷문에서 1미터 거리도 안 되는 곳에 수돗물이 담긴 직사각
형 풀장이 있는데, 다들 거기에 모여 있는 것이 보인다. 니코는 열
살이고, 알렉산더는 세 살이다. 우리는 세 살에서 열 살 사이의 남자

아이들이 가장 좋아하는 헐크(!) 놀이를 하고 있다. 헐크인 내 역할은 엄청나게 화난 척을 하며 아이들을 들어 올려 풀장 속으로 최대한 멀리 내동댕이치는 것이다. 아이들이 날아가는 거리는 매우 차이가 났다. 알렉산더는 미사일처럼 풀장 속 멀리까지 날아갔고, 니코의 궤적은 나의 만성적인 요통, 삐걱대는 어깨, 성장하는 니코의 키가 삼박자를 이루어 그리 인상적이지 못했다. 이 놀이에 니코가 언제까지 참여할 수 있을지도 의문이다. 그러나 놀이는 끝없이 언덕 위로 바위를 밀어 올리는 시지프스의 형벌처럼 계속되었다. "아빠, 또요, 또!" 셰퍼드 보스는 불만에 차서 끝없이 짖어대었다. 셰퍼드는 태생이 양치기 개다. 그래서 양떼를 모는 게 본능인데, 무리가 끝없이 물에 빠지기를 반복하자 불안을 느껴 풀 주위를 뛰어다니며 하울링을 하고 물속에 뛰어들어 구하느라 바빴다.

바로 이 맛이다. 과거에도 없었고 앞으로도 이보다 더 좋을까 싶은 인생 최고의 순간.[1]

이 순간 최고의 인생을 맛봤다면, 아이들이 생기기 전에는 상상할 수 없었던 순수 그 자체의 사랑에 내가 감염되었기 때문이리

1 　내 기억은 좀 다르다. 아버지가 "아이고, 허리야! 아이고, 어깨야! 아빠 좀 쉬자. 힘들다!"라며 불평을 많이 했던 것 같다. 내가 열 살쯤 되었을 때 알렉산더를 풀 속으로 집어던진 건 나였다. 그리고 아버지는 내게는 손끝 하나 대지 않으려 했다. 진짜다.

라. 나는 '순수'라는 단어를 신중하게 선택했다. 내가 니코와 알렉
산더만큼 올가를 사랑하지 않는다는 뜻은 아니다. 사랑의 순수성은
그 폭, 깊이나 강도와는 다르다. 낭만적 사랑에는 보통 주의를 흩뜨
리는 다양하고 강력한 요소들이 동반된다. 그중 가장 두드러지는
것은 욕정이며, 욕정은 대부분 소유욕을 수반하고 때로는 열중과
집착이 뒤따른다. 이런 부수적 요소들 때문에 낭만적 사랑은 일반
적으로 사랑을 이야기할 때 좋은 원형이 못 된다.

　니코와 알렉산더에 대한 내 사랑은 훨씬 더 순수한 형태의 사
랑으로서, 본능적이고 양도할 수 없는 그들과 나 자신의 동일시다.[2]
내가 통제할 수 없기에 당연히 본능적이다. 아이들을 사랑하지 않
으려고 노력해도 그럴 수 없다. 의지로 통제하거나 바꿀 수 없는 것
은 모든 사랑의 본질적 특징이다. 양도 불가능한 특성은 다른 것으
로 대체될 수 없기 때문이다. 내 사랑은 무한히 개인적이며 니코와
알렉산더에게 연동되어 있어야만 한다. 만약 누군가를 사랑하다가
그 사랑에서 벗어나면 또 다른 누군가를 사랑하게 되겠지만 이것은
이전의 사랑이 새로운 사랑으로 이동한 것이 아니라, 새로운 사랑
이 들어온 것이다. 사랑은 아무리 비슷해 보여도 한 사람에게서 다

2　이 장 서두의 인용구에서도 나타나듯, 비록 일부 자세한 내용은 다르기는 하지만 일반적인
　생각은 해리 프랑크푸르트의 《사랑의 근거 *The Reasons of Love*》(Princeton Uviversity, 2004)에서 가져
　온 듯하다. 프랑크푸르트는 낭만적 사랑은 일반적인 사랑의 원형으로 삼기에는 바람직하지
　못하다고 생각했다.

른 사람으로 이동하지 않는다.

　니코와 알렉산더에 대한 내 사랑은 아이들과 나를 동일시하도
록 만든다. 사랑의 순수성은 다양한 계층의 현상에서 찾을 수 있다.
부분적으로 동일시의 뜻은 그들을 특정한 방식으로 소중히 여기는
것이다. 아이들의 가치는 무엇의 수단처럼 다른 것에 기반을 두지
않기 때문에 나는 그들을 본질적으로 소중히 여긴다. 만약 니코와
알렉산더를 내가 늙고 약해지면 돌봐줄 노년을 위한 일종의 보험으
로 생각한다면 도덕적으로 말해 나는 정말 쓰레기다. 니코와 알렉
산더의 가치를 사회에 대한 유용성으로만 본다 해도 쓰레기인 것은
마찬가지다. 만약 내 태도가 그렇다면 아이들에 대한 내 감정이 무
엇이었든 그건 사랑이 아닐 것이다. 아이들을 사랑하는 것은 그들
을 있는 그대로 소중히 여기는 것이며, 그들이 어떤 혜택을 줄 것인
지는 전혀 상관이 없다. 이는 모든 사람을 목적을 위한 수단이 아닌
목적 그 자체로서 대해야 한다는 칸트 주장의 근간이다. 아이들을
목적 그 자체로서 대하는 것은 동일시의 필요조건이다.

　그러나 이런 종류의 가치부여는 동일시의 시작에 불과하다. 니
코와 알렉산더는 목적 그 자체, 즉 나 또는 다른 누군가가 가진 이
면의 목적에 근거하지 않는 가치를 가진 존재, 그들만의 흥미, 희망,
목표, 꿈이 있는 존재다. 아이들의 흥미, 희망, 목표, 꿈은 내게도 중
요하다. 따라서 나는 그들의 희망이 좌절될 때 고통스럽고 그들이
승승장구하면 덩달아 흥이 난다. 타인의 실패에 함께 슬퍼하고 성

공에 함께 기뻐하는 것은 동일시의 정확한 정의다. 정확히 그들의 흥미, 희망, 목표, 꿈이 내 것이 되기 때문이다.

사랑은 본능적이고 양도 불가능한 타인과의 동일시다. 동일시는 정도의 문제이기 때문에 사랑은 순수함의 측면에서 다양하다. 낭만적 사랑의 부수적 요소인 소유욕, 열중, 집착은 동일시의 강도를 낮출 수 있다. 나는 올가를 목적 그 자체로 간주한다. 그녀의 흥미, 희망, 목표, 꿈이 그녀의 것이라고 생각한다. 그러나 예를 들어 올가가 오래 생각해온 진실한 꿈이 다른 남자와 잠자리를 같이하는 것이라면 나의 동일시의 힘은 거기까지 미치지는 못한다. 만약 올가가 그것을 즐기고 거기에서 혜택을 얻는다 해도 그렇다. 니코와 알렉산더에 대한 내 사랑은 올가에 대한 사랑보다 더 깊거나 넓거나 강렬하지는 않을지 모른다. 그럼에도 불구하고 더 순수하다.

도덕성의 요구와 사랑의 요구 사이에는 긴장감이 있다. 사랑은 도덕성을 잠재적으로 위협하곤 했다. 도덕성은 누구에게나 똑같은 기준을 적용하므로 편파적이지 않다. 세상의 모든 행복의 양을 늘리지만 누가 행복해졌는지는 중요하지 않다. 내가 좋아하는 사람만이 아닌 모든 사람을 목적 그 자체로 대하고 결코 수단으로서 대하지 않는다. 반면 내가 사랑하는 사람에 대한 선호는 사랑의 핵심 요소다. 니코와 알렉산더의 행복은 내게는 다른 사람의 행복보다 더 중요하고, 설령 그렇지 않다 해도 내가 그들을 사랑하지 않는다는 뜻이 아니다. 따라서 사랑은 도덕성의 권위에 이의를 제기한다. 왜 어떤 상황에서는 사랑의 요구가 아닌 도덕성의 명령을 들어야 하는가?

어떤 사람들은 도덕적 요건이 본질적으로 동기유발을 일으킨다고 주장한다. 특정 상황에서 옳은 행동이 무엇인지 안다면 동기유발이 될 것이다. 만일 동기유발이 되지 않는다면 무엇이 옳은 행동인지 모르는 탓이다. 한술 더 떠서 진정으로 옳은 일이 무엇인지 안다면, 동기는 이와 상충하는 다른 동기를 이길 수도 있다. 선한 사람은 무엇이 옳은 행동인지 알고, 항상 그 일을 하고자 할 것이다. 진정으로 선한 사람은 나쁜 일을 할 수 없다.[3]

물론 이 생각은 허위라고 입증할 수 없다. 즉 어떤 증거를 제시해도 반박할 수 없다는 뜻이다. 도덕적 고려 사항에 의해 동기유발이 되지 않는 사람이라면 도덕성의 요건을 진정으로 이해하지 못했기 때문이다. 원칙적으로 반박할 수 없는 견해를 심각하게 고려하기는 힘들다.[4] 그러나 이 문제는 차치하고라도, 이 견해의 놀라운 비현실성과 강력한 형태는 매우 분명하다. 아마 도덕성의 끌어당김을 남보다 더 강하게 느끼는 사람들도 있을 것이다. 자동적이고 앞

---

[3] 이것은 플라톤을 통해 드러난 소크라테스와 연관된 주장이다. 《고르기아스Gorgias》를 필두로 한 소크라테스의 몇 가지 대화에서 전개된 주장이다.

[4] 칼 포퍼의 《추측과 논박Conjectures and Refutations》(Routledge, 1963)에서 전개된 유명한 주제다.

뒤 가릴 것 없는 이유가 있다면 옳은 행동이라는 데에 일부는 수긍
할 것이다. 또 그런 행동을 하지 않으려는 유혹에 흔들리는 사람들
도 분명 있을 것이다. 한번 확립된 도덕적 규칙이나 원칙은 무조건
따라야 하는지 의문을 가지는 이들도 있을 것이다. 첫 번째 범주에
속하지 않는 사람들에게는 도덕성이 그들의 삶에서 가장 강력한 동
기가 되어야 할 분명한 이유가 없다. 그러나 이는 단순히 인간 심리
의 문제만은 아니다. 이것은 근거의 문제이기도 하다. 동기를 유발
하는 것이 무엇이냐가 아니라 동기를 유발해야 하는 것이 무엇이냐
의 문제다. 어떤 상황에서도 도덕성의 요구보다 더 중요한 것은 없
다는 데에 굳이 근거를 댈 필요가 있겠는가?

　　어느 세대나 희대의 연쇄살인범이 하나씩은 있다. 아이가 없
는 사람들은 잘 이해하기 힘들겠지만, 아이를 가진 부모라면 잠재
적으로 묘한 불안을 느낀다. 지금은 내가 다녔는지 기억이 아련한
꿈꾸는 첨탑의 도시(옥스퍼드 대학을 말함-옮긴이) 시절에 들었던 전
통적인 사유 실험이 하나 있다. 다섯 사람이 철로에 묶여 있다. 이유
는 모른다. 그냥 그렇다. 그리고 제동 장치가 고장 난 전차가 그들을
향해 달려오고 있다. 선로 변경기를 당겨 전차를 지선으로 돌리려
는 찰나 불행하게도 그 선로에는 또 다른 사람이 묶여 있는 것을 발
견한다. 그 한 사람을 희생시켜 다섯 명의 목숨을 구할 것인가?[5] 연
구에 따르면, 상당수가 이에 동의했다. 따라서 대다수는 최소한 이

문제에 있어서 최대 다수의 최대 행복을 추구하는 공리주의자다.

그러나 흥미롭게도 다수의 의견은 사유 실험의 형태를 바꾸어 실시하면 여러 가지로 변한다. 앞서처럼 다섯 명이 선로에 묶여 있다. 이번에는 선로 변경기가 없다. 대신 다리 위 당신의 옆에 엄청나게 뚱뚱한 남자가 한 명 서 있다. 다리 아래로 이 남자를 밀어뜨려서 다섯 명을 구할 것인가? 뚱뚱한 사람들에 대한 이유 없는 혐오증이 상아탑에 널리 퍼져 있어서 이 구제불능의 뚱뚱한 남자를 죽이려는 것은 아니다. 단지, 달려오는 전차를 멈출 수 있을 만큼의 뚱뚱한 몸집이기 때문이다. 물론 내가 스스로 몸을 던지면 숭고하겠지만 나 정도의 몸집으로는 소용이 없다. 선택은 본질적으로 앞의 실험과 같다. 한 명을 희생해 다수를 살린다. 흥미롭게도 첫 번째 시나리오에서 이에 찬성했던 많은 사람들이 이번에는 그래서는 안 된다고 생각한다. 만약 다수가 공리주의자라면, 그들은 손에 피를 묻히고 싶지 않은 공리주의자들이다. 이 실험은 사람들의 도덕적 추론 방식에 대한 많은 논란을 일으켰다.

'전차 문제'로 불리는 이 사유 실험은 보편적인 윤리학의 논리

---

5   필리파 풋은 〈낙태의 문제와 이중 효과의 원칙〉《옥스퍼드 리뷰 Oxford Review》, Vol. 5(1967)에서 전차 문제와 사유 실험을 처음 논의했다. 또한 주디스 자비스 톰슨도 〈전차 문제〉《예일 법학 저널 Yale Law Journal》, Vol. 94, No. 6(1985년 5월), pp. 1395-1495에서 이를 언급했다. 《철학 연구 Philosophical Studies》, Vol. 57(1989), pp. 227-60에 실린 프랜시스 머나 캠의 〈일부를 희생해 다른 일부를 구하기〉도 참고하라.

전개 형식을 띤다. 전차를 멈출 수 있는 능력과 밀접한 관련이 있는 몸의 뚱뚱함을 제외하고는 자발적 의사가 없는 참가자에 대해서는 아무런 언급도 하지 않는다. 나이도, 성별도, 누구의 부모나 자식인지, 또는 사랑하는 사람이나 사랑해주는 사람이 누구인지, 부양하는 사람이나 죽고 나면 그리워할 사람이 누구인지 등은 일절 알 수 없다. 삶의 목표가 무엇인지, 어떤 생각과 느낌을 가지고 있는지, 슬픈 영화를 보면 우는지, 남에게 친절한지, 마음이 아프거나 남의 마음을 아프게 해본 적이 있는지도 모른다. 이런 것들은 관련이 없다고 가정하기 때문에 전혀 알 수 없고, 기껏해야 부작용에 불과하다. 그리고 우리는 부작용을 통해 기본 원칙을 이해하고 싶어한다. 이것은 일 대 다수의 질문이고, 한 명을 희생해 다수를 살리거나 더 많은 사람들을 살리기 위해 소수의 사람들을 희생하는 것이 옳은지의 문제다.

만약 다섯 사람이 모두 연쇄살인범으로 잡힌 사이코패스들이며, 이들을 풀어줄 경우 다시 연쇄살인을 저지른다면 전차의 선로를 바꾸고 싶지 않을 것이다. 또는 선로에 묶인 한 사람이 암 치료제를 가지고 있다면 다섯 명보다는 그 한 사람을 살리고 싶을 것이다. 이런 가정은 다수를 위한 소수의 희생 시나리오의 다른 버전이다. 여기서 도덕적 추론 방식은 지금 한 명을 구해서 미래에 다수를 구하는 것이다.

철학자들은 이런 부작용을 교묘히 회피하는 '다른 모든 조건이 동일하다면'이라는 매력적인 라틴어 표현인 '세테리스 파리부스 ceteris paribus'를 생각해냈다. '모든'과 '동일'이라는 용어의 애매한 특성 때문에 그 뜻이 분명하지는 않다. 요점은 '그리고 모든 관련 없는 것들은 중요하지 않다'는 것이다. 관련 없는 것들은 중요하지 않다고 가정한다면 '모든 중요하지 않은 것은 중요하지 않다'는 말이 되므로 이것은 정의상 동어반복에 지나지 않는다. 여기서 동어반복을 줄이고 구체성을 높이려고 하면, '맥락에 따라 매우 달라지는 문제'라는 답변이 제기될 확률이 높다. 이러한 철학은 '식사 중' 표지와 같이 무책임하다. '이 배는 크다'보다는 '나는 이 배를 ……라고 명명한다'처럼, 세테리스 파리부스는 기술보다 실행에 대한 표현이다.[6] 기술적 표현은 어떤 대상을 설명한다. 그러나 실행적 표현의 역할은 매우 다르다. 만약 내게 배의 이름을 지을 권한이 있고 관련 행사에서 발언할 기회가 주어졌을 때 '나는 이 배를 ……라고 명명한다'라고 말하면, 나는 이 배의 이름을 짓는 특정 행동을 하는 것이다. 세테리스 파리부스 구절의 기능도 특정 행동 즉, 이제 우리는 특정한 종류의 게임을 시작한다는 선언이다. 우리는 게임을 위해 전차 시나리오에 관련된 모든 사람들이 거의 같다고 가정하는 것이다. 대량 학살범이 없고, 암 치료제를 개발한 사람도 없으며, 가족과

6 기술/실행의 구분은 J. L. 오스틴의 《말을 어떻게 할 것인가 How to Do Things with Words》(Clarendon Press, 1962)를 참고하라.

친구의 숫자는 거의 비슷하다고 가정하는 것이다. 모든 사람이 전적으로 평균이다. 현실적으로는 동일할 수는 없다는 객관적 사실도 중요하지 않다. 그러면 이쯤에서 거부할 수 없는 의문이 하나 든다. 그런데 이 게임을 왜 하는 것인가?

전차 문제에 직면하면 아리스토텔레스와 같은 사람은 세테리스 파리부스 가정에 난감해 할 것이다. 그는 대신 선로에 묶인 개인의 탁월성arete에 대해 듣고 싶어 할 것이다(또한 그 뚱뚱한 남자에 대해서도 비록 아리스토텔레스가 이미 정신적으로는 그 남자의 무절제함이라는 성격상의 결점에 대해 확신했겠지만 마찬가지로 탁월성을 알고자 했을 것이다). 관련된 사람들이 선한가 악한가(악덕을 드러내는가)? 아리스토텔레스는 이 질문에 대한 답으로 누구를 위해 누구를 희생할지 판가름했을 것이다. 그러나 오늘날 우리는 탁월성과는 매우 다른 평등을 판단 기준으로 한다.

내 아이들과 아내가 태어난 문화권의 기반이 되는 독립선언문은 만인이 평등하다고 한다. 만약 이것이 사실에 대한 기술이라면 유전자는 개인이 얼마나 강하고 약한지에 아무런 역할을 하지 못한다는 주장과 같다. 이 주장은 명백히 틀렸다. 본성 대 양육의 논쟁은 이제 한물갔다. 본성과 양육 모두 개인의 형성에 영향을 미친다. 어떤 것의 영향이 더 큰가를 묻는다면 질문이 모호한 만큼 대답도 모호하다. 관련 요소, 특징과 능력별로 다르고 개인과 환경에 따라서

도 달라지기 때문이다. 그러나 유전자가 중요한 역할을 하지 않는다는 생각은 더 이상 신뢰할 만한 주장이 못 된다.

만인은 평등하다는 주장을 사실에 대한 기술로 받아들여서는 안 된다. 이것은 실제로 사람들이 어떻다는 기술적 표현이 아니라, 사람들이 어떻게 대우받아야 하는지에 대한 처방이다. 대략적으로 그 처방은 모든 사람을 동일하게 고려해야 한다는 것이다. 정확히 이것이 무슨 뜻인지는 아무도 모른다. 그렇다고 해서 모든 사람을 정확히 같은 방식으로 대해야 한다는 뜻은 아니다. 출생과 양육 환경이 다양해지면서 사람들이 필요로 하는 것들도 다양해지고 어떤 사람들은 더 많은 것을 필요로 한다. 아이들의 필요는 어른과 다르기 때문에 정확히 같은 방식으로 대할 수 없다. 다양한 형태의 장애를 가진 사람들도 마찬가지다. 차별화된 대우는 이해관계의 평등한 고려와 완벽하게 양립한다. 이것은 도덕성이 공평하면서도 비인격적일 필요가 없음을 보여준다. 능력, 필요, 흥미 등 개인의 특징에 노력을 집중하는 것은 도덕성과 양립한다. 그럼에도 불구하고 도덕성은 누구의 것이든 상관없이 모든 필요와 흥미가 동일하게 고려될 것이라는 측면에서는 분명히 공평하다.[7]

평등이 도덕적 사고의 주류로 급부상한 것은 도덕적 사고의 영토 확장설이며, 이는 종종 이성의 승리로 대변된다. 도덕적 관심사의 범위는 가족이나 부족으로부터 서서히 확장되어 전 인류에 이르렀다.[8] 이전에는 아리스토텔레스 같은 구시대 사상가들이 시대적

편견 때문에 길을 잘못 들 수 있었겠지만, 현대인들은 그 모든 것을 극복했다. 불완전한 형태의 구시대적 도덕성은 역사상 가장 완벽한 형태의 도덕성으로 이루어진 이상으로 대체되면서 사라질 운명이었다.

과거에 나는 훨씬 더 낙관적인 사람이었다.[9] 나는 인간 이성에 의한 도덕적 진보를 믿었다. 운전석에 앉은 것이 이성이라고 믿고 싶지만 이성은 종종 인공물과 구분하기 어렵고, 사실은 인공물의 역할이 결정적인 게 아니었나 의심스럽다. 아리스토텔레스가 살았던 작은 도시 국가인 폴리스에서는 서로 다 아는 사이였다. 얼굴도 알고 기호도 알며 장단점과 선악도 알았다. 오늘날 우리는 익명의 시대를 살고 있다. 지인의 범위는 가족과 친구로 국한된다. 전반적으로 우리는 서로 이방인이다. 따라서 아리스토텔레스가 살던 시대의 도덕성은 서로를 아는 시민들의 도덕성이었지만 현대인의 도덕성은 매우 다르다. 아리스토텔레스의 도덕성은 친구를 위한 도덕성이 아니라 지인을 위한 도덕성이었다. 현대인의 도덕성은 이

---

7   참: 그러나 윤리학의 가장 어려운 문제 중 하나는 사람들을 공평하게 대한다는 것이 무엇인지 규명하는 것이다. 예를 들어 공리주의자라면 평등한 고려에 대해 칸트학파와는 매우 다른 개념을 가질 것이다.

8   '관심사의 확장'이라는 표현은 피터 싱어와 관련이 있다. 1981년에 출간된 그의 저서 《확장하는 관심사: 윤리학, 진화와 도덕적 진보The Expanding Circle: Ethics, Evolution and Moral Progress》, (Princeton University Press)는 그 파장이 매우 컸다.

9   참: 부록 A: 생각과 표현의 자유에 관한 아버지의 논문.

방인을 위한 도덕성이다. 만약 우리의 도덕성의 범주에 속하는 사람들 대부분을 알지 못하고 서로 만날 일도 없다면, 평등은 기본 가정이 될 수밖에 없다. 이것이 왜 사랑이 도덕성의 문제가 되었는지에 대한 이유다.

. . .

탈선한 전차가 향하는 선로에 묶인 사람이 니콜라이나 알렉산더라면, 나는 내 아이를 구하기 위해 그 뚱뚱한 남자를 희생시킬 것인가? 뚱뚱한 남자가 희생되더라도 누구든 이 문제로 나를 비난할 수는 없을 것이다. 이것을 도덕적으로 설명한다고 생각해보자. 평등은 일 대 일의 개념이다. 평등의 이상은 한쪽을 선호할 근거를 주지 않고, 모두의 이익은 평등하게 고려되어야 한다. 따라서 도덕적으로 말해 나는 내가 원하는 누구든 선택할 자유가 있다. 그러나 내 주장의 근거를 도덕성에서 찾는 것은 전혀 초점이 맞지 않는다. 평등의 이상이 요구하는 것과 요구하지 않는 것을 가려서 내 아들을 구해도 되는 근거를 도출하는 것까지 생각하는 것은, 굉장히 잘못된 일이다. 이미 결정타가 나왔기 때문이다.[10] 나의 이유는 구해야 할 사람이 내 아들이라는 하나의 단순한 사실에서 출발하고 끝나야 한다.

그러나 거기에서 그치지 않는다. 두 명의 뚱뚱한 남자나 여자 또는 여윈 남자나 여자라도 내 반응은 같을 것이다. 아들을 살리기 위해서라면 얼마든지 남을 희생시킬 수 있다. 나중에 악몽에 시달리겠지만 어쨌든 그럴 것이다. 내 아이를 구하기 위해 온 인류와 싸워야 한다 해도 그러지 않았을까 싶다. 나는 망설임 없이 그렇게 할 것이다. 그 이유는 내가 살리려는 사람이 바로 내 아들이기 때문이다.

옥스퍼드에서 여기까지 내가 흘러오게 만든 부드러운 조류에도 불구하고 밀어내도 끈덕지게 되살아나는 내 안의 철학자는 '취할 행동'과 '취해야 할 행동'은 다르다고 말한다. 그것도 매우 많이 다르다고. 나의 요지는 취해야 할 행동이 취할 행동보다 우선이라는 것이다. 취할 행동이 훨씬 더 강렬하게 소리를 지르는데 취해야 할 행동이 뭐 대수란 말인가? 니코나 알렉산더를 구하기 위해 무한한 숫자의 사람들을 희생시키는 것은 옳지 않다. 그럼에도 불구하고 나는 그렇게 할 것이다. 도덕성과 사랑이 대결을 하면 늘 사랑이 이긴다. 차가운 머리를 가진 사람들과 소크라테스에게는 옳은 일이 항상 승리하지만, 사랑으로 가슴이 뜨거운 사람들은 그렇지 않다.

---

10 이 결정타의 개념은 베르나르트 윌리엄스가 〈사람, 성격 및 도덕성〉《도덕운: 1973~1980 논문 모음집*Moral Luck: Collected Papers 1973-1980*》(Cambridge University Press, 1981), pp. 1-19에서 주창했다. 해리 프랑크푸르트가 지적한 것처럼, '내 아들'이라는 사실을 언급하는 것만으로도 이미 결정타다.

사랑의 편파성 대 도덕성의 공명정대, 도덕성의 권위에 대한 사랑의 도전. 이것들은 증상에 불과하다. 토끼굴 끝에는 대반전이 기다리고 있다.

잘 알려진 대로, 도덕성은 '가치'에 근거를 두고 있다. 이 가치의 장소는 도덕 이론마다 다르다. 칸트식의 전통적 사고에서 가치의 장소는 규범적인 자치 정부의 모범으로서 이해되는 인간이다. 인간은 이성, 반성, 자율과 같은 특징을 가지므로 확연히 구분되는 종류의 가치를 갖기 때문이다. 따라서 이 가치를 존중하는 방식으로 인간을 대해야 할 도덕적 의무가 있다. 그러한 방식의 하나로서 칸트의 주된 도덕적 책무는 바로 모든 인간을 수단이 아닌 목적 그 자체로서 대해야 한다는 것이다. 공리주의에서는 가치의 직접적인 장소가 사뭇 다르다. 가치는 행복(쾌락주의적 공리주의자) 또는 만족된 선호(선호공리주의자)와 관련이 있다. 따라서 우리는 가치를 극대화하는 방식, 즉 세상의 행복이나 만족된 선호의 총량을 늘리는 방식으로 행동하게 된다. 가치의 장소에 대한 의견 차이에도 불구하고 이 두 가지 전통적 주장은 가치 있는 것을 규정한 다음, 개인의 능력이 닿는 한 최선을 다해 촉진 및(또는) 존중한다는 추상적인 방식에서는 일치한다.

사랑은 도덕성의 반대다. 나는 다른 아이나 어른들에게서 부족한 가치가 내 아이들에게 있어서 그들을 사랑하는 게 아니다. 아이들에 대한 내 사랑과 독립적인 가치, 다른 모든 사람들과 구분되는 결정적인 어떤 가치를 아이들이 가지고 있는 게 아니다.[11] 오히려 그 반대 방향이다. 나는 내 아이들이 다른 아이들보다 더 훌륭하거나 더 중요해서 사랑하는 게 아니다. 내가 사랑하기 때문에 내 아이들은 다른 아이들보다 중요하다. 아이들을 더 중요하게 만드는 것은 내 사랑이다. 우리가 사랑하는 사람들은 우리가 그들을 사랑하기 때문에 가치를 얻는 것이다. 우리의 사랑은 그들의 가치에 반응하는 것이 아니라 사랑하지 않았다면 생기지 않았을 가치를 창출한다.[12] 목적 그 자체로서, 사랑받는 사람은 이미 다른 사람을 위해 할 수 있는 어떤 기여 때문이 아닌 본질적인 가치를 가지고 있다.

그러나 나는 모든 목적 그 자체를 사랑하지는 않는다. 본질적인 가치가 사랑을 보장하지도 않는다. 모든 아이들은 본질적인 가치를 가지고 있지만, 나는 오직 두 아이만을 사랑한다. 그런 가치는 사랑의 필요조건일지 모르지만 충분조건은 아니다. 내 아이들을 다른 아이들과 다르게 만드는 고유의 가치는 내 사랑에 기인하며, 그 반대가 아니다. 무엇보다 사랑이 먼저다. 사랑받는 사람 고유의 가치는 사랑이 먼저이며, 그 결과로서 생기는 것이다. 이런 관점에서

---

11 프랑크푸르트 《사랑의 근거》| Frankfurt, *The Reasons of Love*, p. 39.
12 여기서 아버지는 사랑의 '인지' 이론에 반대되는 사랑의 '증여' 이론을 주장하고 있다. 인지 이론에서 사랑은 사랑받는 대상의 가치를 인지하는 반응에 근거한다. 두 이론 모두 문제가 있고, 찬반 양측이 팽팽히 나뉜다. 아버지의 시대에서는 물론 지금도 그렇다. 우리는 여전히 진짜 사랑이 무엇인지 모른다.

볼 때 사랑은 가치보다 탁월하다. 도덕성이 사랑의 탁월함에 근거하고 있는 한, 사랑은 반도덕적이다.

그리고 공리주의나 칸트에 비견할 만한 영향력과 인지도를 가지고 있으며 도덕성의 기반을 사랑에 두고 있는 듯한 도덕적 체계가 있다. 그 체계는 "네 이웃을 네 몸과 같이 사랑하라"고 말한다. 불행히도 사랑의 정의에 대한 창의적인 재수정이 선행하지 않는 한 이것은 너무 힘들고 까다로운 요구이며, 어마어마한 숫자의 내 이웃이 밥맛이라는 사실을 무시한다 해도 여전히 그렇다. 내 몸과 같이 사랑하는 것은 잊자. 내 모든 사랑이 두 아들의 것인데 내가 어찌 내 이웃을 사랑할 수 있는가? 설사 이것이 가능하다 할지라도 바람직하지 않다. 이 잠언을 따르면 어떨지 상상해보라. 모든 사람을 동일시하고 모든 사람의 고통을 함께 견딘다. 꿈을 위해 같이 노력하고 좌절하면 함께 괴로워한다. 꿈이 이루어지면 함께 환희를 느낀다. 그렇게 되면 모두가 공감의 과대 각성 상태가 되어 대상이 누구인지 혼란스러우며, 이는 정신병원으로 가는 최단 거리의 일방통행로다.

니코와 알렉산더에 대한 양도 불가능한 내 사랑은 그것이 그들을 넘어서 확장되지 않는다는 뜻이다. 본능적 사랑이라는 것은 내가 원했다 해도 확장할 수 없다는 뜻이다. 그리고 사랑에 수반하는 동일시는 이를 모든 사람에게 확장하는 것이 나쁜 생각이라는 뜻이다. 니코와 알렉산더는 초질량의 블랙홀이다. 나의 모든 사랑은 결국 그들에게로 되돌아간다. 그러나 나는 이 사랑이 적절하게 희석된 형태를 상상한다. 중력 작용에 따른 유대를 미끄러뜨려 타인에게 확장시킬 수 있게 해주는 더 약하고 투명에 가까운 형태 말이다. 이 흐느적대는 사랑의 메아리가 바로 동정심이며, 이 세상에 내가 줄 수 있는 것은 이것뿐이다.

금지 약물
효과 증대

개인은 자신에 대한, 자신의 몸과 마음에 대한 주권을 갖는다.

: 존 스튜어트 밀 《자유론》 :

누구나 살다 보면 한 방에 위선이 모두 탄로 나는 때가 있다. 어느 날, 평소와 달리 니코가 스카이프를 하자고 문자를 보냈다. 웬일인지 특별한 이유가 있는지 궁금했다. 니코는 하버드대학 철학과 졸업반에 재학 중이었고, 아버지인 나로서는 자랑스러워 미칠 지경이었다. 그런데 그날 우리 대화의 주제는 다름 아닌 마약이었다.

다른 어느 곳보다 과거 인도에서 경솔하게 행동했던지라, 올가와 나는 쾌락을 위한 마약이라는 주제가 대두될 때마다 우리의 위선이 드러날까 두려웠다. 니코가 쾌락이 아닌 집중력 향상을 위한 수단을 고민할 때 오히려 나는 안도할 수 있었다. 겁보세대Generation Wuss(1980년대 초반에서 2000년대 초반까지 태어난 세대를 일컫는 밀레니엄 세대 또는 Y 세대에 대해 작가 브렛 이스턴 엘리스가 붙인 이름-옮긴이)인

우리 아이들은 이런 약물에 관심을 가져본 적이 없다. 우리 부부가 아는 한은 그렇다.

니코는 매우 진지하고 의욕적인 아이다. 야망도 있다 보니 현재 저런 곤경을 자초했다. 니코의 친구들은 공부에 도움이 되는 인지기능 향상제를 사용했다. 내가 떠올린 약은 리탈린과 애더럴이었지만 니코로부터 옛날 사람이라는 핀잔을 들었다. 니코는 친절하게도 나에게 1960년대에 개발된 피라세탐을 포함한 떠오르는 누트로픽의 세계에 대한 속성 강의를 해주었다. 피라세탐은 어느 정도 효과가 있기는 하지만 더 이상 주요한 인지 향상제로 간주되지는 않는다. 더 최근에 개발된 것은 프라미라세탐이지만, 기억력에 주로 관여하기 때문에 니코에게는 거의 도움이 되지 않았다 야망에 찬 창의적인 사고가인 니코의 관심은 신경계의 연결이다. 애니라세탐도 마찬가지고, 페닐피라세탐이 더 낫다. 아마 지존은 누펩트일 것이다. 연관 관계, 유사성 또는 동형이질을 보는 능력을 향상시키는 것은 물론 각성 효과도 있기 때문이다.

니콜라이는 이런 약물들에 대한 내 생각을 물었다. 니코는 이런 약물들을 쓰지 않으면 경쟁력을 잃을까 걱정했다. "아빠, 어떻게 생각해요?" 이런 약물과 효과에 대한 아이의 백과사전급 지식을 볼 때 사후 승낙을 원하는 게 아닌가 싶기도 했다. 그러나 어쨌든 나는 건전한 아버지로서 마땅히 해야 할 대답을 했다. "엄마와 상의해보고 알려줄게." 불행하게도 이건 니코가 원하는 방식이 아니었다.

니코는 엄마에게 걱정을 끼치기 싫다고 말했다. 흥미롭게도 아이는 내가 걱정하는 것은 거의 신경 쓰지 않았다. 어쨌든 시간을 벌 묘안이 필요했다. "내가 좀 더 알아본 다음 다시 이야기하자."

여기서 알아두면 좋은 것은, 알렉산더가 같은 종류의 질문을 한다면 반응은 사뭇 다르리라는 것이다. 알렉산더와 함께 지난 몇 년간 내가 얼마나 즐거웠는지. 9월부터 1월까지 한 주의 시작은 의식적 자각의 표면 바로 아래에서 거품이 이는 듯 미묘하게 흥분된 떨림으로 시작해 서서히 금요일 밤의 절정으로 치달았다. 젊었을 때 나는 중요한 미식축구 경기를 앞두고 긴장하곤 했다. 그러나 그때의 긴장감이 파도라면 알렉산더의 경기가 있기 전 느낀 긴장감은 쓰나미였다. 알렉산더 본인은 무심했지만 말이다.

알렉산더는 미식축구를 제법 잘한다. 열네 살 때부터 나를 누르곤 했다. 일부 대학에서는 미식축구 장학금을 제안했고 아이만 원했다면 나도 얼마든지 지원해줄 용의가 있었다. 그러나 아이가 도핑 테스트에 양성으로 나오지 않을 만큼 스테로이드를 투여해 운동 효과를 높이면 어떻겠느냐고 묻는다면, 나는 펄펄 뛰며 격하게 반대할 것이다. 반면 니코의 질문에는 이성적으로 대처했다. 가능한 증거를 검토하고 근거 있는 결론을 내려야 했다. 같은 질문에 이렇게 서로 다른 반응을 하는 것이 합당한지는 나도 모르겠다.

그러나 자식이 다짜고짜 "마약 해도 돼요?"라고 묻는다면 대부분 부모들은 우선 "안 돼"라고 말해놓고 근거를 찾으려고 애쓸 것

이다. 강력한 근거일수록 더 좋겠지만 미약해도 괜찮다. 아무리 생
각해도 역시 미약한 조건부의 근거밖에 떠오르지 않는다.

경기력 향상 약물은 옳지 않다는 주장은 애매하다. 그런 약물
을 사용하는 것이 도덕적으로 틀렸다는 뜻일 수 있다. 또는 신중
함의 측면에서 잘못이라는 뜻일 수도 있다. 먼저 도덕적인 경우부
터 살펴보자. 물론 경기력 향상을 위해 쓴다는 이유만으로 마약 자
체를 도덕적으로 비난할 수는 없다. 최소한 해당 경기력 자체가 도
덕적으로 부정하지 않다면 그렇다. 하지만 경기력이 무고한 시민
을 총으로 쏘는 것이라면 이 경기력을 향상시키는 것은 무엇이든
지 도덕적으로 의문시된다.[1] 그러나 논리적 공간의 복잡함을 헤쳐
나가거나 미식축구 경기장을 헤쳐 나가는 것은 도덕적으로 부정한
일이 아니다. 만약 경기력 자체가 도덕적으로 부정한 것이 아니라
면 경기력을 향상시킨다는 이유만으로 약물을 비판할 수 없다. 실
제로 특정 연령이 되면 화이자와 엘리릴리 같은 제약 회사들이 제
공하는 경기력 향상 약물에 의지한다. 거기서 아무 문제를 찾을 수
없고, 이런 내 의견은 쾌락을 위한 마약과 경기력 향상 약물 간의

---

1   위선에 대해 말하자면, 아버지는 항상 열렬한 총기 반대자이면서 계속 총기를 소지하고 있었
     다. 아버지는 권총을 이 층의 안전한 침실 벽장에 넣어두웠다. 물론 호신용이었고, 기후변화
     의 영향으로 인해 사우스플로리다에 일어난 변화를 볼 때 불합리하지는 않았다. 그러나 목표
     가 사람을 죽이는 것이라면 총은 일종의 경기력 향상 물질이다.

경계를 허무는 것에 기뻐할 내 주위의 상당한 이웃들의 지지를 받을 것이다. 어떤 태도가 일반적이라고 해서 옳은 것은 아니다. 그러나 그 태도를 선호하는 가정을 수립해준다. 경기력 향상이 틀렸다고 가정할 수는 없다.

도덕성과 관련해 경기력 향상 약물은 이전에는 동등했던 출발선 자체를 차등하게 만들기 때문에 부당하다. 그러나 사실 나는 이 생각을 이해하기 힘들었다. 출발선은 과거에 동등한 적이 없었으며 앞으로도 그럴 것이기 때문이다.

니코의 고등학교는 주에서 가장 공부를 많이 시킨다고 광고했다. (나는 이 주장에 회의적이지만, 설령 그렇다고 해도 플로리다 주에서 공부를 많이 시켜봐야 얼마나 시키겠는가?) 나는 아들의 학교 활동에 관심이 많아서 니코를 최대한 도와주려 애썼고, 열네 살 때부터 마이애미대학의 다양한 AP(대학 학점 선이수제) 코스에 보냈다. 물론 아이가 타고난 재능이 없었다면 이런 노력이 별 효과가 없었을 것이다. 일단 재능이 있다고 가정하고, 니코는 그 재능을 계발할 수 있는 좋은 환경까지 갖추었다. 이 모든 것은 운이다. 타고난 재능조차도 운이다. 다른 아이들은 그만큼 운이 좋지 못하다면 출발선은 이미 동등하지 않다. 약물은 니코의 수준에 못 미치는 환경처럼 통제할 수 없는 요인들을 보상해주는 상대적으로 비용 효율적인 수단일 수 있다. 그런 환경에서 경기력 향상 약물을 부당하다고 비난하는 것은 논리에 어긋난다.

물론 두 가지 그릇된 사실을 더해서 하나의 옳은 사실이 되지
는 않는다. 그러나 이것은 이들 중 하나는 그르다는 것을 가정한다.
그렇다고 해도, 교정하는 방법은 무엇인가? 알렉산더의 친구 중에
가난한 흑인 타운인 웨스트페린에 사는 '자말'이라는 아이가 있다.
자말은 실력이 좋은 러닝백이다. 사람들은 승승장구하는 자말이 금
지 약물을 사용할지 모른다고 의심했다. 진실은 모르지만 그렇다고
가정해보자. 알렉산더의 영양 상태는 충분히 완벽하지만, 자말은 결
코 그런 적이 없었다. 알렉산더가 운동을 제대로 하기 시작할 때 구
입해준 체육관 회원권 대신 자말은 집 마당에 있는 벤치와 바를 이
용했다. 이런 환경에서 그나마 가끔이라도 겨우 구해서 부족한 운
을 보완할 수 있는 금지 약물을 사용하지 말라고 하는 것은 위선이
다. 동등한 출발선은 이전에도 없었고, 사회 구조의 진정한 개혁이
없다면 앞으로도 없을 것이다. 상대적으로 가난한 사람들이 쉽게
얻을 수 있는 것을 공격하는 건 매우 불공평하다.

그럼에도 불구하고 경기력 향상 약물에 대한 도덕적 사례를 규
명하지 못한 것은 여전히 니코가 약물을 사용한다는 것이 마음에
들지 않아서였다. 그렇다면 신중함에 근거한 사례는 어떨까. 결과
는 우선 복합적이라고 해둔다. 알렉산더가 스테로이드 사용에 대해
물었다면 문제는 훨씬 더 간단했을 것이다. 마치 두 가지 범주의 약
물이 주요 시장을 위해 각각 개발된 것 같다. 인지 향상제는 머리가
비상한 공부벌레들, 스테로이드는 운동선수들. 간암, 고혈압, 심혈

270

관계 질환, 정신 질환, 전립선 질환 등의 심각한 부작용을 일일이 나열할 필요도 없을 것이다. 고환 위축, 남성의 가슴 성장 등 더 강력한 신체적 변화가 나타나기 때문이다. 이 두 가지 중 한 가지만으로도 알렉산더는 즉시 사용을 포기할 것이다.

그러나 인지 향상제는 완전히 이야기가 다르다. 고환이나 가슴에는 전혀 부작용이 없다. 약물의 역사가 길지 않고 사용 범위가 넓지 않기 때문에 장기적인 건강 문제는 알려져 있지 않다. 연구에 따르면 리탈린, 모다피닐[2]처럼 최소한 몇 가지 인지 향상제의 효과는 그다지 크지 않고 사람마다 다르다. 일부 피험자들은 반응을 보였지만 또 일부는 효과가 거의 없거나 아예 없었다. 이런 종류의 향상제가 최소한 복용자의 유전자형과 현재의 인지 기능 수준에 따라 다르게 작용한다는 주장도 있다. 예를 들어 도파민 작용성(도파민에 관한) 약물이 작업기억에 미치는 효과에 관한 몇 가지 연구를 보면 작업기억 용량이 적다든지 기존에 문제를 가진 사람에게서 효과가 가장 크게 나타난다. 따라서 일부 약물은 작업기억력이 나쁜 사람에게서 효과를 나타내지만 작업기억력이 좋은 사람은 오히려 기억력이 더 떨어질 수도 있다.

또한 이들 약물이 건강에 미치는 장기적 영향에 대해서는 아직

2   여기서 아버지의 논점은 (박물관에 전시된 두 가지 물건을 예로 들자면) 축음기로는 스마트폰에 다운로드한 음악을 들을 수 없는 것과 같이 아무 효용이 없다.

굿 라이프

어떤 연구도 없었다. 실제로 인지력에 미치는 장기적인 영향에 대한 연구는 거의 이루어지지 않았다. 따라서 현 상태로는 이들 약물의 장기적 비용과 편익을 정확히 평가할 방법이 없다. 건강에는 해롭지만 인지력에는 유용할 수 있다. 또는 인지력에는 아무 효능도 없으면서 건강에는 치명적일 수도 있다. 최종적인 답은 아마 그 둘의 중간 어디쯤일 테고, 그마저도 약마다 다를 것이다.

따라서 내가 니코에게 제시하는 근거는 이렇다. 첫째, 유용성이 검증되지 않고 장기적 영향도 알려진 바 없는 상황에서는 약물을 사용하지 않는 것이 이성적이다. 약물을 통해 도움을 받지 못할 뿐더러 심각한 경우 목숨을 잃을 수도 있다. 둘째, 공부나 일보다 건강이 더 중요하다. 이것이 니코에게 얼마나 설득력이 있을지는 모르겠다. 장기적 영향에 초점을 맞추고 잠재성보다 신중함에 무게중심을 두는 것이 너무 구닥다리 판단일 수 있다. 그런 점에서 젊은 사람들이 받아들일 만한 주장은 아닐 것이다.

그럼에도 내 주장의 근거는 설계의 부실함과 현재 시판 중인 향상제에 대한 연구 결과의 부족에 기인한다. 제약업계에서 향후 몇 십 년 안에 무엇을 개발할지 어떻게 아는가? 인지력 향상 효과가 극적으로 뛰어나고 건강에는 전혀 무해한 약물이 있다고 가정하자. 근육량을 늘려주고, 힘과 속도, 체력을 향상시켜 운동 능력을 눈에 띄게 높여주면서 부작용이 전혀 없는 물질도 있다면, 이런 약물이 잘못된 것인가?

내 대답은 조건부로 '아니다'이다. 조건부인 이유는 이들 약물이 매우 비싸다면 사회적 파장이 일어날 수 있기 때문이다. 비용 문제가 있다면 이것은 기존 사회의 이중 구조를 더욱 악화시키는 또 다른 불평등의 근원이 될 것이다. 그러나 상대적으로 싸고 구하기 쉬워서 약국에 가서 해열제나 진통제를 사는 것과 비슷하다고 해보자. 그럼에도 이런 약물들을 금지해야 하는가? 아무래도 논리적 근거를 찾기가 어렵다.[3]

· · ·

향상 대상이 인지력이든 운동력이든 상관없이 도움을 주는 약물이 있는데, 단기 효과가 극적인 만큼 치명적인 장기적 부작용이 있다. 그리고 니코나 알렉산더, 또는 두 아이 모두 내게 "장기적인 건 상관없어요. 내일 일은 알 게 뭐예요? 현재가 중요하죠"라고 말한다면? 사실상 아이들은 아킬레스가 한때 주장했던 짧고 영예로운 삶이 길고 평범한 삶보다 낫다는 식의 가치 판단을 할 것이다. 물론 아킬레스는 언제나 이 문제에 대해서는 양면적 태도를 취했고 이후에 자신의 판단을 후회했다. 나는 아이들의 마음을 바꾸고 싶다는 가정하에 당연히 이런 주장을 할 것이다. 그러나 내 최선의 노력이 실패한다고 생각해보자. 도덕적으로 내가 어떻게 할 자격이 있는가?

문제의 핵심에는 행복과 자율 사이의 관계가 있다. 그리고 자율과는 항상 불편한 관계에 있는 부모의 역할이 있다. 개인의 행복은 삶을 얼마나 잘 사는지의 문제다. 이것은 삶이 얼마나 흥미롭고 자극이 있는지, 그 사람이 얼마나 행복하게 느끼는지, 고통과 쾌락의 상대적인 양은 어느 정도인지, 삶이 얼마나 살 가치가 있다고 느

---

3   실제 벌어진 상황에는 우울한 불가피성이 있는 것 같다. 새로운 인지 향상제 개발은 계속되었고 앞으로도 그럴 것이다. 주요한 전신 부작용이 아직 발견되지는 않았지만, 간과 신장에 대한 영향을 필두로 과용으로 인한 부작용은 보고되었다. 일부 극도로 예민한 사람들은 급사하기도 하는데 그 이유는 아직 제대로 파악하지 못했다. 그러나 도덕성의 수준은 수용 가능한 위험의 범위 내에서 판단된다. 그래서 현재 우리 모두는 이 약물을 사용한다. 물론 경제적 능력이 있는 사람들에 한해서이기는 하지만. 그리고 그 결과 사회의 계층화는 더 심해졌다. 이 약물들의 값은 싸지 않지만 평균 중산층을 열망하는 사람이라면 프리미엄 위성 TV 월 이용료 정도의 금액으로 구할 수 있다. 원하는 인지력 향상은 이 약물을 개발한 제약 회사에서 널리 홍보하고 있는 바이지만 사용하기 전까지는 기억도 나지 않고 또 얼마나 맞는 주장인지 알 도리가 없다(회사에서 실시한 연구도 믿을 수 없다. 오늘날 연구들이 다 그렇듯. 이해관계가 있는 측에서 실시하기 때문이다). 그러나 실제로 우리는 사용하지 않을 위험을 감수할 수 없다.
    그러나 이런 '후천적' 향상은 태어나기 전에 할 수 있는 것에 비하면 아무것도 아니다. 진정한 불평등은 배아 당시 유전자 조작이다. 이것은 낭성섬유증 같은 유전 질환을 유발하는 유전자를 제거하는 것으로부터 시작했다. 그러나 일단 유전자 정령이 램프에서 빠져나오는 순간, 돈만 있다면 질환이 발생하게 내버려둘 사람은 없을 것이다. 아버지는 이를 불평등의 관점에서 비난할 것이 분명하다. 그러나 아버지의 주장은 역으로 그런 관행을 지지하는 용도로도 사용될 수 있다. 부모들은 자식에게 최고의 것을 주고 싶어 한다. 그래서 부모님이 나를 좋은 학교에 보내는 등 온갖 정성을 쏟은 것이다. 단순하고 안전한 절차를 통해 잉태 이전 또는 이후에 최고의 교육을 제공하는 것에 맞먹는 혜택을 주어 아이의 미래 전망을 엄청나게 향상시킬 수 있다고 가정해보자. 후천적 지원과 선천적 지원 사이에 어떤 도덕적 차이가 있는가? 게다가 이런 행위가 이미 관행이라는 것도 알고 있었다면? 혜택과 불이익은 물론 항상 상대적이기는 하지만(맹인들의 나라에서는 애꾸눈이 왕이듯), 그렇게 하지 않으면 아이에게 마땅한 혜택을 주지 않음으로써 남들에 비해 적극적으로 불이익을 준 셈이 된다. 동료의 압력을 느끼는가? 모두가 굴복했다. 돈만 있다면. 나도 그럴 것임을 인정한다. 그 결과, 인류 역사상 계층화는 가장 심하고 계층 간 이동은 가장 적은 사회가 탄생하게 된다.

끼는지 등 많은 요소들이 복합적으로 작용한 결과다. 개인의 행복이 정확히 무엇을 말하는지 규정하기란 어렵지만 "행복하세요?"라고 묻듯 평소에 곧잘 던지는 질문에서 이미 다들 노력하고 있었다.

반면 자율은 자신의 삶이 얼마나 자신의 통제하에 있는지 느끼는 정도다. 대부분 사람들은 하고 싶은 일, 살고 싶은 곳, 함께 살고 싶은 사람 등 원하는 삶에 대한 개념을 가지고 있다. 이러한 삶의 개념에 근거해 다양한 선택을 하고, 원하는 삶이 구현되기를 바라면서 결정도 내린다. 그것이 바로 우리가 그리는 좋은 인생의 개념이다. 그리고 우리는 이 좋은 인생을 촉진하고 실현하고 도모하기 위해 선택하고 행동할 능력을 가지고 있다. 이 능력이 바로 자율이다.

개인의 행복만큼, 자율도 중요하다. 행복하다고 해서 자율적인 것은 아니다. 오히려 자율적으로 행동하면 행복에 치명타를 입힐 수도 있다. 잘못된 목표나 방식으로 인해 가끔 어리석은 선택을 내린다. 그렇다면 자율과 행복의 상충하는 요구 사이에서 어떤 판결을 내릴 것인가? 좋은 인생을 위해 누구의 편을 들어야 할 것인가?

항상 자율의 편을 드는 것은 별로 끌리지 않는다. 알렉산더가 어렸을 때 보스와 함께 주방 찬장을 뒤지다가 배관 청소 약품을 들고 나오는 것을 발견했다. 이 상황에서는 당연히 자율이 행복을 누르고 승리의 팡파르를 울리도록 내버려두지는 않을 것이다. 물론 어린아이에게 자율을 논하는 것이 진정으로 의미가 있지도 않다. 그럼에도 불구하고 이번 주 대화의 주제가 니코의 헤로인 시작에 관한 논쟁이라고 한다면, 헤로인의 장단점에 대한 조사를 하는 것은 내게 급선무가 아니다.

반면에 자율에 전혀 무게를 싣지 않는 것도 타당성이 없다. 만일 10년 후 니코가 배우자를 찾지 못한다고 가정하자. 앞서 두 명의 후보가 있었는데 영 아니었다. 그래서 내가 니코에게 "얘, 니코. 며느릿감을 아빠가 데려왔다. 넌 물론 못 봤지. 그런데 아주 좋아. 이리저리 조사해본 결과 둘이 행복하게 잘 살 확률도 매우 높단다." 그리고 그 둘을 강제로 결혼을 시킨다. 그들의 미래에 행복한 결정을 내려준다 해도 인생에서 가장 중요한 결정을 내릴 능력을 앗아가버린 것은 옳지 않다. 스스로 결정할 수 있는 능력, 특히 삶에서 가장 중요한 일들을 스스로 정할 수 있는 능력은 인간의 중요한 조건이다.

자율의 범위에 개인이 실제로 원하는 것은 물론 충분한 정보를 제공받는다면 원하게 될 것까지도 포함시킴으로써 자율과 행복을 조화시킬 수 있다는 가정은 매력적이다. 그러나 불행하게도 그것은 이상이다. 만약 그것이 가능하다면 더 이상 자율을 논할 일도 없으리라. 예를 들어 스테로이드 복용을 원하지만 관련 정보를 충분히 제공받는다면 원하지 않을 거라 예상 되는 상황에서 우리가 할 수 있는 일은 관련 사실을 제공하는 것뿐이다. 고환 축소와 가슴 성장의 부작용을 모두 알고서도 여전히 그가 스테로이드 복용을 원한다면, 그의 자율을 저해할 근거가 더 이상 없다. 물론 그가 실제로 그 내용을 제대로 이해하지 못했을 수도 있다. 그렇다고 해서 물리적으로 스테로이드 복용을 저지한다면 여전히 자율을 저해하는 것이다. 자율은 개인이 실제로 원하는 것의 문제이지, 더 이상적인 상황에서 그가 원할 거라고 누군가 판단하는 문제가 아니다. 그러나 후자를 허용한다면, 타인의 삶에 대한 모든 개입이 자율이라는 근거로 정당화될 수 있다. 즉 우리는 더 이상 자율을 논할 필요가 없는 것이다. 사실상, 개인의 자율이라는 생각을 그의 행복이라는 생각으로 대체했기 때문이다.

행복과 자율의 상충하는 요구 사이를 조정하는 것은 도덕 및 정치철학의 난제 중 하나다. 짧게 답하자면, 아무도 모른다. 이 질문에 대한 만족스러운 대답은 파악된 바 없다. 그럼에도 불구하고 모든 부모들이 거의 매일 이 문제를 겪는다는 것은 불행이다. 결국 너무 슬퍼서 눈물이 날 만큼 힘든 깨달음을 얻는다. 더 이상 부모로서 해줄 일이 없다, 이런 문제들을 옳은 방식으로 생각할 수 있도록 돕는 것밖에는. 그러나 그게 무엇인지조차 분명하지 않다.

옥스퍼드 시절로 거슬러가서 내가 마음속으로는 항상 밀의 추종자였다고 가정해보자. 밀은 다음과 같이 썼다. "권력이 문명사회의 구성원의 의지에 반해 정당하게 행사될 수 있는 것은 오직 타인에게 위해를 가하는 것을 막기 위하는 목적뿐이다. 본인 자신의 물리적 또는 도덕적 이익은 충분한 근거가 되지 못한다……. 자기 자신, 그 신체와 정신에 대해 개인은 주권을 가진다." 몇 가지 조건은 있지만 기본적으로 나는 이에 동의한다.

어렸을 때 나는 지역 미식축구 클럽과 대항해 경기를 하곤 했다. 선수들 몇몇이 금지 약물을 사용한다는 소문이 돌았는데, 그건 소문이 아닌 사실이었다. 미식축구 클럽의 선수들 다수가 불법 스테로이드 사용으로 구속되었다. 내 친구 몇몇과 나의 공통된 반응은 "약을 하고도 그 모양이었나!"였다. 지역 미식축구 리그의 디비전 6에 속한 어중간한 팀에서 뛰는 어중간한 선수들이면서 고환 축소, 가슴 확대, 간암을 비롯해 수많은 생리학적 이상을 무릅쓰고 얻은 결과가 겨우 디비전 5 진출이라니! 이처럼 어리석은 의사결정의 예가 어디 있을까? 그러나 잠재적인 건강의 희생을 무릅쓰고 감행할 가치가 있다고 판단했을 수도 있다. 할 줄 아는 것이 미식축구뿐인 선수라면 수백만 달러짜리 계약에 목숨을 걸 수밖에 없을 것이다. 그래도 여전히 어리석은 결정이며, 옳은 일이라고 말할 수는 없다. 그러나 이 선수가 결정을 내린 방식은 명백히 어리석기만 한 것은 아니다.

행복과 자율이 적절히 통합된 건강한 개인의 핵심은 현명한 의사결정이다. 그것은 위험을 감수해도 될 때와 아닐 때를 구분하는 능력이다. 삶에서 중요한 것과 가장 바라는 것이 무엇인지 아는 것뿐 아니라, 그것을 얻을 수 있는 가능성이 얼마나 되는지 현실적으로 평가하는 능력도 필요하다. 나의 가장 중요한 기능은 국가의 그것과 같다. 아무리 내가 진정으로 원한다고 해도 니코와 알렉산더에게 행동을 지시하는 것이 아니라, 현명한 의사결정을 할 수 있는 건강한 사람으로 아이들을 키우는 것이다.

신생아에게 자율의 질문은 의미가 없다. 진정한 자율도 없다. 그러나 때가 온다. 화려하고 빛나지만 되돌아보면 치기 어리고 부끄러운 청년 시절의 영광을 지나 나이를 먹어가면서 우리의 행복은 서서히 줄어들기 시작한다. 선형적인 감소는 아니지만 분명하고 불가피하다. 행복이 줄어들면서 자율의 중요성이 서서히 더 커진다. 어쩌면 남은 것은 자율뿐인 그런 날이 올 수도 있다.

갈림길
죽음

죽음은 현존재가 존재와 동시에 떠안는 존재의 방식이다.

: 마르틴 하이데거 《존재와 시간》 :

저녁이 되기를 기다렸다. 날씨는 좀 더 선선해졌다. 그러나 여전히
변화의 폭은 크지 않다. 기온은 1~2도 내려갔지만 그보다 더 심한
습도가 밀려온다. 집밖을 나서자 뜨겁게 젖은 수건으로 얼굴을 후
려 맞는 기분이 든다. 두꺼운 털옷을 입은 보스 2세[1]에게는 더 나쁠
것이다. 가끔 녀석은 열린 문간에 그저 앉아서 "또 달리러 가요? 저
는 오늘 안 갈 거예요"라고 말하는 듯했다. 그러나 오늘은 오랜만
에 나서는 만큼 보스의 반응이 열광적이다. 모기들이 떼 지어 날면

---

[1] 보스 2세는 2010년 우리 가족이 되었다. 따라서 아버지가 묘사한 사건들은 이보다 더 빨리
    일어났을 수는 없다. 실제로는 몇 년 후에 일어난 사건일 것이다. 보스 2세는 최소한 한 살을
    넘기기 전까지는 아버지와 함께 달릴 준비가 되지 않았을 것이고, 아버지와 함께 달리기를
    꺼려 했다는 것은 녀석이 그보다는 더 나이를 먹었다는 뜻이기 때문이다.

서 극성을 피울 테기에 모기 방지 스프레이를 뿌렸다. 집으로 돌아올 때쯤이면 마치 제1차 세계대전에서 돌아온 전투기 조종사처럼 얼굴에는 온통 시커먼 모기떼가 죽어서도 떨어지지 않으려고 결사적으로 들러붙은 채, 선글라스 덕분에 눈만 허옇게 남은 몰골이 되어 있을 것이다.

나는 알고 싶은 것이 있어 달린다. 미국의 의료 체제에서 제기된 질문이지만 미국의 의료보험 체계의 범죄 수준인 변덕 때문에 아직 답이 나오지 않았다. 내가 죽어가고 있는가? 계속 몸이 별로 좋지 않다. 지난 몇 주간은 내 생애 최악이었다. 보통은 병원에 가지 않고 견디는 편이지만, 2주가 지나자 인내심이 바닥을 드러냈다. 몇 가지 저해상도 CT를 찍어보았고 혹이 발견되었다. "물혹은 아닙니다." 진단은 계속되어 보통 의료계에서 관행적으로 하는 말을 듣기에 이르렀다. "이런, 암일지도 모르겠는데요." 그렇다. '물혹은 아닌 것'이 내 간에 있다. 만약 암이라면 나는 곧 죽을 것이다. 이후 여러 후속 검사를 진행했지만 확진은 나오지 않았다.

몸이 그렇게 아프지만 않았더라면 걱정도 하지 않았을 것이다. 그리고 정체 모를 혹이 없었다 해도 걱정하지 않았을 것이다. 그러나 나는 몸도 아프고 걱정도 되었다. '걱정되고 아픔'이 정확한 표현이리라. 말기 암 증상과 극단적인 불안 증상은 겹치는 부분이 상당히 많다. 식욕이 없어도, 몸무게가 갑자기 크게 줄어도 확인해야 한다. 그러나 앞서 말한 식욕 부진 때문일 수도 있다. 메스꺼움도 확인해야 하지만 음식을 먹지 않으면 위산이 과다 분비되어 괴로울 수 있다. 무기력함과 피로 둘 다 확인해야 한다. 다행히 피부가 노랗게 되는 것 같지는 않았다. 황달까지 오면 마지막 신호이고 거의 확실하다. 그래서 나는 희망을 가졌다.

정확한 진단을 위해 고해상도 CT나 MRI 검사가 필요했다. 그러나 지난 15년간 꼬박꼬박 막대한 월 보험료를 퍼부었건만 이 망할 놈의 검사비는 보험 처리가 되지 않았다. 보험 처리가 된다고 약관에는 명시되어 있지만, 미국에서 보험사를 상대로 비용을 청구하기란 여간 복잡하지 않다. 회사는 일단 보험 처리를 거부하면서 기선을 제압한다. 포기하고 가기를 바라면서. 아니면 마땅히 받아야 할 보험금을 받기 전에 환자는 죽는다. 그 결과 내 간의 유무죄 여부를 결정할 MRI 촬영은 몇 주 더 기다려야 했다.

나는 달리고 또 달려서 병을 이기려 했다. 떨쳐버려, 미시킨. 집 주변 3마일 코스는 한창때 몸이 너무 피곤하거나 시간이 정말 없을 때에만 달리던 거리였다. 그러나 1마일쯤 뛰었을 때 온 세상이 빙글빙글 도는 바람에 헐떡거리고 비틀대며 집으로 되돌아올 수밖에 없었다. 다행히 오늘은 몸이 좋다. 한동안 사라졌던 맑은 정신도 되돌아왔다. 그리고 오늘 나는 이 코스에서 기록을 경신하기 위해 최선을 다할 것이다. 내 인생이 여기에 달린 것처럼. 그럼 나는 죽을 만큼 아픈 상태가 아닐 수도 있다. 내가 과연 할 수 있을까?

아이팟을 '1마일당 6분' 곡으로 맞춘다. 케미컬 브라더스의 〈헤이 보이, 헤이 걸), 설라이버의 〈클릭클릭붐〉을 들으며 전속력으로 달린다. 기꺼이 따라와서 나를 기쁘게 한 보스 2세는 늘 하던 대로 잠시 멈추어서 영역 표시를 하려 했지만, 내가 여유를 허락하지 않자 원통해 하며 오늘 이 미친 폭주기관차 같은 나와 함께 달리기에 나선 것을 후회하는 기색이 역력했다. 나는 발을 힘차게 내딛으며 마이애미 교외의 빙빙 도는 길을 계속 달렸다. 폐는 타는 듯하고 젖산이 쌓인다. 나머지 1.5마일은 지친 보스를 거의 끌다시피 하며 18분을 조금 넘기는 신기록으로 집으로 돌아왔다. 근처에도 못 가본 기록이었다. 나는 이제 훨씬 더 건강하다. 죽지 않을 것이고, 이후 찍을 MRI 결과에서도 죽을병이 아닌 선천성 질환으로 나타나리라 믿는다. 그저 길고 끈질긴 바이러스일 뿐이다. 그러나 나는 이제 그날만큼 빨리 달릴 수 없다. 나는 이제 더 이상 달릴 수 없다.

나는 내 이야기를 극화하고 싶지는 않다. 대부분 사람들이 생에 한번은 겪는 일이고, 행복한 해결책이 없는 경우가 많다. 오히려 내 경우는 전환점일 수 있다. 내가 삶의 모든 상세하고 시시콜콜한 것들을 내려놓고 객관적이 될 수 있는 사건 말이다. 아버지는 내게 늘 "작은 일에 목숨 걸지 마라"고 하셨다. 그러면 사소한 일을 가려낸 다음 불필요한 노력을 쏟지 않을 수 있을까. 그러나 실제로는 그렇지 않았다.

죽음의 역설은 죽음을 피해 도망감과 동시에 그것을 향해 달려

간다는 것이다. 내 생의 많은 시간을 죽음을 피해 달렸다. 내 죽음은 이야기하고 싶지도, 생각하고 싶지도 않다. 언젠가는 닥칠 것을 알지만 추상적인 가능성으로 알고 있었다. 누군가에게 어디서 언젠가는 결국 닥칠 일이 순전한 우발 사건으로 일어났다. 그리고 그 누군가가 바로 나다. 그러나 잠에서 깨어 눈을 뜬 아침의 서늘하고 창백한 시간에 내 죽음은 이보다 더 큰 것이라고 속삭이는 목소리가 귓전에 들린다. 그리고 그 순간 나는 결국 죽는다는 것을 진정으로 이해한다. 그러나 떠오르는 태양과 함께 꿈이 흩어지듯 목소리는 자취를 감추고 그 순간 내가 이해한 것이 무엇인지 정확히 기억나지 않는다. 가끔 삶은 기억할 기회를 준다.

보통 우리는 삶을 전환점이나 갈림길로 생각한다. 내 현재의 경로를 설정했던 것, 그리고 좋든 나쁘든 오늘의 나를 만든 것은 한 순간이며 하나의 사건이었다. 사후의 합리화일 수 있지만, 훨씬 더 흥미로운 것은 누군가의 삶에서 전환점의 가능성이 의미하는 바다. 전환점은 한 사람의 삶에서 빛나는 순간이다. 삶은 결국 또 다른 목표를 위한 수단이 될 목표를 끊임없이 달성해나가는 목표 중심적 구조물이다. 살아가는 과정은 우리가 추구하는 목표를 따라 전개된다. 전환점은 삶의 목표 중심적 특징이 그 정체를 드러내는 빈터다. 목표가 생각만큼 중요하지 않고 새로운 목표로 방향을 바꿀 때 전환점이 등장한다.

이런 관점에서 전환점은 목표가 교체되는 곳이다. 그러나 훨씬 중요한 다른 갈림길이 있다. 갈림길은 전환점의 가능성을 질문하는 전환점이다. 전환점은 임시적인 개념이다. 방향을 선회한 새로운 경로를 따라 계속 가려면 어느 정도의 시간이 필요하기 때문에 전환점은 미래를 전제로 한다. 가장 큰 전환점은 전환점의 끝을 알리는 전환점이다. 또는 전환점의 끝임에도 알아차리지 못한다. 그런데 그것이 핵심이다. 인생의 가장 큰 갈림길은 삶을 갈림길이라는 관점에서 더 이상 볼 수 없을 때다. 내가 현재 있는 지점이 결국 내가 끝나는 곳이 될 것이다. 내가 더 이상 여행자가 아니며 목적지에 이미 도달했을지도 모른다는 생각에 알 수 없는 두려움을 느낀다.

도착의 두려움, 즉 목적지에 대한 두려움은 보편적인 불평이다. 모든 목표의 끝에 무엇이 있는지를 알아내는 데 느끼는 두려움이다. 첫 번째 개념의 전환점은 목표가 결정하는 과정을 드러낸다. 그 과정을 이해함으로써 선택에 따라 과정을 바꿀 수 있다. 그러나 두 번째 개념의 전환점은 목적지를 드러낸다. 따라서 갈림길의 가능성을 질문하는 이 갈림길은 모든 과정, 목표, 길의 끝에 있는 것을 드러낸다. 그 끝은 죽음이다. 내가 어떤 길을 선택하든, 얼마나 자주 그것을 변경하든, 나는 항상 죽음을 향해 달리는 것이다. 그러나 죽음은 내가 아닌 다른 사람을 기다리고 있었다.

올가

올가_ 안락사에 대한 생각

알렉산더는 나를 알아보지 못했다. 알렉산더는 서부 해안 지대의 대학에 재학 중이고, 주말마다 집으로 부르는 경우는 지금처럼 아주 좋지 않은 일이 있을 때뿐이었다. 겨우 3주 만에 이렇게 나를 알아보지 못하는 것도 당연하리라. 내 피부는 창백하고 밀랍 같은 껍질이 작고 부러질 것 같은 뼈 위를 간신히 덮고 있었다. 3주 전만 해도 아이들과 함께 앉아서 이야기를 나누었고, 예전 모습에서 크게 변하지 않았으며, 엄마 역할을 하기에도 무리가 없었다. (게다가 지난 몇 주간 병원에서 한 가지 역할을 더 했다. 아마 미시킨의 이야기에 내가 생전에 마지막으로 하는 개입이 될 것이 틀림없다.)[1]

그러나 오늘은 모르핀을 잔뜩 맞아서 힘이 없지만 정신은 훨씬 더 깨어 있다. 눈도 침침하지만 상황 파악은 가능하다. 문밖에서 인기척을 느꼈다. 알렉산더의 당황한 외침이 들렸다. "아빠, 이 방이 아닌가 봐요!" 이 침대 저 침대를 훑기에 바쁘던 눈이 다시 내게 고정되었다. 한 번 더 확인하자 두려움이 얼굴 가득 번졌다. 보아서 안다기보다는 느껴졌다. 그다음은 인정과 동의였다. 나는 남편이 아들을 안는 것을 느꼈다. "괜찮다, 알렉산더." 그러나 떨리는 목소리는 괜찮지 않다고 말하고 있었다.

4기 췌장암이면 생존 확률은 없다. 희망이 없을뿐더러 곧 죽게 된다. 진단이 나오자마자 나는 이것을 알았다. 지난 몇 주간 통증을 완화하기 위해 투여된 모르핀 주사 덕에 고통은 참을 만했다. 그러나 모르핀의 양이 점점 늘어 마침내 치사량에 이르는 순간이 올 것이다. 나는 잠에 빠지고 심장은 멈출 것이다. 여러 가지 이유로 나는 이 순간을 기다려왔다. 동시에 그것을 확실히 금지했다. 겉으로는 내 입장을 확실히 했지만 사실 나는 혼란스러웠다. 내가 매일 조금씩 나빠지며 서서히 무너지다가 가장 나쁜 모습으로 최후를 맞는 것을, 내가 가장 사랑하는 세 명의 가족들이 지켜보면서 얼마나 힘들지 내가 안다는 것이 최악이었다. 나는 그것이 싫어서 그전에 끝내고 싶다. 그러나 내가 삶을 포기하는 모습을 가족들이 기억하는 것 또한 싫다.

---

1   나는 이 장의 자료를 어머니의 노트북에서 찾았는데, 이 시기 이후에도 계속 일을 했다는 것에 놀랐다. 어머니가 돌아가신 지도 몇 년이 흘렀지만 이 글을 읽는 아직도 마음이 아프다.

죽음의 방식은 삶에서 가장 중요한 것 중 하나다. 여기에는 윤리적 교훈이 있다. 삶의 가장 힘든 순간이 가장 깊은 상처를 남기며, 이 상처는 기억인지도 모르는 특정한 종류의 기억이다. 이런 기억은 대부분의 기억처럼 친숙한 방식으로 모습을 드러내지 않는다. 이런 기억은 의식적으로 회상하는 에피소드가 아니다. 머릿속이 아니라 우리의 삶과 사는 방식 속에서 발견되는 것이다. 특정한 세계관, 태도, 행동에서 발견되며, 운이 좋다면 허세로 나타나기도 한다. 이들은 라이너 마리아 릴케의 말처럼 피가 된 기억이며 이름도 없고 더 이상 우리의 본질과 구분할 수도 없는 기억이다.[2] 남겨진 이들의 삶은 그들과 작별을 고하는 방식과 불가분의 관계에 있다. 나는 그들에게 모든 희망이 사라진 순간에도 결코 포기하지 않는 투쟁의 교훈을 남길 것이다. 미시킨에게도 미리 이렇게 설명해두었지만 아들이 잘 이해했는지는 모르겠다. 나의 유언이 교훈이길 바라지만 아마 결코 이해하지 못할 것이다. 그래도 여전히 교훈은 교훈이다.

천주교 전통의 마이애미에서 의사들은 '이중 효과'에 대해 매우 민감하다.[3] 서로 상반된 긍정적 영향과 부정적 영향이 동시에 나타나는 일을 한다고 가정해보자. 긍정적 영향을 원해 좋은 영향만

---

2   라이너 마리아 릴케는 그의 유일한 소설 《말테의 수기 The Notebooks of Malte Laurids Brigge》(1910)에서 이에 대해 다루고 있다.

있도록 조정할 수 있다면 매우 좋겠지만, 부정적 영향이 반드시 동반된다. 이중 효과의 원칙은 긍정적 영향만 원하더라도 상반된 영향이 있으며 이에 따라 행동을 취하는 것은 적법할 수 있다는 것이다. 따라서 나는 죽지 않고 고통을 완화시키려는 목적이기는 하지만 이로 인해 죽을 수 있다는 것을 알면서도 병원 측에 모르핀을 최대치로 투여해달라고 요구할 수 있다. 이중 효과의 원칙은 우리 모두에게 빠져나갈 길을 제공한다. 내 유언은 지키면서 이별은 짧게 만들어준다. 그렇지만 이것은 슬프게도 다 거짓말이다.

아퀴나스는 정당방위의 권리를 논하는 맥락에서 처음 이중 효과를 도입했다. 공격을 받는 입장에서 그 가해자를 죽이기 위해서가 아니라, 내 목숨을 구하기 위해서라면 누군가를 죽여도 합법적인 정당방위라는 것이다. 내 목숨을 노리는 자가 있다는 것을 알지만 그를 미리 독살시키면 죽이고자 하는 목적만 있으므로 옳지 않다. 그러나 그를 죽이는 것이 정당방위가 되려면 그의 죽음이 또 다른 결과라고 할지라도 순전히 나를 방어하는 과정에서 일어나야 한다. 그러나 정당방위 시나리오는 너무 모호하기 때문에 희망 없는 유추다. 무엇보다 가해자의 죽음이 확실하거나 예상 가능한 결과가

---

3   이중 효과의 원칙은 아퀴나스를 필두로 하는 중세 천주교 철학자들의 글에서 등장했다. 더 정확히는 개신교와의 분리가 일어나면서 천주교 교회라는 것이 생기기 전인 중세의 철학자들이 언급했으므로 이후에 천주교 교회가 이를 채택했을 것이다.

아니어야 한다. 예를 들어 주먹을 날려 가해자를 죽였다면 보통 주먹질만으로 사람이 죽는 것은 아니므로 그의 죽음은 일어날 가능성이 없는 결과다. 반면에 구경이 큰 권총을 가해자의 정면에 쏘면 그의 죽음은 거의 확실하다. 그러므로 이 행동은 남을 죽여서 내 생명을 구하는 것이다. 가해자의 죽음이 거의 확실하면 상대를 죽일 생각은 없고 내 생명을 구할 목적만 있었다고 할 수 없다. 그러나 오해는 말길. 누군가 나를 죽이려 한다면, 나도 가해자를 먼저 죽일 권리가 있다. 그러나 앞의 행동은 남을 죽이지 않고 내 목숨만 구하려는 것이 아니다. 오히려 남을 죽여서 나를 구하려는 의도다.

스위치를 켜서 전등을 켠다고 할 때, 스위치만 켤 목적이지 전등을 켤 목적은 아니라고 말할 수 있는가? 물론 그것이 전등 스위치인 줄 몰랐을 수 있다. 또는 스위치가 고장 나서 전등이 켜지지 않는 줄 알았을 수도 있다. 그러나 이것은 이중 효과 시나리오가 아니다. 행동의 결과가 거의 확실하기 때문이다. 전등이 켜지는 것이 스위치를 켜는 행동의 결과임을 알고도, 스위치만 켜려 했고 전등을 켤 생각은 없었다고 합법적으로 주장할 수 있는가? 스위치를 켰을 때 전등이 켜질 확률이 높아질수록, 스위치만 켜려 했고 전등을 켤 생각은 없었다는 주장의 논리는 더 약해진다. 이중 효과의 원칙은 Y가 X의 결과일 확률이 거의 절대적임을 알면서도 Y를 할 의도가 없이 X를 하려 할 수 있다는 생각에 근거하고 있다. 이 가정은 우스꽝스럽다. 그러나 이중 효과의 원칙은 가끔 옳은 일을 하기 위한 나쁜 이유가 된다.

안락사에 대한 우리의 태도는 혼란스럽다. 몇 년 전, 보스도 수의사의 손에서 무지개다리를 건넜다. 보스는 노쇠하고 암까지 걸렸다. 나는 안락사의 시점에 대해 고민했다. 하지만 지금도 여전히 괴롭다. 하루 더 기다렸어야 하는 건 아니었을까? 하루 더 빨랐어야 했나? 적당한 때에 한 것인지 확신이 없다. 그러나 한 가지 내가 결코 의심하지 않았던 것은 보스의 안락사가 절대적으로 필요했고 도덕적으로도 옳다는 것이다. 시기에 대한 고민은 좋은 질문이지만, 행동이 옳은 것인지는 의문의 여지가 없다. 인간은 너무나 소중해서 이 간단한 친절의 행위조차도 받을 수 없다. 지인의 딸이 수막염으로 심한 뇌 손상을 입어 네 살을 넘기지 못할 거라는 진단을 받았었다. 하지만 그 딸은 열두 살이 될 때까지 살았다. 그런데 통증을 완화해주려던 수술이 잘못되어 몸을 움직이지 못하고 통증이 지속되는 부작용이 나타났다. 부모와 의사들까지 아이가 죽을 수밖에 없다고 판단했다. 그렇다면 어떻게 해야 할까? 결국 의사들은 체액을 빼냈다. 물을 못 마시게 해서 죽게 만드는 방법은 일반적인 관행이다. 그 아이가 죽기까지 2주가 걸렸다. 누가 봐도 도덕적으로 끔찍한 일이다.

문제는 의료적 신념과 의료법에서는 여전히 '적극적 안락사'와 '소극적 안락사' 사이에 거대한 도덕적 차이가 있다고 본다는 것이다. 적극적 안락사는 환자를 죽이는 것이다. 소극적 안락사는 환자가 죽도록 내버려두는 것이다. 극심한 고통을 겪는 환자를 적극적으로 죽이는 것은 받아들일 수 없지만 죽게 내버려두는 것은 도덕적으로 받아들일 수 있다. 죽게 내버려두는 것은 실제로 도덕적으로 수용 가능한 정도가 아니라 도덕적으로 필요하다. 그렇게 하지 않으면 도덕적으로 옳지 않다. 만약 어차피 죽을 수밖에 없는 사람이 있고 그 고통이 끔찍하다면 왜 며칠 더 그 고통을 연장할 뿐인 삶을 살게 하겠는가? 그냥 보내주는 편이 더 낫다. 내 상황에 있는 대부분 환자들처럼 나도 내 파일에 심폐소생술금지DNR라고 쓰여 있다. 내 상황에 있는 환자는 그냥 보내주는 것이 옳은 일이다. 끝까지 싸우기로 결심하기는 했지만 그래도 되살려서 좀 더 싸우라고 하면 끔찍할 것 같다.

그러나 이것은 이 혼란이 가라앉는 지점이다. 죽게 내버려둘 나 같은 환자를 왜 보스처럼 좀 더 빨리 보내주면 안 된단 말인가? 분명히 상황이 적절해야 한다. 전혀 희망이 없고 죽을, 그것도 곧 죽을 사람인데 죽기 전까지 끔찍한 고통을 겪는 나와 같은 환자가 있다. 그러나 그 사람은 결정적인 측면에서 나와 같지 않다. 할 만큼 했고 죽음이 때가 되어 찾아오기를 기다리기보다는 당장 죽고 싶어 한다. 마지막으로 그 사람이 스스로 목숨을 끊을 수는 없다면, 환자의 생명을 끝내는 것과 생명을 구하는 행동을 하지 않는 것의 도덕적 차이를 어떻게 정당화할 것인가? 궁극적인 결과는 같다. 환자는 죽는다. 두 경우의 도덕적 차이가 있다면 행동과 행동하지 않음의 차이, 즉 작위와 부작위의 차이만 있을 뿐이다. 달리 말해, 이런 상황에서 누군가를 죽이는 것과 그저 죽도록 내버려두는 것 사이에 현격한 도덕적 차이가 있다고 생각한다면 그 근거는 작위와 부작위 원칙을 암묵적으로 믿는 것뿐이다.

앞서 절대빈곤층에 대한 미시킨의 생각을 다루면서 작위와 부작위 원칙을 언급했었다. 그 원칙에 따르면, 행동을 하는 것과 하지 않는 것 사이에는 본질적인 도덕적 차이가 있다. 즉 의도나 결과의 차이를 초월한 도덕적 지위의 차이가 작위와 부작위 사이에 있다는 뜻이다. 작위와 부작위 원칙은 오류다. 의도를 수정하고 결과를 수정한다면, 행동하는 것과 행동하지 않는 것은 도덕적으로 등가물이다. 예컨대 살해 의도를 가진 삼촌은 유산을 차지하기 위해 조카를 물에 빠뜨려 죽이려 한다. 조카를 익사시키려고 연못에 찾아간 삼촌이 이미 물에 빠진 조카를 구하지 않고 단순히 내버려둘 수도 있다. 두 경우 삼촌이 조카를 죽게 하려는 의도는 같다. 아이가 죽는다는 결과도 같다. 첫 번째 시나리오에서 삼촌이 한 행동이나 두 번째 시나리오에서 삼촌이 하지 않은 행동이나 도덕적 차이가 없다. 그의 작위와 부작위는 도덕적으로 등가물이다.

. . .

작위와 부작위 원칙의 몰락은 소극적 안락사와 적극적 안락사 사이에 도덕적 차이가 있다는 생각에 문제를 야기한다. 의료 관행이 옳다고 생각해보자. 시한부 환자에게 심폐소생술을 실시하지 않는 정책은 도덕적으로 옳고 직관적으로도 옳다. 소극적 안락사와 적극적 안락사 사이에 도덕적 차이가 있다는 생각은 둘 중 한 가지 조건이 충족되어야만 참이다. 첫째, 두 경우의 의도나 결과에 어느 정도 차이가 있다. 둘째, 작위와 부작위 원칙이 참이다.

내가 든 사례에서는 의도나 결과의 차이는 전혀 없어 보인다. 의사들이 심폐소생술을 실시하지 않든, 환자가 죽음에 빨리 이르도록 적극적으로 조치를 취하든, 환자가 죽는다는 결과는 같다. 더 이상의 고통을 끝낸다는 의도 역시 같다. 따라서 행동을 하든 하지 않든 의도와 결과는 모두 같다. 달리 말해, 행동하는 것과 행동하지 않는 것 사이에 비본질적 차이는 없다는 뜻이다.

따라서 이런 상황에서 적극적 안락사와 소극적 안락사 사이에 도덕적 차이가 있으려면 작위와 부작위 원칙이 참이어야 한다. 그러나 작위와 부작위 원칙은 거짓이다. 결론은 분명하고 피할 수 없다. DNR 정책이 도덕적으로 옳다면 적극적 안락사 정책도 마찬가지다. 만약 어떤 사람이 상태가 너무 심각해서 심폐소생술을 실시하지 않아야 도덕적으로 마땅하고 환자 스스로 죽음을 원했다면,

더 늦기 전에 죽음을 맞이할 수 있게 해주는 것도 도덕적으로 옳은
일이어야 한다.

. . .

자신을 죽여달라고 요청하는 자발적 안락사는 가장 쉬운 경우다.
안락사의 형태는 다양하며, 안락사는 조력자살과는 다르다. 조력자
살은 기술적으로 안락사가 아니다. 조력자살은 정확히 다른 사람의
도움을 받아 행하는 자살이다. 환자는 의사의 도움으로 물질을 주
입받거나 기구를 이용해 자살할 수 있다. 자발적 안락사는 안락사
의 본래 의미로서 첫 번째 범주다. 환자가 삶을 끝내고 싶다는 의
사는 있지만 도움을 받는 등의 방법으로도 자살을 할 능력이 없다
는 것이 충분할 때 실행된다. 실제로 버튼을 누르지 못하므로 남에
게 부탁해야 한다. DNR 표시가 도덕적으로 정당화될 정도의 상태
에 있는 환자라면 자발적 안락사도 마찬가지로 정당화되어야 한다.
　다음 범주인 '비자발적' 안락사는 도덕적으로 더 까다롭다. 이
것은 환자가 의사를 표시할 수 없는 상황일 때 발생한다. 안락사를
실행하면 당사자에게 더 이로울 것이다. 내 옛 친구인 크리스티나
는 열여덟 살 때 파티에 갔다가 계단에서 굴러 떨어져 목 아래가 마
비되었고 말도 할 수 없게 되었다. 의사소통은 오직 눈의 움직임으
로 가능했지만 늘 눈물이 고여 있어 그마저도 쉽지 않았다. 얼마 지

나지 않아 크리스티나는 죽었지만 차라리 잘된 일이었다. 그녀와 같은 상황인데 의사소통마저 아예 불가능하다면 비자발적 안락사의 대상이 된다. 비자발적 안락사는 환자가 원하는 바를 정확히 알 수 없기 때문에 자발적 안락사보다 더 정당화하기가 힘들다. 그럼에도 불구하고 크리스티나가 그렇게 살아가려면 얼마나 불편하고 절망스럽고 지루하다 못해 미칠 지경일지 상상해보면, 어떤 환경에서는 비자발적 안락사가 도덕적으로 정당할 수 있다. 그녀의 부모, 형제, 자매가 동의한 이유는 그들이 무감하거나 이기적이기 때문은 아니다. 크리스티나의 경우 DNR이 정당화된다면 비자발적 안락사도 도덕적으로 정당화된다는 결론을 피하기는 어렵다. 다시 한 번, 작위와 부작위 원칙 거부는 명확한 결론을 도출한다. 어떤 사람이 DNR을 금지하는 것이 도덕적으로 마땅할 만큼 상황이 나쁘다면 이미 암묵적으로 죽음이 최선임을 인정한 것이다. 본인이 반대 의사를 표명한 적 없고 상황이 나쁘다면, 기본적으로 비자발적 안락사도 도덕적으로 옳은 행동으로 보아야 한다.

그러나 나는 다른 범주에 속한다. 나는 안락사를 원치 않는다는 의사를 표시했다. 따라서 나에 대한 안락사는 '반자발적'이기 때문에 다른 안락사와 큰 차이가 있다. 다른 어떤 범주의 안락사도 환자 본인의 의견을 거스르는 일은 없다. 그러나 반자발적 안락사는 개인이 표시한 선호에 우선한다. 이것은 완전히 다른 이야기다.

어떤 결정을 내릴 때 그 사람의 행복과 자율은 매우 중요한 요소다. 비자발적 안락사의 경우, 환자는 의사표시를 하지 않았으므로 결정의 근거는 오직 환자의 행복뿐이다. 작위와 부작위 원칙의 실패가 의미하는 것은 실제로 개인의 행복을 지키기 위해서라면 행동하는 것과 행동하지 않는 것 사이에는 본질적인 도덕적 차이가 없다는 것이다. 따라서 상황이 적절하다면, 우리는 환자의 목숨을 구하지 않거나 적극적으로 죽음을 초래하는 행동을 취함으로써 행복을 도모할 허가를 부여받는다. 그러나 반자발적 안락사에서 환자는 의사표시를 했다. 그럼 환자의 행복만을 고려할 수 없고, 그의 자율까지 고려해야 한다.

사실상 반자발적 안락사는 살인이지만, 일반적인 살인에서도 그렇듯 정당화될 수 있는 상황이 있다. 코맥 매카시는 《로드》에서 가능한 시나리오를 보여준다. 당신과 당신의 어린 아들이 인간사냥꾼에게 잡힐 위기에 처한다. 갖고 있는 총에는 총알 하나만이 남아 있다. 불행하게도 당신까지는 안 되겠지만 아들에게 사용하여 두려움을 없애줄 수 있다. 그러나 아들은 동의하지 않는다. 이런 극단적인 상황에서 반자발적 안락사의 논리가 성립될 수 있다. 그러나 대부분의 상황은 극단적이지 않으며, 살인이나 반자발적 안락사나 다를 것이 없다.

살인과 반자발적 자살은 모두 개인의 자율을 무시한 죽음이다. 개인의 행복을 위해 자율을 무시하는 것이 정당화되는 상황도 있다. 그러나 보통은 미래의 행복이라는 생각에 연관되어 있다. 미시킨은 알렉산더의 자율과는 반대로 배관 청소 약품을 뺏었지만, 앞으로 아들의 장기적 행복에 미칠 끔찍하고 파괴적인 영향 때문에 이 행동은 정당화된다. 그러나 행복이 고작해야 몇 시간, 며칠밖에 연장되지 않을 나 같은 사람에게는 얼마 남지 않은 자율 따위 침해해도 별 상관없다.

내 삶을 내가 원하는 방식으로 끝내도록 허용되어야 한다. 좋은지 나쁜지는 모르겠지만 나는 교훈이라는 방식으로 삶을 끝낼 것이다. 따라서 그것은 도덕성이 나에게 명령한 삶을 끝내는 방식이다. 나는 이 길을 선택했고, 아직 말할 수 있는 능력이 있다면 내 선택을 반복해서 말할 것이다. 그러나 어쨌든 힘든 선택이다. 내가 힘든 만큼 나의 세 남자들도 힘들 것이다. 누군가의 바람 앞에서 무력한 것, 사랑하는 사람들에게 큰 슬픔일 줄 알면서도 뭔가를 바라는 것은 힘든 일이다. 나는 내 바람을 존중하고 이 세상에서 나의 마지막 행동이 의미 없지 않도록 해준 남편에게 감사하며 이번 생을 마감한다. 그러나 내가 원하는 교훈 때문에 그가 어떤 아픔을 겪을지 알기에 마음이 씁쓸하다. 우리 모두에게 나쁜 마지막이 기다리고 있으며, 가끔은 무엇을 해도 좋지 않을 때가 있다. 그저 다양한 색조의 나쁨만이 있을 뿐이다.

고백
자살

할 수 있겠는가? 때가 오면?
그때가 오면 시간이 없을 것이다.
지금이 바로 그 때다.

: 코맥 매카시 《로드》 :

나는 결국 이렇게 될 줄 알았다. 방, 탁자, 의자, 잭대니얼스 한 병, 구경 9밀리미터의 글록 권총. 그리고 나. 알베르 카뮈는 한때 철학의 근본적인 질문은 자살이라고 말했다. 이 미친 존재의 게임을 왜 끝내지 않는가? 자살이란 인생이 더 이상 살 만한 가치가 없다는 것을 고백하는 것이라고 카뮈는 말했다. 집안 내력일까? 할아버지는 삶의 끝에서 마치 그것을 응시하듯 고백했다. 할아버지를 비난하지 말기를. 신문에는 앞날이 구만리 같은 젊은이가 자신이 너무나 비참해 출구가 보이지 않은 나머지 자살했다는 기사가 실리곤 하니까. 항상 출구는 있다. 없는 경우를 제외하고는 말이다. 할아버지는 놀라우리만큼 정정한 분이셨고 한다. 하지만 내 기억 속의 할아버지는 대낮에도 잠옷 바람으로 작은 노동자 연립주택의 거실에 있는 긴 의자에 앉아 레슬링 방송을 보는 대머리의 가냘픈 노인이었다. 나는 토요일 오후에 할아버지 댁에 가곤 했는데 당시 BBC에서는 늘 그 시간에 레슬링을 방영했다. 아일랜드 혈통으로 런던에 살고 있는 믹 맥마누스는 땅딸한 체형에도 불구하고 영국 레슬링의 제왕이었다. 내게는 할아버지보다 그에 대한 기억이 더 많다. 할아버지는 살아생전에 대부분의 시간을 석탄을 캐는 갱부로 땅속에서 지냈다. 갱부는 단순히 석탄차를 끄는 사람이 아니었고, 마을에서 가장 힘센 남자였다. 하지만 나는 빨간 양동이를 달고 다니며 기침을 하고 가래를 뱉는 할아버지의 모습을 기억하고 있다. 이후 10년간 할아버지는 기침하고 내뱉기를 끊임없이 계속했다. 그것을 끝내던 어느 날까지는. 모두가 알았지만 입 밖에 낼 수 없었던 속삭임과 중얼거림이 거대한 증언이 되어 나는 귀가 먹을 지경이었다.

할아버지의 고백은 근본적으로 판단이었다. 또는 다음 세 가지 중 하나였다. 첫째, 삶의 질이 삶을 더 이상 지속할 만큼 충분히 높지 못하다. 둘째, 상황이 나아질 가능성이 없다. 셋째, 고통을 완화하기 위해 할 수 있는 자살보다 덜 극단적인 행동이 없다. 내가 기억하는 할아버지의 상태로 미루어 그 판단이 현명했다고 해도 놀라지 않을 것이다. 그렇다면 할아버지가 옳은 일을 했다고 결론 내려야 할 것이다.

자살이 옳은 일이 아니라면, 이것은 판단 착오로 인한 것이다.

상황은 보이는 것만큼 항상 나쁘지 않았다. 나보다 한두 살 어린 남자아이가 있었다. 밝아 보인 그 아이는 말썽을 부리긴 했지만 심한 정도는 아니었다. 나는 그 아이를 좋아했다. 그런데 어느 날, 그 아이가 다리 난간에서 목을 매어 자살했다. 또 내가 알던 한 친구는 성격도 좋고 미남에다 똑똑하고 대학 졸업반이라 앞길이 창창했는데 파티에서 나무에 목을 매어 자살했다. 이 두 사람의 고통을 폄하할 의도는 전혀 없다. 두 번째 자살 사례는 짚이는 이유도 있지만 첫 번째 경우는 전혀 모르겠다. 최근까지 나는 자살하는 사람들이 어떤 심리적 상태인지를 도저히 짐작조차 할 수 없었다. 그러나 이유를 모르는 첫 번째 경우와 이유를 아는 두 번째 경우 모두 자살은 판단 착오에 따른 행동이다.

이러한 자살의 비극은 현재 상황의 암울함에 대한 잘못된 이해, 비관적인 미래 예측 또는 덜 극단적이고 치명적인 고통 경감책 고려에 대한 실패에 근거하고 있다. 우리 중 어느 누구도 결코 자신의 삶의 질에 대해 정확하게 평가할 수는 없으리라. 그리고 미래에 대한 예측은 더 나쁘다. 그리고 우리 대다수는 무엇을 결정하고 나면 다른 가능성을 고려하지 못하기 때문에 판단 착오는 항상 일어난다. 그러나 자살은 판단 착오와는 달리 되돌릴 수 없다.

따라서 일반 규칙으로서 개입은 정당화된다. 다리에서 목을 매어 자살하려고 하는 아이나 나무에 목을 매려는 대학생을 본다면, 나는 당연히 개입할 것이다. 그리고 내가 개입한다고 말할 때에는 이성적 설득만을 말하는 것이 아니라, 필요하다면 물리력을 사용해 제지하는 것이 포함된다. 이런 상황에서 방임은 끔찍한 일이다. 나는 개인의 자율을 침해하는 것을 반대하지만, 이 경우 개입은 순전히 일시적이다. 그 사람은 다시 한 번 생각하고 판단할 기회를 제공받는다. 만약 그의 판단이 여전히 변하지 않는다면 그때 삶을 끝내도 늦지 않다. 판단 착오의 가능성에도 불구하고 행동을 저지하지 않는다면, 더 나은 판단을 할 기회는 영원히 사라진다.

그러나 극심한 감정의 고통과 격변 속에서 삶을 끝내려는 결정을 내리는 사람들과, 몇 년간 악화된 고통으로 삶의 질이 극도로 떨어져 더는 견딜 수 없다는 결론에 도달한 할아버지 사이에는 어마어마한 차이가 있다. 당시로 되돌아가서 목을 매어(아마 이 방법을 사용하셨으리라 생각한다) 자살하려는 할아버지를 만날 수 있다면, 내가 할아버지를 말렸을까? 아니, 더 정확히, 말려야 할까? 나는 할아버지가 어떤 분인지 안다. 그리고 병마는 할아버지를 피골만 상접하게 만들었다. 그런데도 나의 개입이 정당화될까?

불행하게도 현재 내 상황은 할아버지와 매우 흡사하다. 나는 치매에 걸렸다. 치매는 일련의 증상들이 나타나는 증후군이다. 치매에는 원인 질환이 있다. 가장 일반적인 것은 알츠하이머로, 치매 사례의 60~70퍼센트를 차지한다. 따라서 나를 진료한 의사들도 내가 알츠하이머일 확률이 60~70퍼센트라고 한다. 기본적인 병리를 확실하게 파악할 수 있는 방법은 부검뿐이다. 일련의 다른 테스트를 통해 가능성을 약 90퍼센트까지 올릴 수도 있다. 그러나 나는 그러고 싶지 않다. 내게 남은 그다지 많지 않은 시간을 병원에서 20퍼센트를 걱정하며 보내고 싶지는 않다. 원인 질환이 무엇이든 치매는 결국 내 목숨을 앗아갈 것이다.

나는 한동안 건망증을 겪었다. 물건도 계속 잃어버렸다. 곧 나는 신발 끈 묶기처럼 기본적인 일도 못할 것이다. 결국 내 몸을 씻고 옷을 입는 방법도 잊어버릴 것이다. 혼란스러운 일들이 점점 더 많아져 두려움, 불신, 불안, 환상이 커질 것이다. 이런 일은 느리거나 우아하게 일어나지 않는다. 병의 진행과 함께 점점 더 빨리 일어날 것이다. 그리고 결국 나는 끝난다. 나는 더 이상 존재하지 않을 것이다. 내 육체는 존재해도 숨만 쉬는 유기체로서의 삶은 더 이상 내가 아니다.

이게 나의 끝일 것이다. 내가 어떤 행동을 취하지 않는 한 내가 끝나는 방식일 것이다. 보다 더 낙관적인 시나리오도 있다. 전립선 암이 생긴 지 좀 되었는데 이 녀석이 나를 먼저 죽일 확률도 있다. 그러나 불행히도 느리고 둔한지라 여유를 부리는 듯하다. 내가 알아야 할 것이 다 드러났다. 암이 빨리 진행되어 나를 죽여주기를 바라는 지경이라면, 할아버지가 그랬던 것처럼 더 이상 삶과 맞서 애쓸 가치가 없음을 인정해야 할 때다. 그럼에도 불구하고 변경 불능성을 고려해야 한다. 내 삶에 목적이 있었다면 그것은 '사유'다. 증거를 수집하고 거기에 근거해 어떤 영향이 있는지 규명하고, 판단과 직관, 의견과 관점의 균형을 이루는 것이다. 이러한 원칙과 각을 세우는 방식으로 이 세상을 끝낸다면 실망스러울 것이다. 나는 잠시 멈추어야 한다. 그리고 생각해야 한다.

꼭 종교적인 주장이 아니라도 자살을 반대할 근거는 많다. 인간이 죽을 시간과 장소를 선택할 신의 권리를 자살이 앗아간다는 생각은 말도 안 된다. 신을 믿더라도 그렇다. 스스로의 목숨을 앗아가는 것이 자신의 죽음을 선택할 신의 권리를 앗아가기 때문에 잘못된 일이라면 자신을 구하기 위한 조치를 취하는 것도 마찬가지다. 달리는 차에서 뛰어내리는 것은 신의 의지에 반하는 것이다. 신이 그런 방식으로 죽도록 예정하지 않았기 때문에 신의 의지가 아니다. 그렇다면 자살에 대해서도 비슷한 유추를 할 수 있다. 신이 그런 방식으로 죽도록 예정했기 때문에 자살은 신의 의지라고 말이다.

자살이 이기적이라는 주장도 있다. 자살이 다른 사람들에게 미칠 영향은 크다. 주변 사람들과 그들의 행복을 고려하면, 자살은 이기적인 행동일 수 있다. 앞서 언급한 내 친구들의 경우처럼 자살은 유가족의 삶에 되돌릴 수 없는 영원한 상처를 남긴다. 그들의 자살이 이기적이었다는 건 아니다. 단지 타인에 대한 영향을 고려할 필요가 있다는 뜻이다.

나는 이 문제에 대해 오랫동안 심각하게 고민했지만, 내 경우에 적용되는 것 같지는 않다. 올가도 떠났고 문제는 니코와 알렉산더인데, 내가 자살하면 아이들이 평생 지워지지 않을 마음의 상처를 안고 살까봐 두렵다. 그리고 아이들이 나를 기억하는 방식에도 오점을 남길까봐 두렵다. 이것은 이기적인 걱정은 아니다. 자손들이 나를 어떻게 볼지 걱정하는 것보다는 아이들 자체를 걱정하는 것이다. 부모가 자식을 위해 할 수 있는 가장 큰 일은 좋은 기억을 남겨주는 것이다.

다른 대안은 없을까? 첫째, 자살하지 않고 수명이 다할 때까지 기다린다. 그럼 결국 병원에 입원할 것이다. 병원에서 내가 얼마나 살까? 3년? 5년? 10년? 아이들이 지불해야 할 비용은 천문학적일 텐데 그 결과로 무엇을 얻는가? 병원에 있는 산송장은 더 이상 내가 아니다. 아이들을 알아보지 못하고, 내가 누군지조차 모를 것이다. 그럼에도 아이들은 숨만 붙은 산송장에게 인사하러 와야 한다는 의무감을 느낄 테고, 정기적인 방문은 아이들은 물론 껍질만 남은 나에게도 비용 부담과 함께 괴로움만 줄 뿐이리라. 최소한 내가 여기 권총을 들고 앉아 있는 이유는 산송장을 만나러 와야 할 아이들의 비용과 감정적 부담을 덜어주려는 것이다. 이 상황에서 이기심은 낄 자리가 없다.

또 다른 대안은, 아이들에게 내 계획을 솔직히 말해주는 것이다. 최소한 내 생각을 이해한 아이들은 책임에서 자유로울 수 있다.

긍정적인 기능이 있는 반면 엄청난 부작용도 있다. 내가 아이들에게 이야기한다면 그다음은 어떻게 될까? 내가 아꼈던 개 보스는 암으로 서서히 죽어가면서 배변을 가리지 못했다. 정상의 상태는 아니었지만 고통스러워하지는 않았다. 식욕도 괜찮았고 여전히 산책도 즐겼다. 매일 아침, 보통 하루에 여러 번, 나는 녀석이 흘린 배변으로 더러워진 바닥만 닦아주었다. 보스가 방광을 즐겨 비우는 장소는 식탁 아래였다. 녀석의 오줌으로 식탁의 다리는 아래부터 서서히 썩기 시작했다. 녀석이 말을 할 수 있어서 "이럴 필요 없어요. 이제 그냥 갈게요"라고 말한다 해도 나는 이 제안을 일언지하에 거절했을 것이다. 보스에게 고통이 없는 한, 녀석이 여전히 삶을 즐길 수 있는 한, 나는 평생 즐겁게 바닥을 청소할 것이다.

내가 니코와 알렉산더에게 말한다면 아이들은 동의하거나 반대할 것이다. 반대한다면 원점으로 되돌아온다. 더 나쁜 것은 이제 아이들이 내가 혹시라도 허튼짓을 하지는 않나 매의 눈으로 지켜보리라는 것이다. 그러나 아이들이 동의한다면 더 끔찍하다. 조력자살 관련법에 따라 아이들이 법적 책임을 물 수 있기 때문에 내가 자살을 할 순간에 아이들을 곁에 둘 수 없다. 따라서 나에게 "아빠, 안녕히 가세요. 이제 하셔도 돼요"라고 말하는 순간이 올 것이다. 사랑하는 사람에게 이런 어려운 말을 해야 한다니. 나는 보스에게도 그런 말을 할 수 없었다. 생각조차 힘들었다. 아이들이 내게 이런 말을 절대 못 할 것도 알고 있다. 이런 무거운 부담을 아이들에게 지우고 싶지는 않다.

　내 결정은 이상적이지 않다. 분명 부작용이 있다. 그러나 모든 것들을 고려할 때 최선이라고 생각한다. 이유를 설명해도 좋겠지만 죽기 전에 메모를 남겨두면 된다. 이 책을 긴 자살 메모라고 생각해도 좋다.

　자살을 반대하는 또 다른 이유는 이기심보다 이타심에 가까운데, 만약 자살을 장려한다면 (나처럼) 늙고 힘없는 노인들은 아이들이나 사회에 부담을 주지 않기 위해 삶을 끝내도록 압력을 받게 되리라는 것이다. 짐이 되기 싫으니 여기서 삶을 마감하겠다고 말하는 것이다. 그러나 그것은 내 바람이며, 아이들에게 짐이 되지 않겠다는 것은 오랫동안 심사숙고해서 스스로 내린 만족한 결론이다. 내가 죽고 싶은 이유 중 하나인데 뭐가 잘못되었는가? 완벽하게 합법적인 선호에 따라 나는 짧은 여생 동안 자유의지를 발휘하는 것이다. 앞으로 의미 있는 행복을 기대할 수 없다면, 남은 것은 자율뿐이다. 그리고 이것은 내 자유의지가 하는 말이다. 나는 어느누구의 압력도 받지 않는다. 아들들은 아무것도 모르고 있다. 송장 같은 내 몸을 살려두는 것이 정부 비용으로 모두 가능하다 해도 달라질 것은 없다. 내게 조금이라도 좋은 인생이 될 가능성이 있다고 생각했다면 정부의 짐이 되는 것이 내 신경을 거슬리게 하지는 않을 것이다. 즉 나는 내 몸뚱이와 함께 살아갈 수 있다. 그러나 그것은 무의미하다. 내가 더 이상 이 사회에 존재하지 못하는, 살려두기 위해 매년 몇 십만 달러나 소요되는 식물인간이 된다면 무슨 의미가 있는가?

자살이 주류의 선택이 되는 위험을 저평가하고 싶지는 않다. 자살을 일반 정책으로 옹호하지 않으며 권장되어서도 안 될 일이다. 나는 칸트학파가 아니며, 자살이 내가 취해야 할 행동이라 할지라도 같은 상황에 있는 다른 사람들에게도 옳은 행동이라고 믿지는 않는다. 단지 내 상황과 병의 예후를 보아 나의 자살은 옳은 일이라는 뜻이다.

문제의 일부, 내 죽음이 왜 그토록 엉망인지 그 이유의 일부는 내가 의사에게 다음과 같이 말할 수 없기 때문이다. "의사 양반, 내가 내 자신이 누구인지도 모르고, 더 이상 사랑하는 사람들의 얼굴도 몰라보고, 기본적인 일도 못하게 되는 그날이 오면 내 주사약에 뭔가 넣어서 내 인생을 좀 끝내주시오. 더 이상은 안 되겠고 원하는 대로 두어야겠다 싶을 때 말이오." 이런 사망 선택 유언을 남길 수도 없다. 그런 이유들은 설득력이 부족하다. 어떤 사람들은 미끄러운 경사면slippery slope(일단 시작하면 중단하기 어렵고 파국으로 치달을 수 있는 행동 방향-옮긴이)의 위험이 있다고 한다. 물론 실수가 있을 수 있다. 그러나 대안을 보면 위험을 감수할 만하다고 생각한다.

대안은 내가 머리에 총을 겨누고 방아쇠를 당기는 것이다. 지저분한 것은 물론이고 최소한 남은 며칠의 살 가치가 있는 날마저

도 빼앗길 것이다. 그렇다. 나는 건망증이 심해지고 혼란스럽다. 나
빠지는 속도도 점점 빨라질 것이다. 그러나 현재 내 인생은 아직 살
만하다. 문제는 내 질병의 원인을 볼 때, 인생을 살 가치가 없어질
때쯤이면 나는 내 손으로 삶을 끝낼 수 없으리라는 것이다. 누군가
나를 대신해 끝내줘야 한다. 그러나 아무도 그럴 사람은 없다. 그래
서 내가 미리 내 손으로 끝내야 하는 것이다. 누군가는 의사들에게
환자를 죽이도록 요구하는 것은 부당하다고 말한다. 그러나 이것도
정당하지는 않다.

　　인생의 칼에는 내가 마치 필요로 했던 것처럼 마지막 반전이
있다. 이미 치매가 시작된 것 같다. 그러나 그것조차 현재 나의 일
부이며 내게 남은 모습의 조각이다. 언젠가 삶의 끝에서 고백을 하
게 될 나 같은 사람들은 어머니의 자궁 속에서 이 녀석과 함께 자
랐다. 그 녀석은 바로 언젠가 하게 될 고백이다. 나의 어두운umbral 친
구인 죽음은 언제나 나와 함께했다. 올가가 떠난 뒤로는 이 친구가
있어서 든든했다. 그러나 마이애미에 살면서 나는 '어두운'을 뜻하
는 'umbral'이 스페인어로는 '한계점'을 뜻한다는 것을 알게 되었
다. 지금까지 읽은 독자들은 내가 종교를 믿지 않는다는 것을 알 것
이다. 내세에 대한 어떤 희망도 어설픈 꿈의 패러디에 불과하리라.
글록 권총을 머리에 겨냥하고 방아쇠를 당기면 내세에 내가 깨어
날 확률은 거의 없다. 그러나 여전히 나는 인간 존재에 대한 심오하
고 치유 불가능한 근본적인 무지함을 존중한다. 따라서 나는 그 가

능성을 무시할 수 없다. 그리고 만약 이 가능성이 사실이라면 내가 얻을 것을 생각해보라. 내가 깨어나면 올가를 다시 볼 수 있을 것이다. 잠재적인 대가가 이토록 큰데 일말의 가능성을 거부할 사람이 누가 있을까?

나의 저주의 씨앗은 이제 뿌려졌다. 만약 내세가 있다면 신도 있을 것이다. 그리고 그 신은 삶을 끝내려는 내 노력에 대해 잘 모른 채 내가 원하지 않는 내세의 장소로 배정할 수도 있다. 그래서 나는 자살하려고 애쓰지 않았으면 올가를 만날 수 있었을지도 모른다. 양심이 우리 모두를 겁쟁이로 만드는가? 그렇지 않다. 우리 모두를 겁쟁이로 만드는 것은 희망이다. 미약하고 비이성적이며 근거 없는 희망 때문에 나는 저주받는다. 그 때문에 나는 나 자신을 혐오한다. 나는 정말로 진심으로 죽음이 끝이라는 것을 안다. 그렇지만 정말로 이해하지는 못한다. 희망은 미천한 깨달음의 한 증상이다. 나의 희망은 나의 저주다.

그래서 이제 어쩌란 말인가? 나는 얼버무리며 시간만 축내고 있다. 글록 권총을 닦고 탄창을 꺼냈다. 약실에서 카트리지도 빼냈다. 모든 준비를 마쳤다. 그러나 희망이 사라진 상황에서도 여전히 총구를 머리에 겨누고 방아쇠를 당기는 것은 아직 못했다. 내가 진심은 있으되 실수로 자살을 하지 않는다 해도 신은 나를 비난할 수 없을까?

오늘은 죽지 않을 것 같다. 그래도 괜찮다. 아직은 시간이 있다. 얼마나 남았는지는 모르겠지만, 그것을 아는 사람이 있기나 한가? 더 잘된 것인지 아닌지는 모르겠지만 죽음의 방식을 교훈으로 하고자 했던 올가의 결정은 내게 영향을 주었다. 알베르트 슈바이처의 말처럼 우리의 삶은 우리의 주장이다. 그리고 죽음도 마찬가지다. 아마 남겨진 사람들에게 죽음의 방식보다 더 강렬하게 남는 것은 없을 것이다. 그리고 할아버지의 교훈이 여기에 해당한다. 할아버지는 슬프거나 절망적이어서가 아니라 불행의 끝이나 돌파구가 보이지 않아서 죽은 것이다. 할아버지는 갱부였다. 불행은 어깨만 한 번 으쓱하면 지날 일이었다. 할아버지는 무언가를 이해했기에 자살을 택했고, 그 이해한 바를 나에게 전달하는 데 성공했다. 빠져나갈 수 없다면 내 방식대로 하는 것이 최고다. 현명한 사람은 살아야 할 때까지만 살고, 살 수 있을 때까지 살지 않는다. 누군가의 글이었는데 이제는 기억나지 않는다. 그리고 중요하지도 않다.[1]

---

1   세네카 《루킬리우스에게 보내는 편지Moral Letters to Lucilius》 중 편지 70에 등장한다. 이 장에서 아무런 언급을 할 수 없었던 것에 대해 사과한다. 어머니가 돌아가시고 몇 년이나 흘러 이제 이런저런 이야기를 감정의 동요 없이 할 수 있게 되었지만, 여기서만큼은 그럴 수가 없었다.

무한
구원

한 알의 모래에서 세상을 보고, 한 송이 들꽃에서 천국을 보라.
그대의 손바닥에 무한을 쥐고, 한순간에 영원을 담으라.

: 윌리엄 블레이크 〈순수의 전조〉 :

일부 도덕 이론들은 근본적으로 옳거나 그른 것은 행동이며, 행동
은 그 결과만으로 판단해야 한다고 주장한다. 반면 다른 사람들은
옳거나 그른 것은 행동 자체가 아닌 그것의 기반이 된 규칙이라고
주장한다. 또 어떤 사람들은 옳거나 그른 것은 행동이나 규칙 자체
가 아니라, 그 행동을 하거나 그 규칙을 따르기로 한 당사자의 동기
라고 주장한다. 진정으로 옳거나 그른 것은 의지라는 것이다. 행동
또는 규칙, 결과 또는 동기, 의도, 의무, 책임, 행복, 선호 등 무엇을
기준으로 삼든 도덕적 이론은 어쩔 수 없이 거부할 수 없는 객관적
사실의 바위에 내동댕이쳐진다. 하나의 관점에서 볼 때 18,635,843
명의 죽음과 18,635,842명의 죽음의 차이는 중요하지 않다. 가치
의 자의적인 잣대로 볼 때 인생이 1의 가치가 있다면 이 차이의 가

치는 1:18,635,843이 될 것이다. 그러나 또 다른 관점에서 본다면, 구제된 한 사람의 가치의 차이는 무한하다. 모든 것과 아무것도 아닌 것의 차이다.

모든 인간들처럼 나도 부서진 생명체다. 나는 완전히 나뉜 두 가지로 이루어졌다. 나는 두 가지 이야기의 명목상 주체이며 내가 아는 한 둘 다 진실일 수 없지만 둘 중 하나를 믿지 않을 수 없다. 한 편으로는 내 속에서 들려오는 이야기가 있다. 나는 구불구불 꼬이고 엮이는 플롯의 핵심 인물인 주인공이다. 이 이야기에서 나는 중요하다. 내게는 목표, 꿈, 야망, 문제, 희망, 두려움이 있다. 이것들은 중요하며, 이야기의 모든 것이다. 내 꿈은 이루어질까 깨질까? 내 야망은 성취될까 좌절될까? 물론 플롯에는 변화와 반전이 있을 것이다. 갈등과 위기가 있고 해결책도 있을 것이다. 또는 아닐 수도 있다. 그러나 무슨 일이 벌어지든 그 이야기는 내 이야기다.

내 삶의 바깥에서 들리는 이야기도 있는데, 이 이야기는 3인칭 시점을 취한다. 여기서 나는 주인공은커녕 얼굴 없는 단역 정도에 불과하다. 나는 다른 인물들과 차이점이 거의 없고, 내 꿈과 야망도 마찬가지다. 이 진화의 이야기에서 내 역할은 미미하다. 나는 살고 죽고 사라지며 지워진다. 내 삶을 지배했던 꿈과 야망, 희망과 두려움은 나와 함께 사라지지만 아무것도 변하지 않고, 이 세상에는 아무 흔적도 남지 않는다.

내가 살아온 인생은 내 시야에 한계가 없는 것처럼 끝이 없다.

이것은 비트겐슈타인의 말이다.[1] 나는 내 시야의 한계를 눈으로 볼 수 없다. 시야의 한계는 항상 보이는 것 너머에 있다. 죽음도 이와 유사하게 내 삶에서 일어나지 않고 일어날 수도 없는 일이다. 죽음은 삶의 한계이므로 그 바깥에 있다. 따라서 나는 내 죽음을 이해할 수 없다. 타인의 죽음은 큰 어려움 없이 이해할 수 있다. 왜냐하면 타인의 죽음은 내 삶 속의 사건이기 때문이다. 내 삶 속에서 죽음의 영향은 극적으로 다르다. 대부분은 모르고 지나치며 내 의식을 잠깐 스치는 신호일 뿐이다. 그렇지만 삶을 황폐하고 무기력하게 만드는 죽음도 있다. 올가의 죽음은 내 실존을 흔드는 사건이었다. 나는 슬픔으로 비척대며 이전보다 더 천상에 더 가까워진 느낌이었다. 어쨌든 모든 타인의 죽음은 내 삶 속의 사건이며, 내 영혼을 아무리 눈멀게 할지라도 지성은 그대로 남아 있다. 타인의 죽음은 내 생각의 대상일 수 있다. 병인이나 역학이 아무리 복잡하고 영향이 아무리 심각해도 이해할 수 있다.

내게도 외부가 있다. 나의 죽음도 타인의 입장에서는 그들 삶 속의 사건이며, 그들의 죽음이 내게 쉽게 이해되는 만큼 그들에게도 쉽게 이해될 것이다. 그러나 내부에서 내 삶은 나를 떠나 영원

---

1   《논리철학 논고*Tractatus Logico-Philosophicus*》6.4311. "죽음은 삶의 사건이 아니다. 우리는 살면서 죽음을 경험할 수는 없다. 영원을 무한한 일시적 기간이 아닌 불멸로 받아들인다면, 영생은 현재에 사는 자들의 것이다. 시야에 한계가 없듯 우리 삶도 끝이 없다."

을 향해 뻗어나간다. 내 방 벽에 걸린 오래된 세계지도를 보며 생각한다. 곧 이 지도 어디에도 나는 없겠지. 이것은 생각이 아니라, 그 아래에 깊이를 잴 수 없을 만큼 깊은 바다를 숨긴 피부이자 표면이다. 그리고 그 어두운 바다 속에는 형체가 없고 현기증 나는 공포가 숨어 있다.

이 공포 앞에서 도덕적 규칙, 원칙, 교리와 이론은 그 실체를 드러낸다. 영원의 시선으로 보면 무력하고 하찮고 우스꽝스러울 뿐인 실체 말이다. 도덕성이 가치가 있다면 삶에서만 그러하리라. 행동과 규칙, 의도와 결과, 동기, 의지, 행복, 선호, 의무와 책임은 이음새 없이 매끈한 삶이라는 한 장의 천으로 짜여야만 이해하고 평가할 수 있다. 결국 진정으로 판단할 수 있는 것은 삶뿐이다.

아리스토텔레스 철학을 기반으로 한 덕윤리학Virtue Ethics이 부활하고 있는 이유는 규칙 중심의 도덕성 이해가 실패한 데 따른 반작용 때문이다. 규칙은 적용이 잘되거나 잘못될 수 있고 간혹 도덕적 또는 비도덕적으로 적용될 수 있기 때문에 도덕성의 근거가 될 수 없으며, 규칙을 적용하는 방법을 이해하기 위해서는 도덕적 인간이라는 것이 전제되어야 한다. 근본적으로 덕윤리학에서는 도덕적으로 덕이 있는 선한 사람이 될 것을 요구한다. 이것은 의심의 여지없이 우리의 행동 준칙을 시사한다. 그러나 주어진 상황에서 어떤 것이 옳은 행동인지는 규칙, 의무나 책임에 따라 결정되는 것이 아니다. 그 대신, 결정적인 질문은 항상 같다. 덕이 있는 사람이라면 이

상황에서 어떤 행동을 할 것인가? 그리고 왜 그런가?

사람에 중점을 두는 이런 주장은 강점도 있지만 약점도 있다. 규칙, 의무, 책임과 같은 개념이 아닌 사람에 대한 초점은 중요한 진실을 포착하는 것만은 틀림없다. 이 개념들은 삶이라는 천으로 짜여야만 진정한 의미를 가진다. 삶에서 분리해 철학자의 해부대 위에 올려놓고 낱낱이 파헤치면 헛된 장치가 되어 우리가 이미 선하지 않은 한 이해할 수 없다. 덕윤리학에 대한 철학적 관심을 재조명한 사람들 중 한 명이 소설가 겸 철학자(철학자라기보다는 소설가에 훨씬 더 가까운) 아이리스 머독이었다는 것은 중요한 사실이다.[2] 문학의 통화는 삶, 즉 움직이는 생각이다. 그 사람이 따라야 하는 규칙보다는 그 사람 자체에 집중하는 전인적 인간에 대한 초점은 덕윤리학의 특징이며 철학보다 문학이 우월함을 암묵적으로 인정한 결과다.

그럼에도 불구하고 이 새로운 인간중심적 사고는 모순적이다. 옳든 그르든 다른 원칙들이 마지막 의식을 집행하는 것과 같은 형식을 취하기 때문이다. 몇 가지 원칙에서도 분명하게 나타나듯이, 자아 또는 개인에 대한 동시대의 공격의 선봉에는 신경과학이 있다. 철학적 성향이 더 강한 많은 신경과학자들이 말하듯 자아나 개인은 없고 서로 경쟁하거나 보완하는 뉴런 집합체, 체계와 하위 체

---

2   아이리스 머독 《선의 주권》 | Iris Murdoch, *The Sovereignty of Good*, Routledge & Kegan Paul, 1970.

계만 있을 뿐이다. 자아의 개념은 이 활동에서 나오는 환상이다.[3] 자아에 대한 이러한 공격은 자아나 개인의 이상적인 형태가 어때야 하는지 논하기 때문에 중요하다. 신경과학자들과 그들의 영향을 받은 철학자들이 자아나 개인이 없다고 말하는 것의 의미는 중앙 행정부가 없다는 뜻이다. 다양한 뉴런 집합체의 활동을 필터링하는 중심 조직위는 없다. 이 모든 활동을 한데 모아 하나의 단일체로 엮어주는 것도 없다. 그들의 암묵적 가정은 만약 자아나 개인이 있다면 그 이상적인 형태도 있다는 것이다. 길버트 라일이 보여주었듯 개인에 대한 이 견해는 입증되지 않는다.

니콜라이 아버지는 이 논점을 설명하지 않는다. 사실 이 마지막 장의 나머지 부분은 그저 뒤죽박죽된 말들을 그러모은 것에 불과하다. 이런 말들의 중요성이나 의미가 항상 분명한 것은 아니다. 그러나 나는 아버지가 라일을 언급한 것이 어떤 뜻인지 확실히 안다.

라일은 옥스퍼드대학 투어를 받은 외국인의 예를 통해 후에 명명한 '범주의 오류'를 설명했다.[4] 다양한 단과 대학, 운동장, 행정실 건물 등을 보여주는 투어 마지막에 그 외국인은 "그런데 대학은 도대체 어디에 있나

---

3   대니얼 데닛 《의식의 수수께끼를 풀다》 | Daniel Dennett, *Consciousness Explained*, Little, Brown, 1991.

4   길버트 라일 《마음의 개념》 | Gilbert Ryle, *The Concept of Mind*, Hutchinson, 1949.

요? 단과 대학도 보고 운동장도 보고 행정실 건물도 다 보았지만 대학은 아직 안 보여주셨어요!"라고 말했다. '범주의 오류'는 대학이 무엇인지에 대한 오해에서 비롯된다. 대학은 단과 대학, 운동장, 행정실 건물과 분리된 것이 아니다. 오히려 이 모든 것들이 적절한 방식으로 연계되어 구성된 종합체다. 자아를 서로 연관된 심상들이 밀도 높은 네트워크를 이루는 것 이상이라(예를 들어 이런 심리적 상태들이 연결된 대상) 생각하는 것은 마찬가지 범주의 오류에 빠지는 것이다.

●

또한 아버지는 마지막 장에서 불교를 자주 언급하고 있다. 자아에 대한 동시대의 공격은 새로운 것이 아니다. 초기 불교도는 자아 개념에 대한 거부의 의미를 설명할 때 이륜 전차의 예를 들곤 했다. 이륜 전차가 존재한다고 생각할 수 있지만 실제는 바퀴, 차축, 바퀴 테, 멍에, 나룻 등 더 단순한 요소들의 집합이다. 이 단순한 요소들은 더 단순한 요소인 테두리, 살, 차축 덮개로 나눌 수 있다. 마찬가지로 불교도들은 생각하고 느끼고 경험하는 주체인 자아로서 자신을 이해할 수 있지만 실제로 존재하는 것은 관련된 심상과 프로세스의 네트워크라고 주장했다. 한 가지 생각이 다른 생각을 야기함으로써 특정한 느낌을 끌어내거나 억누르는 등으로 말이다. 자신이 존재한다고 느끼는 것, 즉 이 생각과 느낌과 경험이 자신에게 일어나고 또 자신에게 속한다고 느끼는 것은 더 많은 생각의 문제일 뿐이다. 말하자면 이 모든 것들은 자신에게 일어나거나 자신에게 속한다는 생각이다. 그러므로 자신은 없다. 그저 '자신'이 존재한다는 생각이 있을 뿐이다. 생각을 아무리 들춰봐도 그 생각을 가진 자아나 개인 또는 영혼은 없다.

●

고대 불교도와 그들의 빛나는 과학적 후손들이 공통적으로 주장하는 주된 가정은, 만약 자아나 개인이 존재한다면 정신이든 신경이든 활동과는 완전히 다르고 분리된 것이라야 한다는 것이다. 만약 존재한다면 자아는 이 활동을 함께 묶어주는 것이다. 개인에 대한 이해도 마찬가지다. 그러나 이것이 진실이라고 가정할 이유는 없다. 왜 우리가 불교도의 이륜 전차에 대한 고찰에서 이륜 전차는 없다는 결론을 도출해야 하는가? 이륜 전차는 있고 이것이 관련된 요소들의 체계라고 결론 내리는 것이 합리적이다. 이륜 전차의 존재를 부정하는 사람들은 이륜 전차가 어떠해야 한다는 특정한 그림에 지배되어 있다. 이륜 전차는 이런 요소 및 그 관계와 분리되어야 한다고. 즉 이 요소와 관계를 모두 연결해주는 어떤 것, 이 모든 다양성을 통합해주는 원칙이라야 한다. 불교와 과학의 자아 부정은 이상적인 자아의 형태에 대한 그림으로 서술되어 있다는 점에서 유사하다. 정신과 신경의 활동을 모두 연결해주는, 신체 및 신경의 다양성을 통합해주는 원칙이라야 한다. 그러나 자아를 이런 식으로 생각하는 것은 의미가 없다. 이륜 전차를 부정하는 것처럼 자아를 부정하는 것은 범주의 오류에 근거를 두고 있다.

불교와 과학이 공격하는 자아나 개인의 관점, 우리의 생각, 느낌과 감정의 주체로서의 자아나 개인은 아버지의 표현을 빌자면 '행정적' 의미의 자아다. 적절히 관련된 심리 및 신체 프로세스의 네트워크로만 보는 다른 관점에서의 자아는 '최소의' 자아일 것이다.

동정심을 느끼는 것은 함께 견디는 것이다. 그러나 '함께'란 어떤 의미인가? 네가 고통 받으면 나도 고통 받는다. 우리는 둘 다 근처에 있다. 내가 여기 있고 너는 바로 거기 있다. 따라서 우리는 함께 고통받는다. 이것도 어떤 의미에서 '함께'이다. 그러나 각각의 고통 사이의 연결은 이보다 더 클 수 있다. 너의 고통은 내 마음을 움직인다. 나는 네가 고통을 느끼기 때문에 고통을 느낀다. 우리의 고통 간의 관계는 시공간의 근접성에 의한 것만이 아니라 인과관계이다. 포크와 나이프는 첫 번째 의미에서 부엌 서랍에 늘 함께 보관되어 있다. 연기와 불은 더 강한 인과관계를 가진다.

그러나 제3의 함께 견딤이 있다. 너의 고통이 내 고통을 야기하거나 내 고통으로 네가 고통스럽다면 너의 고통과 내 고통, 이렇게 두 개의 서로 다른 고통의 사건이 있는 것이다. 인과관계는 흄이 정확히 말했듯 '독립된 존재'를 서로 연결시키는 관계다. 그러나 두 사람이 함께 게임을 한다고 가정해보자. 내가 너와 게임을 한다면 한 게임이 다른 게임의 원인이 되는 서로 다른 각자의 게임을 너와 내가 하는 것이 아니다. 우리가 '함께'하는 게임은 오직 하나다. 그 게임은 우리 둘이 동시에 하는 것이다. 달리 말해 '함께'라는 단어는 여러 의미로 모호하다. 공간적 근접성의 '함께'도 있고, 원인 관

계의 '함께'도 있으며 공유의 '함께'도 있다.[5]

사랑의 핵심은 동일시다. 진정한 동일시는 공유 없이 달성할 수 없다. 인과관계나 공간적 근접성으로는 충분하지 않다. 내가 만약 니코가 고통받는다는 것을 안다면, 나도 고통받을 것이다. 그러나 니코의 고통은 내 고통의 원인을 야기하는 것에 그치지 않는다. 그 고통은 내 것이 된다. 여기에는 니코의 고통과 내 고통, 두 가지가 있는 것이 아니다. 오히려 니코의 고통과 내 고통은 니코가 느끼는 니코의 고통과 내가 느끼는 니코의 고통으로 하나의 동일한 사건이다. 만약 알렉산더가 변치 않고 열렬히 원하는 꿈이 있다면, 그의 꿈은 내 것이 된다. 그를 위한 그의 꿈과 나를 위한 그의 꿈으로 그것은 하나이다. 니코의 고통은 내 고통이다. 알렉산더의 꿈은 내 꿈이다. 우리는 이런 것들을 게임에서 하듯 함께한다. 물론 지표적 표현은 다르다. 니코의 고통은 여전히 그의 고통이고, 내 고통은 여전히 내 고통이다. 그러나 '여기'와 '저기'가 같은 장소를 지칭할 수

---

5 아버지는 유형–표상*type-token* 구분으로 알려진 것을 말하고 있다. 유형은 종류다. 표상은 그러한 종류의 개별적인 전형이다. 내가 마시는 커피는 '커피 한잔'이라는 유형의 한 표상이며 네가 마시는 커피는 같은 유형의 또 다른 표상이다. 마찬가지로 만약 내가 고통을 느끼고 너도 고통을 느낀다면, 두 가지 서로 다른 심리적 사건이 하나는 내 속에서, 또 하나는 네 속에서 일어나고 있는 것이며, 이것은 같은 일반적 유형의 두 가지 표상이다. 우리가 함께하는 게임은 이와는 다르다. 같은 유형에 서로 다른 두 개의 표상이 있는 것이 아니다. 오히려 너와 내가 같이 하는 게임인 하나의 표상 사건만 있다. 우리가 게임을 함께하면서 같은 방식으로 고통받을 수 있다는 제안은 같은 유형의 경험만이 아니라 같은 표상 경험도 공유할 수 있다는 뜻이다. 물론 여기에 논란의 소지가 없지는 않다.

있다면 하나의 사건이다. 이것이 바로 다른 사람과의 동일시, 즉 시공의 일치도 인과관계도 아닌 정신적 삶의 공유다. 이 공유는 항상 부분적이고 덧없다. 그러나 만약 사랑이 존재한다면, 이 공유도 존재한다. 왜냐하면 공유는 사랑의 본질이기 때문이다.

사랑은 동정심의 유일하고 진정한 원형이다. 동정심은 중력 작용에 따른 유대를 미끄러뜨리는 투명한 사랑의 유령의 메아리다. 동정심은 함께 견뎌내는 짧은 순간에만 온다. 함께 견딤의 최고의 형태는 뭔가를 공유하는 것이고, 공유는 결국 보는 것이다. 타인과 함께 견디는 것은 생각이 아니라, 아무리 짧거나 불충분하거나 불완전해도 나 자신의 무한함을 타인에게서 보는 것이다. 타인과 함께 견디는 것은 내 삶의 끝없음과 거대함을 그들의 삶에서 보는 것이다. 자아에 대한 공격은 전개 과정은 오류이지만 환영할 만하다.

니콜라이 마지막 문장은 다소 난해했다. 아버지가 주장한 행정적 자아와 최소의 자아 개념을 생각해보자. 분명히 최소의 자아에 대해서만 가능한 함께 견뎌내는 방식이 있다. 실질적인 행정적 자아는 우리가 '불침투성'이라고 부를 수 있는 것이다. 만약 그런 자아를 벤 다이어그램으로 나타낸다면, 원은 서로 맞닿아 있겠지만 그 이상의 교집합을 이루지는 않을 것이다. 행정적 자아는 현실의 작은 부분에 대해 소유권을 주장하고, 이 때문에 다른 모든 자아를 배제한다. 고체가 있는 공간에 다른 물체가 들어올 수 없듯이. 따라서 행정적 자아에게 가능한 함께 견딤의 가능성은 불침투성에 의해 제한된다. 행정적 자아는 두 사람이 함께 게임을 하는 것과 같은 방식으로 함께 견딜 수 없을 것이다. 이 자아는 공간적 근접성이나 인과관계라는 맥락에서만 함께 견딜 수 있다. 즉 서로 떨어져 견딜 수밖에 없다는 뜻이다.

●

논란의 소지가 있겠지만 주장하는 바는 분명하다. 만약 사랑이 타인과의 동일시라면, 그리고 동일시는 같은 꿈과 실망, 같은 희망과 슬픔, 같은 즐거움과 고민을 공유하는 것처럼 함께 견디는 것이라면, 사랑은 최소의 자아에게만 진정으로 가능하다. 그리고 만약 사랑이 우리의 유일한 동정심의 원형이며 동정심은 도덕성의 살아 있는 핵심이라면, 도덕성은 최소의 자아에게만 가능하다. 이 주장은 강력하다. 믿기 어려울 만큼 강력해서 더 이상 주장할 필요가 없다. 최소의 자아에게만 가능한 특정한 종류의 선이 있다.

모든 주류 종교에서는 구원(구원이라는 개념을 받아들인다는 전제하에서)을 향해 가는 윤리적 경로를 규정하고 있으며, 이를 아는 것은 유익하다. (현 상황에서 구원에 대해 이런 단상밖에 할 수 없는 나를 용서해 주리라 믿는다.)[6] 윤리성의 어떤 부분이 이상하게도 구원론의 개념을 수용하게 만드는가?

윤리성에는 계산적인 형태와 동정적인 형태의 두 가지가 있다. 전자는 개인 간 차이를 강조하고 후자는 차이를 없앤다. 이 구분은 구원의 종교적인 개념에 반영되어 있다.[7] 예를 들어 기독교의 일부 주제는 자아의 중요성과 독립성을 반복한다. 이웃을 자신의 몸과 같이 사랑하고, 오른편 뺨을 맞으면 왼편을 내주라는 등의 기본 윤리적 처방은 자아의 중요성을 강조하는 신화로 계속 덧칠되었다. 즉 선의 목적은 자신이 고통 받는 것이 아니라 영원을 즐기기 위한 것이다.

자아의 중요성을 반복하는 것이 정확히 의도의 반대가 아니었나 의심할 수 있다. 예수가 '왼뺨을 내주어라'고 말했을 때, 이것은 자아의 구심성을 반복하는 것이 아니라 자아를 버리는 것과 관련이 있다.[8] 실제로 신화가 종교의 기본적인 윤리적 메시지를 더럽히고 왜곡하는 것은 일반적이다. 예를 들어 불교에도 정어正語(바르게 말하기), 정업正業(바르게 행동하기), 정명正命(바르게 생활하기)과 같은 윤리적 처방이 있다. 그렇다면 기독교와 마찬가지로 이후 수 세기 동안 불교의 처방에도 신화가 덧칠되었다. 불교에서 우리는 다양한 범주

---

6   이 부분만이 아니라 책에서 내내, 영국의 작은 공업 도시에서 자란 아버지가 비록 오래전에 기독교를 공공연히 또 개인적으로 부인했지만 공립학교를 다니며 배운 '기독교적' 교육이 좋든 싫든 아버지의 세계관 형성에 얼마나 큰 영향을 미쳤는지 알게 되어 놀랍다.

7   텍스트에서 이 부분은 휘갈겨 써서 알아보기 힘들다. 전반적인 관점은 종교는 거대한 하나의 기업이 아니며 어떤 종교도 일반적으로 서로 다르고 종종 양립 불가능한 종파들로 구성되어 있다는 것이다. 그리고 과잉 일반화의 위험에 대한 경고의 초점은 종교 전체가 아닌 종파에 있는 것 같다.

8   사실상 이것은 예수에 대한 니체의 해석이다(니체는 예수의 가르침을 기독교와는 완전히 다른 것으로 보았다). 니체의 관점에서는 다른 편 뺨을 내주는 것은 예수의 가르침의 근간이었고, 그 목적은 니체가 원한이라고 부른 것의 사악한 영향에서 개인을 구하고자 하는 것이었다. 예수는 일종의 최초의 프로이트주의자였던 것이다.

나 측면으로 환생할 수 있다고 믿기를 요구받았다. 이승에서 개인의 행동은 내세에서 무엇으로 환생할지를 결정한다. 철저하게 야비한 자들은 지옥에 떨어질 것이다. 탐욕에 지배받는 삶을 사는 자들은 배는 남산만 한데 입이 작아서 그들을 파괴한 식탐을 결코 채우지 못하는 배고픈 유령으로 환생한다. 현재까지는 매우 기독교적으로 들린다.

그러나 영원한 고통과 환생의 바퀴인 신화화된 윤회는 역사상 부처의 가르침과는 맞지 않는다. 고통의 최대 원인은 자아라는 환상에 집착한 것이다. 중심적인 행정적 자아가 가진 사유, 느낌, 경험과 다른 형태로서의 자아나 개인은 없다. 이런 것들은 온蘊으로, 사유, 느낌, 경험, 앞선 원인으로 인해 발생하고 한동안 존재한 다음 영원히 사라져 그 자신이 이후의 심리적 사건의 원인이 되는 신체적·심리적 사건들이다. 온이 연결된 것은 없다. 자아도 개인도 주체도 영혼도 없다. 육체도 없다. 온 자체만 존재할 뿐이다. 그러나 자아가 없다면 윤회의 굴레에 깔린 것은 도대체 무엇인가?

세상은 온일 뿐이다. 따라서 환생하는 것은 온이다. 고통은 더 많은 고통을 낳는다. 원한은 더 많은 원한을 낳는다. 증오는 증오를, 사랑은 사랑을 낳는다. 업業은 분수를 넘은 자아에 대해 신이 내리는 벌이 아니다. 전생의 업보로 인해 고통이나 기쁨을 느낄 개인은 없다. 증오는 내 증오가 아니다. 사랑은 내 사랑이 아니다. 나는 없고 너도 없다. 자아는 한갓 꿈일 뿐이다. 존재하는 것은 오직 사랑이오,

중오다. 사랑과 증오, 이 세상을 구성하는 모든 온만이 존재한다. 이런 온은 이 세상을 표현하는 단어다. 종합해보면 현실의 이야기를 발견할 것이다. 결국 굴레에 깔린 것은 단어들이다.

니콜라이 우리 모두는 단어라는 결론은, 아버지가 처음 생각에 잠겼던 그 원점으로 이야기를 되돌린다. 허구의 인물과 '실존' 인물 간의 관계는 무엇인가? 등장인물과 우리가 성격이라고 부르는 것의 관계는 무엇인가? 종이 위에 쓰인 단어도 있고 신체 및 신경 조직으로 쓰인 단어도 있다. 이 차이는 적은 것이 아니다. 여기서 중요한 공통점을 간과해서는 안 된다. 펜의 발명과 세상의 발명은 둘 다 한계의 깊은 우연성에 근거하고 있다.

●

허구의 인물들이 거품 속에서 탄생한 비너스처럼 전적으로 작가의 상상과 펜 끝에서 탄생하는 경우는 드물다. 그 인물들은 글을 쓰면서 수정하는 과정에서 서서히 형체를 갖춰나간다. 허구의 인물은 긴 시간에 걸쳐 탄생한 고통의 산물이며, 이 과정의 결과물은 항상 불확실하다. 종이 위로 배꼼 머리를 내밀기 전까지는 인물이 탄생할지조차 확신할 수 없다. 일단 존재하게 되면 가능성은 무한하며 글이 계속되기 전에는 무엇이 실현될지 모른다. 그러나 일단 책이 끝나면 등장인물은 이제 확실한 완전체가 되었다고 생각할 수 있을 것이다. 이제 모든 가능성이 구체적인 실제로 종이 위에 구현되었다고 말이다. 어쨌든 글로 쓰인 것은 그게 전부이니까.

그러나 이것은 모두 사실이 아니다. 글은 결코 완전할 필요가 없다. 셜록 홈즈가 1885년 10월 21일에 저녁으로 무엇을 먹었는지 아는가? 작가 아서 코난 도일이 셜록 홈즈 전집에서 이 문제를 해결해주지 않으면, 이 질문에 대한 우리의 대답은 참도 거짓도 아닐 것이다. 그러나 이 문제를 미발견 원고에서 해결했을지도 모른다. 또는 다른 누군가가 계속 이 전집의 후속작을 써서 이 질문을 해결한다면 어떻게 될까? 이 질문에 대한 대답이 없다고 주장한다면 그 근거는 무엇인가? 그러나 새 홈즈는 진짜 홈즈가 아니라는 주장도 있을 수 있다. (진짜 홈즈? 그런 게 있기나 한가?) 내 말은 새 홈즈가 도일의 창작물은 아니라는 것이다. 허구의 인물에 관한 한, 우리는 원저자가 쓰면 현실이 되는 것으로 생각한다. '진짜' 홈즈는 오직 한 사람만이 창조할 수 있다. 신출내기 홈즈는 원저자의 창조물이 아니므로 '가짜'다. 하지만 왜 이런 식으로 생각해야 하는가? 일단 창조되고 나면 왜 홈즈의 현실성은 한 사람에게만 제한되어야 하는가?

글은 이런 식이 아니다. 플라톤은 글의 등장에 큰 의심을 품었고 이것은 옳았다. 그는 말은 일단 글로 나타내면 고아가 된다고 했다. 글은 세상에 던져졌다. 더 이상 글을 보호하기 위해 아무것도 할 수 없고 글은 앞날을 스스로 개척해야 한다. 남들이 뒤틀거나 악의적으로 해석하거나 의심스러운 목적으로 악용할 수도 있다. 그러나 지원하고 정교화하고 보완할 수도 있다. 모두 운에 달려 있다. 이것이 글의 운명이다. 그런데 종이 위에 내려앉은 홈즈는 왜 고아가 아닌가? 왜 그 이상한 원저자에 대한 숭배가 허구의 인물에게 여전히 미치는가? 작가의 정체성은 그의 등장인물에 대한 소유권을 주거나 그렇다고 가정하고 싶게 만든다. 그러나 작가도 글에 불과하다면? 만약 작가가 책을 쓰는 사람에 대한 글을 쓴다면, 책 속의 작가가 쓰는 글 속의 등장인물에 대한 소유권은 그들을 창조하는 허구의 인물에게 속한다고 말하고 싶은 유혹을 받지 않을 것이다. 허구의 창조자도 글에 불과하기 때문에 아무것도 소유할 수 없다. 이제 분명해진다. 소유권 숭배의 기저에 깔린 것은 행정적 자아의 개념이다.

●

왜 문학이 철학보다 우월한 예술의 형태인가? 왜 해부대에 누운 빈사의 생각보다 소설 속 생각은 더 생생한가? 왜 모든 위대한 문학은 본질적으로 동정심에 대한 초대장인가? 대답은 문학은 우리가 비록 짧고 불확실하고 틀리더라도, 잠시나마 타인의 삶에서 나의 무한함을 볼 수 있기 때문이다. 그것은 문학이 한계의 깊은 우연성을 이해할 수 있게 해주기 때문이다. 우리는 1885년 10월 21일 홈즈의 늦은 저녁 메뉴를 도일이 답해주지 않은 것이 강한 우연적 사건임을 알고 있다. 이것은 도일이든 누구든 쉽게 메울 수 있는 홈즈의 삶의 공백임을 알고 있지만 그렇지 않다 해도 이것 역시 우연이다. 살아가야 하는 삶은 본질적으로 열린 결말이다. 일련의 사건들을 포함하고 또 포함하지 않으며, 결국 끝나야 한다는 것은 흥미롭고 터무니없게도 우연적 사실이다. 문학은 우리가 우리 삶에서 너무나 잘 이해하고 있으며 진정으로 자신의 죽음을 이해할 수 없는 이유인 한계의 우연을 잡아내고 잠시 동안이나마 이것을 타인의 삶에 이전하기 때문에 동정심에 대한 초대장이다. 비록 순간이기는 하지만, 우리는 타인의 삶에서 우리의 무한함을 본다.

· · ·

자아가 밧줄과 같다면 사랑은 가능하다. 밧줄은 그것을 구성하는 가닥들에 불과하다. 그 가닥들이 연결된 것 이외에는 아무것도 없다. 그저 서로서로에게 의지할 뿐이다. 최소의 의미에서의 자아는 정신과 육체의 사건, 상태, 과정들이 적절한 방식으로 서로 연계된 것 이상은 아니다. 이들은 그저 서로서로에게만 의지할 뿐이다. 이 최소 의미에서의 자아는 삶과 같다. 특정한 시점에 시작해 또 다른 시점에 끝나는 시간과 공간을 지나는 하나의 길이며 한 인간이 잠시 끼어든 것뿐이다. 삶은 불침투성이 아니다. 삶들은 서로 교차하며 서로서로 섞인다. 그들은 근본적으로 상대의 과정과 특징을 형성할 수 있다. 두 개의 삶이 서로 만나고 그 삶들이 아직 새롭고 부드럽고 유연하며 삶의 거센 바람에 지나치게 굳지 않았다면 밧줄을 구성하는 가닥들은 서로 엮일 수 있다. 여전히 원래 모습을 알아볼 수 있는 밧줄도 있겠지만 엮이면서 많은 매듭이 생긴다. 또는 결국 하나의 밧줄만 남게 될 것이다.

니콜라이 아버지는 밧줄의 비유를 사용하고 있다. 책의 서두에 들었던 작곡의 비유는 쿤데라의 비유를 빌려온 듯하다. 그러나 아마 최고의 비유는 300쪽을 써내려오는 동안 내 얼굴을 빤히 들여다보았을 것이다. 사람이 텍스트와 비슷하다고 생각해보자. 아주 사랑하는 사람이 쓴 글을 발견한다고 가정하자. 작가는 글을 완성하기 전에 사망했고 발견한 사람은 고인을 기리는 차원에서 그 글을 완성하기로 한다. 만약 자기 스스로 지정한 에디터가 이상하게도 야망이 없어서 그의 노력을 각주에만 국한할 수 있다면? 약간의 적극성이나 자만심을 발휘해 명백한 플롯의 문제만 손보고, 등장인물을 약간 보완하고, 저자의 추론에 대해 필요하다고 판단되면 설명을 덧붙일 수 있다. 또한 원고에 의견을 덧붙인 사람이 있는 것도 발견했다고 하자. 작가가 모르는 사람일 수도 있고 그게 아닐 수도 있다. 이 의견이 통찰력이 있다고 생각한 자칭 에디터는 이 의견도 포함해 주된 목소리가 부차적인 목소리를 인정하고 심문하는 것으로 바꾸면서 최대한 매끈하게 스토리 라인을 만들기로 한다. 그렇다면 이제 글의 주인은 누구인가? 대답은 분명하다. 이들 모두다. 결과로 나타나는 텍스트는 여러 사람이 쓴 다수의 초안이 모인 작품이다. 시간이 지나면 다른 사람들이 나타나 또 새로운 초안을 더하고 새로운 해석의 길을 탐색할 것이다. 그리고 그런 일이 일어나든 일어나지 않든 이 모두는 강한 우연적 사실이다.

●

만약 어떤 사람이 이런 종류의 텍스트와 비슷하다면, 아버지의 말처럼 그 사람의 삶에는 신체의 공간적 한계와 출생 및 죽음이라는 시간적 한계에 갇히는 것 이상의 무언가가 있을 것이다. 아버지의 원고와 어머니의 의견을 내가 발견한 것은 심오한 우연적 사실이다. 마찬가지로 내가 발견하기 전에 바다가 그 원고를 집어삼키지 않은 것도 심오한 우연이다. 내가 아버지의 원고를 발견하지 못하고 어머니는 당신의 의견을 굳이 밝히지 않기로 결정했다 해도 그 또한 심오한 우연적 사실이다. 발견, 의견 표시, 편집 여부와 상관없이 그 원고는 여전히 다수의 사람들이 쓴 다수의 초안이 합쳐진 산물이다. 무한의 약속은 모든 기억 속에 들어 있다. 모든 기억 속에는 수정, 변경, 확장, 삭제에 대한 초대장이 있다.

아버지의 글에 두서없이 등장하는 기시착오는 이를 결정적으로 드러낸다. 기억은 항상 서로 다른 단어로 쓰인 다수의 초안이다. 어떤 기억이든, 기억된 사건이 있지만 기억하는 행위도 있다. 이들은 같지 않고 매우 다른 특징을 가질 수 있다. 그 당시에는 끔찍했지만 지금은 미소를 지으며 기억할 수 있는 사건이 있고, 슬픔과 후회로 기억되지만 그 당시에는 나를 행복하게 했던 사건도 있다. 우리는 기억하는 행위와 기억되는 대상의 특성을 구분할 수 있지만 실제로 그들을 분리하지는 못한다. 우리의 기억은 결코 마음의 석판에 새긴 과거의 확정된 기록일 수 없다. 기억하는 행위에서 우리의 기억은 항상 현재의 우려, 기분, 관심사에 맞추어 재구성·재정의를 통해 업데이트된다. 기억의 표리부동한 특징 때문에 기시착오가 발생한다.

TV 화면과 아들의 얼굴을 번갈아 보며 알 수 없음에서 믿을 수 없음으로, 믿을 수 없음에서 체념으로 바뀌어가던 할아버지의 얼굴을 아버지가 기억할 때, 실제로는 그 사건이 일어난 당시 서른 남짓밖에 되지 않았을 할아버지의 얼굴을 노인의 얼굴로 기억했다. 기억은 다시 쓰였다.[9] 새로운 초안이 옛것을 덮어버렸다. 기억이란 이런 방식으로 작동한다.[10] 모든 기억의 행위는 소환된 기억을 미묘하거나 극적인 방식으로 바꾼다. 어떤 기억도 항상 하나 이상의 초안이 모여 구성된 조합이다. 기억이 우리를 규정한다면, 우리는 모두 다수의 초안이 모인 조합이다.

---

9 기억의 기시착오적 특성은 거의 모든 자서전에서 흔히 보는 현상이다. 한 예로 어린 시절 톨스토이에 대한 기억을 보자. "나는 내 작은 몸을 문지르는 물건의 새롭고 기분 나쁘지 않은 냄새에 둘러싸인 채 욕조에 앉아 있었다." 이 글은 톨스토이의 메모에 나온 글인데, 톨스토이의 전기 작가인 A. N. 윌슨은 톨스토이가 꾸며낸 글이 틀림없다고 주장했다. 진짜 기억이라면 아이가 자기 몸을 작다고 기억할 수 없다는 것이다. 윌슨이 착오를 했을 수도 있지만 최소한 꾸며냈다는 증거는 없다. 기시착오는 사뭇 다르다. 진짜 기억이 이후에 일어나는 관점에 의해 덮씌워지고 업데이트된다. 이 경우에 대한 명쾌한 설명은 피터 골디 《내 속의 난장판*The Mess Inside*》(Oxford University Press, 2012)을 참고하라.

10 기억의 이러한 개념에 대한 상세한 상세한 변어는 마크 롤랜즈 《기억과 자아*Memory and the Self*》(Oxford University Press, 2017)를 참고하라. 정신을 연구하는 학문의 가장 중요한 발견 중 하나는 카림 네이더와 그의 동료들이 21세기 초반에 발견한 재응고화 현상이다. 기억은 처음 생성될 때 응고화 과정을 거쳐 단기기억에서 장기기억으로 굳어진다는 것이 정설이었다. 네이더와 동료들은 생성된 기억을 의식 속으로 다시 소환할 때 재응고화를 거친다는 것을 발견했다. 따라서 단백질 합성을 차단하는 약물을 주입하면 이후 기억하려는 것은 모두 영원히 사라진다. 이 결론은 옳았다. 기억은 안정된 기억의 흔적에 접근하는 것이 아니라 최소한 부분적으로는 재구성과 업데이트를 거치는 과정이다. 이것은 한동안 다양한 저술로 나왔던 기억의 신뢰할 수 없는 특이한 특성이라는 현상을 신경학적으로 확인해준 연구였다.

●

흥미롭게도 앞 단락의 각주는 내가 쓴 글에 내가 단 각주인데, 어쨌든 전적으로 적절하다. 아마 가장 안전한 우리 모두에 대한 일반적 성격 묘사를 들자면 우리가 우리 자신에 대한 일련의 각주라는 것이리라. 어떤 사람들은 우리 모두는 스스로에게 자신을 설명하기 위해 스스로 지어낸 이야기라고 생각한다. 이 생각은 너무 모호해서 큰 도움이 되지 않을 것 같다. 만약 우리가 이야기라면 분명 좋은 이야기는 아닐 것이다. 아버지의 삶이 문제가 발생해 서서히 갈등으로 전개되어 위기에서 절정을 이룬 다음 통렬한 해결책으로 끝났는가? 전혀 아니다. 아버지의 삶은 태어나고 죽고 몇 가지 사건이 그 사이에 생긴 것뿐이다. 나도 그렇고 우리들 대부분이 그럴 것이다. 대다수의 사람들에게 삶은 거의 대부분 한 사건이 지나면 다른 사건이 오는 식이다. 자신에 대한 이야기를 할 시간이라는 사치가 주어지는 사람은 거의 없다.

그럼에도 불구하고 우리가 이야기하는 생각에 한 톨의 진실은 있을 것이다. 또는 그 작은 낱알들이 우리의 기억일지 모른다. 어떤 기억이나 본질적으로 조합을 유도한다. 기억된 사건에서 존재할 수 있었던 것 위에 새로운 것이 구축된다. 그리고 기억이 소환될 때마다 이런 식으로 강화될 것이다. 매번 아버지가 기억을 소환할 때마다, 그 기억은 새롭게 재구축되고 업데이트되어 당신 삶의 이후에 일어난 일들을 반영했다. 그로 인한 영향은 심오하다. 각 개인은 일종의 개방성으로 정의된다. 남과는 다른 현재의 우리를 만든 우리 기억의 본질은 타인의 개입을 허용한다. 기시착오는 모든 기억이 항상 조합이라는 바로 그 이유 때문에 우리 모두의 삶에서처럼 아버지의 글에도 불쑥불쑥 나타난다. 가끔 이 조합은 시공을 지나는 하나의 길, 즉 한 사람의 삶이라는 한계 내에서도 일어나며 가끔은 여러 길이 만나고 겹치고 한동안 함께 여행한 결과다. 결국 그 차이는 우리가 생각하는 것만큼 중요하지 않다. 기억이 존재를 만든다면, 나와 타인 사이의 경계는 최소한이다. 내가 지나고 있는 이 시공의 경로, 다양한 조합의 이 산물은 결코 진정으로 서로 다른 경로와 분리된 것이 아니다. 분리가 있다면 그것은 심오한 우연적 사실이다. 바로 이것이 타인과의 진정한 동일시에 동의하는 사랑이 가능해지는 이유이다. 이것이 따로 떨어져서가 아니라 함께 견딤에 동의하는 동정심이 가능해지는 이유다. 진정한 인간의 선이 가능해지는 것은 우리의 개방성 때문이다.

단어 위에 단어를 쓰고 다시 덧씀으로써 서로를 강조하고 도전하거나 반박한다. 이 단어들은 현실을 반영하는 책이다. 우리 사이의 경계는 실제가 아니다. 너의 고통은 내 고통이 되고 너의 기쁨은 내 기쁨이 될 수 있다. 글을 들춰봐도 작가는 없다. 우리 모두는 그저 글일 뿐이다. 나와 같은 병이 있다면 조심해야 한다. 아밀로이드반이나 타우단백질 또는 끊어진 신경 연결 때문에 나오는 말이 횡설수설일 수 있다. 그러나 그렇게 쓰인 내 모습도 이제는 나의 일부다.

이제는 꿈같은 자아가 젊은 날의 빛나는 훈장처럼 느껴진다.

내 속에서 자라는 것은 아직 모호하긴 해도 구분할 수 있는 감각이
므로 나는 기묘한 농담의 희생자다. 거울 속에 보이는 얼굴을 알아
보지 못하는 것이 아니다. 그건 이해할 수 있다. 오히려 이 얼굴 뒤
에 있는 내 것이라고 주장하는 기억이 문제다. 80년 이상에 걸쳐 축
적되었다고 단호하게 주장하는 이 희미해지는 기억은 모두 시공을
지나는 하나의 경로에 속해야 하며, 다른 사람이 아닌 내 삶에 속해
야 한다. 나에게 이것은 점점 초현실적으로 느껴지는 발견이다. 누
가 내가 태어나기 전의 시대나 내가 한 번도 가본 적 없는 땅에 대
해 이야기해주는 것 같다.

아마도 땅이 맞을 것이다. 도덕적 문제는 대부분 우리가 언제
나 그 땅이었다는 것을 결코 의심하지 않으면서도 우리 자신만큼
그 땅을 사랑할 수 없기 때문에 발생한다. 최고의 사상가들이 노쇠
해지면 일어나는 일이 있다. 더 이상 남을 설득하지 못한다는 것이
다. 나이가 들었으니 당연하리라고 말하는 사람들도 있다. 일부분은
맞겠지만 다른 사례에서는 또 다른 일이 벌어지고 있다. 사람은 물
리적 공간이 아닌 논리와 상상의 공간에 존재하는 땅이다. 몇 년의
여행 후에 그 사람은 이 땅을 어느 누구보다 잘 알게 된다. 그는 논
리적 공간에서 어느 방향으로 가면 되고 상상력을 전환하면 어디로
가게 되는지 훤히 안다. 그가 이 땅을 너무 잘 아는 나머지 그 땅은
다른 누구도 들어올 수 없으며, 다른 사람을 위해 땅의 지도를 작성
하려는 그의 노력도 쓸모없다. 이런 노력은 땅에 대한 지나치게 많

은 지식을 전제로 한다. 시골 농부처럼 초행자는 절대 따를 수 없는 길을 알려주는 사람이 된다. 당신은 다른 누구도 이해할 수 없는 땅이 되었다. 그 땅을 보는 것이 처음이라면 너무 넓고 복잡해 이해할 수 없을 것이다. 그러나 이것은 빙산의 일각에 불과하다. 이미 복잡한 그 땅이 층층이 쌓이고 쌓여 결국 본인도 감당할 수 없다. 다 돌아보기에는 너무 넓고 경사는 너무 심해서 올라갈 수 없으며, 너무 깊고 어두워 파헤칠 수도 없다. 그렇다면 당신이 되어버린 이 꿈에서 존재의 깊은 진실은 그 자신을 드러낸다. 당신은 결코 없었다. 있었던 것은 오직 땅뿐이다. 그리고 그 땅은 당신보다 더 비옥하고 다채롭고 아름다우며 혼란스럽고 경이롭다.

굿 라이프

1판 1쇄 인쇄 2016년 10월 26일
1판 1쇄 발행 2016년 11월 3일

지은이 마크 롤랜즈
옮긴이 강수희
펴낸이 고영수

경영기획 이사 고병욱
기획편집2실장 장선희 책임편집 문여울 기획편집 이혜선 김진희
마케팅 이일권 이석원 김재욱 김은지 디자인 공희 진미나 김민정
제작 김기창 관리 주동은 조재언 신현민 총무 문준기 노재경 송민진

펴낸곳 청림출판(주)
등록 제1989-000026호

본사 06048 서울시 강남구 도산대로 38길 11 청림출판(주) (논현동 63)
제2사옥 10881 경기도 파주시 회동길 173 청림아트스페이스 (문발동 518-6)
전화 02-546-4341 팩스 02-546-8053

홈페이지 www.chungrim.com
이메일 cr2@chungrim.com

ISBN 979-11-5540-084-5 03100